貿易戰就是階級戰

日益惡化的階級不平等，如何導致全球經濟失衡、引發國際衝突

Trade wars are class wars

馬修・克蘭恩
麥可・佩提斯
——著
陳儀
——譯

How Rising Inequality Distorts the Global Economy and Threatens International Peace

Michael Pettis　Matthew C. Klein

目錄

第二章 全球金融的成長／97

第三章 儲蓄、投資與失衡／135

推薦序（一）
左派觀點的美中貿易戰分析

／沈榮欽（加拿大約克大學管理學系副教授）

自從川普對中國發動貿易戰以來，市面上絕大多數美中貿易戰的分析多是由右派的角度出發，卻乏嚴謹的左派分析視角，不能不說是智識上的一種遺憾。所幸馬修．克蘭恩和麥可．佩提斯的《貿易戰就是階級戰》正好填補了這個空白。從這個角度而言，這本書來得正其時也。所謂的左派視角不能僅是強調分析工具的不同，對多數讀者而言，同樣重要的是，左派的分析視角能夠帶來什麼樣不同的結論？在這方面《貿易戰就是階級戰》同樣並未令讀者失望，作者將階級分析與國際分工、全球價值鏈與經貿失衡結合起來，為美中貿易戰帶來嶄新的論點。

眾所周知，川普發動美中貿易戰源自他個人對貿易失衡的不滿，尤其是中國長期對美國享有巨額貿易順差，作者因此追問：美中貿易順差的源頭為何？由此展開了一段不同的旅程。作者們認為不能僅從國際經濟結構失衡看待美中貿易戰，而必須從國內經濟失衡的角度觀之，美中貿易失衡並非只是來自美國與中國的衝突，而是源自中國之內的階級問題，佐以美國在國際經濟的角色所致。

例如中國立國之後發展經濟時，一開始需要解決原始積累的投資不足問題時，中國更傾向於利用國內民眾的資金，而非風險較高的國際資本。但是要如何將中國民眾的資金導入投資？於是中國政府採行了諸如高儲蓄率、實質負利率、戶口制度、累退稅制、限制對外投資管道、薄弱的社會保障體系以及國有企業體制等，令民眾的金錢大量存入銀行，銀行再借給（國有）企業與地方政府，基本上民眾在過程中即使並非承受實質負利率，也是以極低的利率借出資金，效果上相當於將工人收入與退休人員退休金以過低的利率移轉至（國有）企業和國家使用，也就是俗稱的中國制度性「割韭菜」來補貼（國有）企業、黨國特權階級與地方政府。

之後由於中國打入國際貿易體系，並得以利用WTO開發中國家條件，使得中國成為世界工廠，吸引大量外資，解決了中國投資不足的問題。結果中國工人僅能消費一小部分自己所生產的商品，即使中國儲蓄率高達五〇％，但是中國家戶消費不足產能的四〇％。產能過剩的結果，必須向世界輸出，而美國承擔了大部分中國輸出的成本，不僅造成美國大量來自中國的貿易赤字，也因此損失數以百萬計的工作，從而影響美國國內的政治發展，成為促成美中貿易戰的一大因素。

準此而言，《貿易戰就是階級戰》在目前汗牛充棟的美中貿易戰論述中，實在占有一獨特的地位，從國內經濟失衡到國際經濟失衡，從國內剝削到國際剝削，縱使你不同意書中的每一個論點，也可以從作者的分析角度獲得一個更為宏觀且整體的視野去認識世界。

推薦序（二）

理解全球金融危機與美中衝突的新視角

／孔誥烽（美國約翰霍普金斯大學偉森費特政治經濟學教授）

過去三十年，中國對世界，特別是對美國的貿易盈餘，一直在增長。相反，美國對世界，特別是對中國的逆差，則不斷飆升。很多財經分析員甚至經濟學家，都將中國與美國的這兩個趨勢，看作中國崛起和美國沒落的證據。很多人也認為美國的貿赤乃是美國在二〇〇八年爆發金融危機的重要原因。

二〇一八年美國向中國發動貿易戰，企圖通過增加中國貨進口美國的關稅，來減少美國對中的貿易逆差。中國和美國很多論者，都認為這是美國嫉妒中國成就，氣急敗壞硬要制止中國崛起的舉動。

新自由主義霸權下的兩個不思議

但美國貿易赤字雖然在金融危機後繼續大幅增加，卻沒有阻止美國經濟在二〇一〇年之後恢復強勁增長。反而中國在貿易盈餘持續擴張的情況下，在二〇一一年之後開始進入長期的滑坡。二〇二〇年春天的大瘟疫打擊下，美國經濟與其他主要經濟體急速滑坡，但在下半年到二〇二一年，卻在貿易赤字繼續不斷創造紀錄的情況下回猛，甚至引發經濟過熱的憂慮。在貿盈代表經濟強勁，貿赤代表經濟衰弱的主流觀點下，這是一個不可思議的現象。

在二〇〇八年全球金融危機爆發後，歐美經濟深度衰退，歐美政府嘗試以加大政府開支，通過舉債和增加赤字預算來刺激經濟，引發右翼和自由派經濟學者大力反對。他們指責政府負債和赤字都是壞東西，愈多愈壞，鼓吹在經濟危機中，政府也應該實行緊縮政策，減少開支減少債務。

這種緊縮的呼聲，在美國並沒有成功制約政府赤字和負債擴張，但在歐洲卻有不少國家成功推動政府在經濟危機中強控開支。美國雖是金融風暴的發源地，結果經濟卻能迅速復甦。歐洲的復甦，則在政府財政緊縮風潮之下恢復得更緩慢。在主流觀點認為政府赤字和負債，無論任何情況都對經濟有害的主流觀點下，這是另一個不可思議的現象。

認為無論是政府還是貿易赤字都是壞東西，都要致力消除的觀點，在民間和學術界都十分普遍。這種觀點的普及，始自一九八〇年代新古典或新自由主義經濟學在美國傅利曼（Milton Friedman）帶領下成為學術霸權。這一學派的特點，是以微觀的經濟行為與原則，理解宏觀的經濟現象。例如在個人、在家庭財務的層次，入不敷支、負債纍纍是很糟糕的狀況；節儉、積穀防饑與增加存款則是美德。引申到國民經濟和國際經濟的層次，他們認為赤字都是糟糕的東西，豐裕的財政儲備和外匯儲備（亦稱為準備／準備金），才是國家應該追求的。

在新自由主義霸權之下，這種思路達到宗教的熱度。這種觀點並無法解釋前述的兩個不思議。不少實證數據，也與這種觀點想矛盾。例如哈佛大學的經濟學家卡門・萊因哈特（Carmen Reinhart）和肯尼斯・羅格夫（Kenneth Rogoff），在二〇一〇年於《美國經濟評論》發表論文，聲稱從各國經濟增長和政府財政的歷史數據，發現政府負債與經濟增長率呈顯著的負相關，負債愈大，經濟增長愈慢。後來一名在麻省大學阿默斯特校區的經濟學研究生托馬斯・赫恩登（Thomas Herndon）和他的導師，獲得萊因哈特—羅格夫（Reinhart-Rogoff）的原始數據後重新運算一次，發現政府負債與經濟增長率，在統計上根本沒有在顯著強大的關聯。他們將分析結果刊登在《劍橋經濟學報》，指出萊因哈特—羅格夫作出錯誤結論，是因為他們在將數據填入excel表格時犯了很多技術錯誤。

研究生與大教授，竟然因此掀起大論戰，連《紐約時報》的論壇版也轉載跟進，甚至也成為晚間電視脫口秀節目的談論話題。最後萊因哈特－羅格夫承認他們在輸入數據時犯錯。研究生赫恩登一時成為戰勝哥利亞的大衛，在一直對新自由主義經濟霸權不滿的非主流經濟學界成為英雄。但吊詭的是，此有關政府負債會拖慢經濟的論斷，就算在這個爭論後被大打折扣，仍被各國主張政府緊縮的政客引用。

宏觀政治經濟學重回主流

不過新自由主義教條的光環，在全球金融危機之後，已經被大大削弱。近年，不少不滿這種教條的經濟學者，已經逐漸成為新的主流，被歸類在「新凱因斯主義」或「後凱因斯主義」政治經濟學的旗下。當下被歸類入這個新主流門派的，由中間派的現任美國財政部長、經濟學家葉倫（Janet Yellen）和她的丈夫、諾貝爾經濟學獎得主喬治・阿克洛夫（George Akerlof），中間偏左的諾獎得主保羅・克魯曼（Paul Krugman），到最左翼，曾為民主黨競選人桑德斯（Bernie Sanders）的經濟顧問史蒂芬妮・凱爾頓（Stephanie Kelton）教授。

凱因斯經濟學的一個核心觀點，就是國家和國際宏觀層次的經濟運作原則，跟個人、家庭、企業等微觀層次的經濟運作原則，是兩碼事，我們絕不能將前者還原為後者。例如在微觀的個人層次，節儉存款是好事。但如果在一個宏觀經濟體系，人人都節儉存款，便會出現消費不足，投資生產過剩，經濟便會崩潰。所以若個人的存款率過高、消費率過低，國家便要代人民消費，因此政府的赤字預算和負債，便成為避免經濟崩塌，維持經濟運作的必需。

馬修．克蘭恩和麥可．佩提斯不是傳統學院出身的經濟學家，而是在金融投資界身經百戰，再投入學術教學或媒體討論的學人。他們對宏觀經濟的分析，出於他們的實際經驗與敏銳觀察，不被框限在僵硬的學派教條。他們這部《貿易戰就是階級戰》，得到不少新／後凱恩斯學派學者的贊許。

這本書的一個理論基礎，便是國際貿易中的逆差與順差、負債與貸款，不能用個人家計的收支平衡概念來衡量。在個人的微觀層次，收入比消費大，累積存款，將存款借出（通常通過存放銀行再由銀行代為貸出）是好事。但在國際經濟的層次，要每個國家都追求貿易順差、累積龐大外匯成為貸款國，在數學上是不可能的。有國家有順差，便一定要有國家有逆差；有國家有巨大儲備成為貸款國，便必然要有國家成為借款國。

收入不平等、帝國主義與美中衝突

克蘭恩與佩提斯指出，巨大的貿易逆差和巨大的貿易順差，都是不平衡的體現，而且互為因果。中國有巨大順差用外匯儲備買美債，和美國有巨大逆差要向中國等順差國賣債券；德國有巨大順差、其銀行向希臘等南歐國家放貸，和希臘有巨大逆差要向德國等順差國借錢，都是國際經濟不平衡的一體兩面。而這個國際經濟不平衡，均是順差國與逆差國國內經濟不平衡的結果。階級不平等帶來的收入分配極度不均，乃是各國國內經濟不平衡的根源。

在國際收支平衡的討論中，論者往往只強調和譴責逆差國和負債國（美國和希臘），而認為順差國和債權國（中國和德國）都是較負責任和強大的國家。書中的突破性觀點，便是中國和德國的龐大順差和儲備，其實也是國內矛盾和不平衡的惡果，危險程度和導致全球經濟危機的責任不下於逆差國。順差盈餘國，並沒有比逆差負債國更高尚和負責任。

克蘭恩和佩提斯特別引用了二十世紀初英國經濟學家約翰·霍布森有關帝國主義經濟根源的理論，指出任何資本主義國家若壓抑工資和平民收入，限制他們購買力，只顧投資和推動生產力，最後必然會出現生產過剩、資本過剩和利潤下降的趨勢，導致經濟危機。霍布森認為避免和解決這種經濟危機的最直接簡單的辦法，便是進行財富收入的再分配，讓工人階級有能力消化過剩的產品與資本。但發達資本主義國的寡頭統治階級往往死抱特權，堅拒收入再分配，結果只能通過將產品與資本輸出到其他國家舒緩經濟危機，推動資本主義國走向先經濟、後政治和軍事的帝國擴張。

霍布森的巨著《帝國主義》在一九〇二年出版，之後十多年，主要資本主義國大舉輸出產品與資本，爭相成為順差國與債權國，導致它們與逆差國之間與它們相互彼此的地緣政治衝突。在二十世紀的頭三十年，這些衝突最初以經濟戰、貿易戰、貨幣戰的面貌出現，但很快演變成政治衝突與軍事衝突，引發兩場世界大戰。

克蘭恩和佩提斯認為現在美國向中國發動貿易戰，本質上便是中國無法進行國內分配改革，為了轉化國內危機而大舉輸出剩餘產品與資本引起的反彈。這個貿易戰與二十世紀初各大資本主義國之間的經濟衝突有平行相似之處。但克蘭恩和佩提斯樂觀地認為，各國還有時間通過進行內部的分配改革，化解相互之間的貿易衝突。

這幾年間，美中衝突已經從經濟擴展到政治軍事各個方面。這個趨勢，並沒有因為川普連任失敗和民主黨拜登執政而減弱。到底我們應否接受克蘭恩和佩提斯的樂觀判斷？到底人類是否會不斷犯同樣的錯誤抑或會從歷史中吸取教訓？這便要待讀者詳細閱讀這本書的精彩論點之後認真思考與討論了。

導讀

貿易戰＝階級戰？國際金融觀點的獨特性與未竟之處

／黎班（國際法與國際政治學者，《端傳媒》特約評論）

簡言之，作者們最核心的論點就是，「貿易出超」意味著一個國家的消費力不足，無法消費完自身的產能所以才必須將產能出口。而當一個國家無法消費完自身的產能，其中最大原因就是受薪階級的收入不足所以缺乏消費能力。這也是書名《貿易戰就是階級戰》的意義。

時間拉回二〇一八年一月。時任美國總統的川普簽發了數則與關稅有關的總統命令，標誌著川普政府開始執行川普在競選期間大力推銷的「美國優先」貿易政策。川普口中的「美國優先」當然是選舉時期的口號，訴求主要針對的是美國中西部的鏽帶（Rust Belt）選民。在川普的選舉語言當中，美國中西部製造業的沒落，是美國政客與大企業聯手將生產線悉數外移到中國的後果。在這則敘事當中，中國藉由國際貿易體系的漏洞與美國製造業進行不公平的競爭，而美國製造業就在這不公平的環境下，一步步的外移，並導致美國的衰敗與中國的強盛。對川普而言，會造成今天的局面，完全可怪罪於華盛頓的建制派與紐約大老闆們，而只有由自己發動貿易戰才可以扭轉局勢。

撇除選舉語言，具體落實到政策上就是美國政府拉高對中國商品的關稅。這種提高關稅的做法，在美國學界與政策研究者之間引起巨大的爭議，絕大多數的研究者都強調高關稅這種保護主義措施並無法達到預期的成效，也就是讓製造業回流。因為公司是依據比較利益原則安排跨國的生產鏈，也就是說，美國製造業的衰落，根本原因即在於這些商品在外國生產比較便宜而已。更重要的是，增加的關稅最後可能只是被轉嫁到美國的消費者身上。

在《貿易戰就是階級戰》這本書中，兩位作者克蘭恩與佩提斯也不例外的反對美國所開啟的貿易戰，但與其他研究者不同的是，他們有一個從國際金融觀點出發的理由。

國內生產力、貿易與金融收支帳

關於貿易，主流的經濟學的說法，大多是認為兩個國家間的貿易是建立在比較利益的基礎之上。最基本的模型是假設有甲、乙兩國以及A、B兩種貨品，而甲乙兩國都有生產A、B貨品的能力。舉例來說，甲國的生產力可以生產十個A貨品以及二十個B貨品，而乙國只能生產六個A貨品以及十八個B貨品。此時，比較利益下的貿易模型會顯示，即便甲國在生產力上相較乙國有絕對優勢（因為不論是A或是B貨品，甲國的生產力都比較高）。但對甲國來說，生產一個B的機會成本是〇．五個A，而對乙國來說，生產一個B的成本是三分之一個A。對甲乙兩國來說，在自由貿易的前提下，甲國專注生產A而乙國專注生產B，才能讓兩國達到低成本、高收穫的結果。在這個理論下，任何對自由貿易的攻擊都是徒勞無功的，因為若不進行自由貿易，明顯不利於效益與經濟繁榮。

然而本書作者們認為這種看法完全與現實的貿易狀況脫節，原因在於推動貿易的不單單是國與國之間生產力的差別，更重要的是消費力的差異。而作者們的觀點可以從國內生產毛額的計算，以及國際收支帳平衡式與國民所得會計恆等式推導出來。

簡單來說，從國民所得會計的觀點來看，國內生產毛額（GDP）從支出面可以寫成以下【算式一】

GDP＝民間消費（C）＋民間投資（I）＋政府支出（G）＋出口（X）－進口（M）

這等式的意思代表了整個國家生產出的價值，包括了被消費掉、成為投資（注意，把錢存在銀行也算是投資）或是出口到其他國家。

而從簡化的國際收支帳平衡的觀點來看，我們可以寫出下面這個【算式二】

出口順差＋對外投資收益＝淨對外投資＋準備資產（reserve asset）增加

這等式的意思是，當一個國家從出口貨物或是對外投資賺了錢之後，這些錢若非變成對外投資，不然就是成為外匯準備。讀者可能會有一個疑問：當一個公司出口貨物賺到錢之後，可能會選擇在原國國內投資擴大營業，這個變化怎麼沒有被放到國際收支帳等式當中？這點是因為，當公司出口貨物賺到外國貨幣後，如果要在原國發薪水、擴大營業等，必須要先跟中央銀行換成本國貨幣，而中央銀行拿到的外國貨幣最後還是會變成對外投資（通常是各國國債）或是準備資產（也就是外匯存底）。

從【算式一】出發，本書作者們認為貿易順差其實代表著國家的生產力（GDP）沒有辦法被自己消費掉，才會產生出口順差；而再從【算式二】得出，這些順差最後一定會以某種形式成為對外投資。而有時，整個故事是先從對外投資（或是投機）大量成長開始，要支撐這種投資，不管是要舉債（所以淨對外投資不會增長），抑或是想辦法讓國家有出口順差。而要讓國家產生出口順差，一則是增長國內生產力，但如果生產力增加不夠快速，那就只能減少國內投資、消費與政府支出了。而長遠來看，這類操作通常是短期的，長期下來會因為匯率變動與通貨膨脹等原因而無法一直維持貿易出超（或是赤字）。但在政府刻意的政策操作下，長期貿易出超是可能的。作者們認為，這個動力才是理解國際貿易的關鍵。

中國與德國的故事

接下來，作者們以德、中兩個貿易出超大國以及美國這個貿易赤字大國為例，論證國內分配的不平等才是造成中、德兩國長期貿易出超的最大原因。

首先是中國。中國在改革開放後，長期壓低工資讓國內消費變低以拉高國內投資，希望藉此增加中國的生產力。但中國的生產力（GDP）是在每年年初被政治所決定*，在此脈絡之下，中國地方政府大量仰賴高政府支出、舉債來增加政府投資以提高生產力；更為重要的是，中國政府一方面高度管控資本外流，另一方面又運用低匯率與低稅率來吸引外資（而這些外資又可能是購買債務，而非直接投資資產）。這樣下來，除了造成中國的外匯存底不斷擴張之外，也同時讓中國的債務不斷變高。藉由舉債來投資本身不是問題，問題在於這些投資是否能有相應的回報、並推動實質的生產力成長。從各種跡象看來，在中國的投資的回報率愈來愈低，而且更常有公司債務違約的現象發生†。

另一方面，作者們認為德國其實也是類似的狀況。東、西德在一九九〇年代合併之後，由於雙邊的生產力差別過於巨大，而造成原西德的社福與財政負擔。面對這樣的挑戰，德國政府不願意提高債務上限，而是以消減社福保障以及降低對勞動條件的保障，以確保企業的競爭力，造成的結果就是德國民間的購買力普遍下降。當勞動產出維持差不多，但購買力下降的時候，德國就會有過剩的產能／產品得以出口，這也是作者們認為德國近年來大量出超的主因。

台灣是相似的案例，還是例外？

作者們在書中提到，台灣因為不是國際貨幣基金組織的會員，所以長期以來都將準備資產的水準拉得很高。並在結論列舉與美國形成貿易順差的經濟體中，將台灣列入中國、德國、日本、荷蘭、南韓、瑞士、新加坡等地之列——意涵著台灣也在政策上壓低了本地的受薪水準，讓本地消費力跟不上生產力，進而有大量的出超。這可能跟一般受薪階層的感受一致：什麼都漲就是薪水沒有漲。台灣的情況似乎與本書的主要論述相吻合——本地的不平等最後會導致貿易的失衡。

但如果我們再看更多的研究，例如紐約市立大學的米拉諾夫奇（Branko Milanovic）與倫敦大學學院的藍納迪（Marco Ranaldi）根據世界各國的財稅資料指出，台灣與斯洛伐克是少數

---

* 見本書第四章。

† 例如恆大公司在拖了大半年之後，終於在十二月初正式違約。請參考：Frances Yoon and Alexander Saeedy,2021.12.09,〈中國恆大未能支付一些美元債券的到期款項，邁向違約〉，華爾街日報網站，https://cn.wsj.com/articles/ 中國恆大未能支付一些美元債券的到期款項-邁向違約-121638920147

在收入與收入結構不平等係數都非常低的國家*。這數據也代表了台灣的受薪階級工資沒有被過分壓抑。從資料上來看，二〇〇〇年之後，台灣勞動報酬的份額大致維持在百分之四十而沒有更多的變化†。在這樣的脈絡下，一個合理的解釋是，台灣長期以來過分壓低匯率，造成各種需要進口的原物料價格變高，進而壓低了台灣民眾的消費力。也就是說，從國際收支帳與國民所得會計的觀點來看，台灣也是因為國內消費力的成長跟不上生產力的成長而造成了大量出超，然而在台灣的案例中，消費力不足並不單單像是本書所述的階級問題，而是有其他國際政治經濟的原因。

這也是本書沒有處理的一個問題——即便從國際收支帳、國民所得會計看起來類似的國家，卻很可能是由於不同的歷史機遇與制度安排才造成這樣的結果。例如台灣與韓國政府在一九七〇年代都與後來的中國一樣，嘗試動員家戶儲蓄來擴大國內投資。但由於面對的政治情勢不一致，台韓兩國走向了不一樣的信貸融資模式。韓國除了動員儲蓄外也開始對外舉債，這讓韓國能夠以不壓低國內消費、沒有貿易出超的情況下，達到生產力增長與外匯儲備增長。而相對的，台灣則是因為失去聯合國會籍後無法獲得外國資金，所以台灣只能以低匯率、貿易出超的模式來增加外匯儲備與國內投資‡。由於國際收支帳與國民所得會計只是一個國家政治經濟過程的結果，看起來一樣的結果，並不代表這個過程是類似的。這些差異還需要更多比較政治經濟學的研究來補足。

* 收入不平等就是我們熟知的吉尼係數，此係數測量的是「總收入」的不平等。而收入結構則是將每個家戶的總收入區分為「薪資收入」（labour income）與「資本收入」（capital income），通常總收入愈高的人有愈高的比例的收入是來自資本收入。而收入結構不平等指標（income-factor concentration〔IFC〕index），則是將一個國家當中富人與窮人間的收入，藉由財稅資料將結構差異做成一個量化指標。在西歐這類收入不平等相對不嚴重的地方，很多時候收入結構卻是非常不平等的。這也代表了在這些國家中，如果遇到景氣低迷（economic downturn）危機時，低收入者因為非常仰賴工資收入，而可能處於一個風險更高的狀態。請參考：Ranaldi M., Milanovic B., 2020.12.03., Capitalist systems and income inequality, VOX, CEPR Policy Portal, https://voxeu.org/article/capitalist-systems-and-income-inequality

† 中研院經濟所楊子霆助研究員完整的整理了有關台灣消費力、勞動份額等問題的資料。楊子霆強調實質工資停滯的原因來自於生產的物品附加價值愈來愈低，但另一個解釋是台灣過度壓低匯率。請參考：王怡蓁，〈為什麼經濟成長、薪資卻停滯？從數據分析看見臺灣經濟發展的突破點〉，研之有物網站，2017.11.21，https://research.sinica.edu.tw/taiwan-economic-salary-yang-tzu-ting/?fbclid=IwAR35bPNbULRIDEerGhZJL5tTprnvdKOYWoZB2SUomv-NdRDbz2LBuvrXhbM

‡ 請參考：金俊植（2021）冷戰造就發展型國家：台灣與韓國全民儲蓄運動下信用動員與分配（1961-1978）。台灣大學社會學研究所碩士論文。https://ndltd.ncl.edu.tw/cgi-bin/gs32/gsweb.cgi/ccd=VNoVe7/record?r1=1&h1=0

貿易戰≠階級戰？

若要完整解釋「貿易戰」的面貌，本書則是在貿易戰的國際安全面向留下了空白。作者們將「貿易戰」理解為「因為貿易收支不平衡而起的國際紛爭」。但從後見之明看來，美國在乎的不只是大量的對中貿易逆差而已。在貿易上，美國早就對行之有年的國際貿易法有所不滿；主要針對中國的，則是忌憚中國在所有領域帶來的威脅，比如大量的商業間諜活動、中國在南海的主權主張以及近年來愈來愈嚴重的人權侵害等等，這些都是造成貿易戰不可忽略的因素。單單解決各國內的不平等問題是無法解決這些問題的。

持平而論，這本書釐清了許多重要問題以及常見的迷思。例如貿易出超不見得是好事，可能代表的只是本地的消費能力被壓縮了；或是藉由外債來發展也不見得是壞事，只要這些投資是有潛力的投資就好。加上本書也強調了公司避稅、三角貿易、貨運集裝箱技術等變化，如何造就了真實的國際貿易模樣。這些變項由於不容易取得資料，長期被學院經濟學與政策輿論所忽略，而讓經濟學的貿易模型無法掌握到真正的貿易動態。本書沒有用華麗的數學模型與統計方法，而是用簡單的國民所得會計與國際收支平衡算式，將複雜的國際貿易問題用易懂的方式呈現給讀者。對於想要更了解國際貿易與國際政治經濟學的讀者來說，這是一本不可多得的好書。

平裝本序

從我們在二〇二〇年一月完成《貿易戰就是階級戰》精裝本的最終文字編輯作業後，整個世界發生了天翻地覆的變化。當時，為了終止二〇一八年起逐步加劇的關稅衝突，中國和美國政府剛就彼此間的「第一階段」貿易條件達成協議。其中，中方承諾增加對美國商品的採購，並同意對美國企業開放中國金融體系的部分環節。另一方面，歐洲各國的政府則聚焦在未來七年的歐盟預算協商（這個協商過程因不久前的英國脫歐而變得更爭議叢生）同時為即將到來的美歐貿易衝突（這些衝突包括向美國網路巨擘課稅乃至氣候變遷之因應等有關）做準備。

當時，武漢爆發新型嚴重呼吸道疾病的消息才剛被公諸於世，但事後的發展證明，這場冠狀病毒（Covid-19）疫情成了決定二〇二〇年的關鍵事件。數百萬民眾染疫身亡，更多倖存者因長期的器官損壞而受苦。由於勞工與消費者努力避免染疫，企業活動在短短幾個星期內重挫二〇%至三〇%，全球經濟也經歷了前所未見的激烈動盪。於是，世界各地的政府紛紛祭出只有戰爭期間才可能動用的對策，因應這場流行疫病的衝擊。

在那樣的大環境之下，解釋貿易衝突與金融失衡之成因以及相關因應之道等，似乎已不再是當務之急。不過，儘管我們肯定沒有預見到這場流行疫病的到來，近期的種種事件卻使本書所討論的幾個觀點顯得更加重要。這場流行疫病使我們在書中強調的現有所得、儲蓄與支出扭曲進一步惡化，使債務急遽增加，並導致世界多數國家的貿易失衡變得更嚴重。

這場流行疫病也提醒我們，不管喜不喜歡，我們都和世界上的每一個人息息相關。污染、氣候變遷以及高傳染性呼吸道病毒的發生不分國界。已成功壓制病毒的國家被迫以史無前例的嚴謹規格切斷與世界的互動，但即使那些國家關閉對外的門戶，卻還是不得不繼續採取積極的應對措施，以防止疫情的反覆爆發演變成美國與歐洲那種一發不可收拾的災難。

本書的重要觀點之一是：源自世界某處的金融與經濟失衡會從該處傳播到全球各地，並以各種微妙且經常令人訝異的方式，將中國農民工、德國退休者以及美國建築業勞工等看似風馬牛不相及的各色人等牽連在一起。表面上看似純屬某一國國內事務的事件，最終卻常透過國際收支（balance of payments）的變化，影響到世界上的其他經濟體的民眾。顯而易見的，成功保護民眾免受這場疫病傷害的國家，並不見得能同樣有效地保護企業與勞工免於受經濟崩潰所傷害。舉個例子，自二〇一九年年底至二〇二〇年底，南韓與美國的企業活動降低幅度大致相等。[1]

儘管很多人漸漸體會到公共衛生與環境保護等問題有賴全球合作才能解決，卻較少人理解勞動標準與企業稅制等林林總總的問題也適用相同的邏輯。換言之，如果一種病毒就足以顛覆整個世界，中國的銀行體系或是德國企業的投資作業難道沒這個能耐嗎？由於未來流行疫病的防範牽涉到世界上每一個人的利益，所以我們有時不得不捲入其他社會的「內部」事務。本書主張相同的道理也適用於經濟與金融危機。

遺憾的是，儘管有效疫苗的迅速開發與分配，已使Covid-19的威脅漸漸減輕，但在這種病毒肆虐前就已存在的社會與政治條件迄今仍未改善。這引領我們進入本書的核心觀點之一：任何一個國家的所得分配，同樣會對國內與國外造成經濟與金融面的後果，而愈來愈嚴重的所得分配不平等，已造成商品及勞務支出減少但債務增加的不良結果。過去幾十年，全球處處可見的所得集中現象，是造成世界上多數富裕國家生活水準成長率降低、貿易失衡惡化與全球金融危機的根本原因。Covid-19導致原本既存於很多社會中的不平等情勢惡化，因為較低所得勞工較可能失業、較可能生病，且較不可能持有已增值那麼多的股票和房產。

Covid-19也對不同國家產生了不均等的經濟影響。石油出口國因能源價格的崩跌而遭受重創，製造先進電子產品的國家卻因消費者與企業轉採居家工作模式而相對表現優異。然而，除了這些結構性差異，還有一些同樣重要的差異：各國政府根據其政治與社會制度的差異，採取不同的方式來回應Covid-19。某些國家以發放「經濟衝擊紓困金」（economic impact payments）及大幅提高失業保險系統給付等方式，直接為勞工與消費者提供數兆美元的援助，例如美國；而其他國家則以補貼性貸款的形式，為地方政府的基礎建設支出提供財源，並藉由干預外匯市場來支持出口商，例如中國。

美國與中國的政策回應並非絲毫不相關。這兩組政策都對世界其他地方產生了顯著的影響，因為這兩個國家都是一個更廣大的連結體系裡的一員。由於中國政府不願支持本國消費者，所以實質上等於是依賴外國消費者來維持中國人的就業機會與所得——由於美國政府積極送錢給美國消費者，且不對這筆錢的花用方式設限，所以中國採用的方法一如往常地收到良好的成效。如果美國對這場疫情的回應方式有所不同，中國的前述因應方式，理應對中國人與全球經濟產生截然不同的影響，對美國來說也是一樣。由於這兩個國家分採不同的方法，所以儘管病毒剛來襲之際，它們都經歷了相似的經濟衰退，但事後各自的復甦歷程看起來卻大不相同。而箇中差異經由貿易與金融的變化而獲得調和。

雖然Covid-19源自中國，但中國中央政府的積極回應，使當地的疫情大約在三月份就幾乎被撲滅。中國的商業活動雖在一月份與二月份重挫，但在春天到來之際，幾乎每一項經濟指標實際上都已快速反彈，只不過，剛失業的數千萬民農民工被迫回到鄉間，靠僅能餬口的農業過活兒。儘管如此，到夏天時，中國社會多半已恢復正常狀態。不過，中國這次的經濟復甦極度不平衡。雖然二〇二〇年一整年的經濟產出還比二〇一九年成長二·三%，非食品雜貨與能源相關的消費品支出，卻比二〇一九年**低**三%，前往餐廳的支出更是低一七%。不過，住宅建築活動（上升八%）、基礎建設投資（成長五%）與製造業出口（增加四%）等大幅增加，抵銷了家庭消費的降低。

中國的狀況和完全未能有效控制病毒擴散的美國呈現驚人的對比。和中國有所不同的是，美國的國內航空旅遊景氣可謂「一去不復返」，而美國國內多數地區的餐廳人流也未曾回到這場流行疫病爆發前的常態。但儘管美國二〇二〇年的經濟規模較二〇一九年萎縮了大約三·五%，非食品雜貨與汽油相關的消費品支出卻**成長**了四%。相似的，住宅建築支出上升幾近一〇%。由於美國政府採取大規模的財政與貨幣政策回應這場流行疫病，故即使疫情極度嚴重，很多美國人手上的現金卻增加到有生以來最多的水準。雖然很多民眾選擇將這些現金用來償還信用卡債，或將之存入支票存款帳戶，也很多人利用這筆額外的資金增加汽車、家電用品與住宅翻新等方面的支出。但二〇二〇年美國的製造業產量比二〇一九年減少六%，出口更降低了一六％。

我們可以把這些現象略微簡化為一個結論：即使中國消費者縮減支出（外國製造商被犧牲），但中國的生產商卻在中國政府與美國消費者（後者獲得美國聯邦政府的資金奧援）共同支持下繼續成長。這一切的淨影響是：美國貿易逆差大幅上升，增加的金額幾乎完全等於中國貿易順差的增加金額。如果美國和世界上其他經濟體都採取和中國一樣的方式來應對Covid-19所產生的經濟影響，最可能的結果應該是全球失業大增，中國本身的失業增加幅度將尤其嚴重。當整個世界因商品及勞務需求遽減而受苦之際，除非其他國家選擇支持額外的消費支出來平衡中國增加的生產，否則中國鼓勵增產的對策不可能有效解決經濟崩潰的問題。[2]

這場流行疫病導致中國與美國之間原本就存在的經濟與金融失衡變得更嚴重，不過，若以較樂觀的角度來看待，這場疫情可能代表著主要歐洲國家之間再平衡流程的開始。二〇二一年年初時，向來以吝嗇而聞名的德國政府，誓言對德國公民提供高額的直接援助，其規模幾乎不亞於美國政府對美國民眾提供的直接援助——若換算為相同經濟規模，這筆援助的金額大約是西班牙政府對西班牙國人提供的援助的四倍。雖然很遺憾的，很多歐洲國家政府，尤其是比利時、法國、希臘、義大利、葡萄牙與西班牙顯得有點力不從心，似乎無力保護本國消費者與企業免於受經濟衝擊，但德國政治階級那麼積極應對這場危機，確實是非常值得關注，也令人感到士氣大振。德國政治階級這次的回應和過去幾十年間的行為模式呈現非常鮮明的對比，所以這或許是一個好的開始，或許未來他們將以更開明的方法來制訂經濟決策。[3]

這些決策的立即影響之一，是德國對世界其他地方進口品支出的降幅，低於外國人對德國出口品的支出降幅，這一來一往的淨影響，大約使德國二〇二〇年的總國內生產減少約一・一個百分點。在無力花費那麼多政府支出的義大利，進口減少的幅度遠大於出口，而這造成的貿易收支變化，使國民所得比原來增加了接近一%。[4]

更顯著的影響是以德國政府為首的二十七個歐盟成員國領袖，同意由歐盟執委會（European Commission）代表他們提供至多七千五百億的貸款額度，並將其中部分資金用於集體救濟方案。雖然那些救助的規模和Covid-19所帶來的損害比較起來相對仍較低，這項協議還是非常令人矚目，因為這是歐洲各國政府領袖首度為了共同目標而協議提供聯合貸款。如果歐盟復甦基金（Recovery and Resilience Facility）的成立真的發揮作用並成為一個前例，它很可能會成為歐盟朝「一加一大於二」的願景前進的起步。過去為了北歐與南歐或東歐與西歐間的金錢問題而長久處於衝突狀態的歐洲人，很有可能終於找到超越彼此歧異的方法，並開始共同努力為所有居民追求更好的生活。[5]

這引領我們進入本書的另一個觀點：繁榮不是一種匱乏（scarce）的資源。各個社會的成就不是靠犧牲其他社會而來。由於每個人都經由貿易與金融而息息相關，所以，更多生產與更多消費最終必定對每一個人有利。中國在毛澤東思想退場後的復興，並不是靠剝奪美國中產階級而來，相同的，中歐與東歐的開放與重新融入西方，並沒有逼得法國、德國或義大利的勞工忍受較低的工資、較高的失業率，以及較高的債務。事實上，較低的工資、較高的失業率，以及較高的債務等後果，是世界各地的富豪、富豪控制的企業，以及受富豪影響的政治領袖的選擇所造成。那些選擇造成一個邪惡的結果：幾十年來，世界經濟大餅縮小，全人類一直過著所得低於支出的入不敷出生活，甚至讓愈來愈多人相信唯有個人吃苦，國家才能在全球市場上保有競爭力。

幸好自本書在二〇二〇年五月首度出版以來，我們在本書提出的論點已漸漸產生影響力。荷蘭央行官員警告「勞動階級民眾分享到的經濟資源愈來愈少」並呼籲推動「使家庭獲得更大支出空間的改革，讓他們得以刺激進口並降低貿易順差」；中國共產黨官員則呼籲推動「需求面改革」，以便將更多所得重分配給勞工；美國新任總統也在競選時表示，應透過額外的政府支出（而非關稅）來支持美國製造商。凡此種種建言顯示，似乎有愈來愈多人認為我們可以，並且應該修正疫情爆發前的政治經濟共識。期待本書平裝本的發表有助於將這些概念進一步散播到世界上的更多角落。[6]

當一國的所得分配使全國所有階級的民眾皆得以將內心的欲望轉化為對商品的有效需求，這個國家就不會出現生產過剩、資本與勞動力使用不足等情況，也就沒有必要為了爭奪海外市場而戰……

市場爭奪戰發生於生產者銷售產品的渴望，大於消費者購買產品的渴望，這是彰顯所得分配流於假實惠（false economy）的最有力證據。帝國主義正是這種假實惠的產物……唯有將有產階級不勞而獲的新增所得移轉為勞工階級的新增工資所得或新增公共所得，以便將那些所得導向提升消費水準的用途，國家才有長治久安的可能。

《帝國主義》（*Imperialism: A Study*），一九〇二年，約翰·霍布森（John A. Hobson）

引言

全球貿易活動與金融體系將世界上幾乎每一個人聯繫在一起。每當我們購物、去上班或儲蓄，我們的行為便會影響到千里之外的數十億人，相同的，我們每天也在不知不覺當中，被活在世界另一端的民眾的日常決策所影響。

雖然這些經濟連結有很多好處，卻可能將某一個社會的問題感染給另一個社會。某一個國家高到令人無力負荷的房價、債務危機、喪失就業機會與污染，經常可歸咎於另一個國家的民眾。中國政府迫害工會組織者，並提供廉價的銀行貸款給房地產開發商，導致遠在天邊的美國製造業勞工失去工作。另外，德國企業為因應德國政府縮減福利支出而削減工資的決策，卻使西班牙發生房市泡沫。

本書討論的主題是：各國內部愈來愈嚴重的不平等，加劇了國與國之間的貿易衝突。不過，最終我們還是樂觀的：我們不認為這個世界注定要忍受各國或各經濟區域之間的零和衝突（zero-sum conflict）。中國人和德國人並不邪惡，而在這個世界上，一個國家並不是非得靠犧牲其他國家的利益才能實現繁榮。過去幾十年的問題並非源自地緣政治衝突，也非各國民眾間難以和諧共存的民族性所造成。追根究柢，這些問題導因於所得被大規模移轉（transfer）到富豪以及他們控制的企業手上。

放眼世界各地，一般平民百姓的購買力都因此遭到剝奪，儘管如此，每一個民眾卻在本國至上主義者（chauvinist）和機會主義者的哄騙下，誤以為各地人民之間的利害關係根本上互相抵觸。各國**內部**不同經濟階級之間的整體衝突，被錯誤解釋為彼此競奪利益的不同國家**之間**的一系列衝突。這一切的一切顯示，一九三〇年代的事態有重演之虞：當時國際經濟與金融秩序的瓦解撼動了民主的根基，更助長了致命的民族主義。那些發展帶來了戰爭、革命與種族滅絕等惡果，幸好目前的局面還不像當年那麼險峻，儘管如此，那絕非自滿的藉口。

中國政府和美國政府之間愈來愈白熱化的貿易衝突，是這些風險的最有力明證。在二〇〇二年至二〇一〇年間，美國很多企業生產的商品遭遇中國進口品的激烈競爭，而在擁有很多那類企業的國會選區，選民選出了愈來愈極端的民意代表——包括左派和右派。唐納・川普（Donald Trump）以他仇視貿易以及尤其仇視中國等的鮮明立場來凸顯他和其餘共和黨人的不同；二〇一六年共和黨初選時，川普在受中國進口競爭影響最劇的一百個郡中，贏得了八十九個郡的多數選票。某些評論顯示，如果當年密西根州、賓州和威斯康辛州選民沒有被貿易相關的議題激化，川普很可能輸掉那一次大選。[1]

川普總統上任後繼續堅持原本的立場，向多數中國進口品課徵懲罰性關稅，除此之外，他還正式為中國冠上「匯率操縱國」（currency manipulator）名號，並阻止中國投資美國企業。川普在貿易上正面迎戰中國的政策，在美國政治圈頗孚眾望（相較之下，他的其他多數政策並不得人心），民主黨的參議院領袖查爾斯·舒默（Charles Schumber）便曾在二〇一八年公開讚揚懲罰性關稅，他的理由是「中國是我們真正的貿易敵手」且「威脅數千萬甚至上億美國後代子孫的就業機會」[2]。

這樣的政治共識奠基於一個重要的事實：中國政府在二〇〇八年以前所採納的政策，確實摧毀了數千萬個美國人的就業機會，並使美國房市債務泡沫變得更加膨脹。從二〇〇八年之後，情況略有改善，但並不持久，直到如今，中國依舊是拖累全球經濟體系的主要力量之一。[3]

但就**全體國民**的層次而言，美國和中國之間並不存在經濟衝突，中國的民眾並不是美國的敵人。事實上，衝突的確存在，但那存在於中國**內部**各經濟階級之間，而美國只是被那一股衝突波及罷了。在中國，勞工的財富被系統化地移轉到權貴階級手中，這扼殺了民眾的購買力，且形同犧牲消費來補貼生產，中國經濟因此遭到嚴重扭曲。而中國經濟的扭曲又進而製造了大量過剩的製成品以及飆漲的股票、債券及房地產價格，最終扭曲了全球經濟。中國人的消費不足摧毀了其他國家的就業機會，而過度膨脹的資產價值則導致景氣榮枯週期遭到嚴重破壞，並引發債務危機。

中國的政策不僅傷害到美國人，也傷害到一般中國勞工和退休者者。中國勞工的工資相對低於他們所生產的產值，而且被課徵過高的稅負。這導致中國勞工無法取得他們理應有能力負擔的商品和服務。他們呼吸著骯髒的空氣，飲用被污染的水，只因眾多地方政府官員看重政商背景雄厚的企業老闆的財務利益而輕大眾福祉。

這對中國以外的經濟體造成一些必然的結果：就業人口減少與債務增加，其中，承受最多代價的是美國人，而這個惡果局部導因於美國商業界人士與中國政治人物和工業家的利益共謀。

關稅和民族主義式的口號無法解決中國的失衡（imbalance），只會強化「中國和美國的經濟利益不相容」的錯誤信念，而中、美兩國都抱持這個錯誤信念。若未能以妥善的方式處理「符合正當性的不滿」（legitimate grievances），不僅無法解決根本的問題，甚至可能對國際和平造成危害。一如過去的情境，階級戰爭已引發貿易戰。如果階級戰爭乃至貿易戰引發更糟糕的後果，將會是悲劇一場。

但在此同時，無所作為也不是辦法。中國的經濟規模已過於龐大，大到其他國家不再能消極接受中國內部各種扭曲所造成的後果。將中國國內經濟政策視為國際外交策略的主題似乎缺乏正當性，也非常奇怪，不過，這個主題對於將所有人類連結起來的國際關係而言，有著重大的意義。說服中國的權貴階級允許中國勞工能夠消費較多商品與勞務（相對這些勞工所生產的商品與勞務量而言），是我們這個時代最大的政策挑戰之一。扭轉過去三十年一般民眾財富被移轉給富豪的趨勢，不僅對中國人民有利，也對美國人民有利。

歐洲的狀況遠比中美衝突更不可能發展為軍事衝突，但從某些方面來說，歐洲的理智錯亂（intellectual confusion）與國內病徵甚至比中國更嚴重。過去幾年間，歐洲（而非中國）已成了世界經濟的最大威脅，而且是基於類似的理由：最初是德國，接著擴大到整個歐陸的政府相繼提高消費相關稅負、削減勞動市場保障，將數以百萬甚至千萬計的人民推向低薪兼職工作。一如中國的勞工，歐洲的勞工也愈來愈沒有能力負擔自己所生產的商品與勞務。從二〇一〇年開始，歐元區的家庭支出成長率大約只有整體生產成長率的一半左右。[4]

雖然中國和歐洲之間存在非常重要的差異——舉個例子，歐洲人顯著縮減基礎建設投資，以致於如今很多橋梁和道路皆已不堪使用，但這兩者之間的相似之處，影響了全球經濟的存榮。目前歐洲內部的扭曲對全球的影響，幾乎不亞於中國在二〇〇八年金融危機爆發前達到高峰的失衡對世界的影響。

在二〇一二年以前，整個歐洲的失衡相對並不比世界上其他地方嚴重，因為特定國家尤其像是德國國內的失衡，被其他歐洲國家吸收，特別是西班牙、希臘、義大利、愛爾蘭、葡萄牙和波羅的海國家等危機國。德國人的消費低於他們的產出，不僅如此，德國國內也有投資不足的現象，這使德國對世界其他各經濟體產生了巨大順差。在此同時，西班牙人、希臘人和其他國家的人民則享受著欣欣向榮的景氣，並以借貸來填補他們嚴重入不敷出的差額。在全球金融危機爆發前幾年，西班牙的貿易逆差排名世界第二，僅次於美國，而人口僅一千一百萬人的希臘，則是世界排名第五的貿易逆差國。不過，德國的病症預告了歐陸其他國家接下來的命運——愈來愈嚴重的不平等、低迷的消費以及全面性投資不足。[5]

對於這樣的發展，民族主義者的回應方式進一步煽動種族偏見，但又允許掌權階級迴避最根本的經濟議題。在經濟榮景期，德國的銀行業者購買了很多希臘債務（譯注：債券），德國政治人物要求希臘政府出售該國的島嶼並以出售島嶼的收入還債。很多小報甚至煽風點火地建議希臘變賣雅典衛城（Acropolis of Athens）之類的國家寶藏。面對德國的要求，希臘政府也不甘示弱地老調重提，要求德國就納粹暴行支付賠款。直到二〇一七年，時任荷蘭財政部長暨歐元集團（Eurogroup）主席的傑洛．戴松布倫（Jeroen Dijsselbloem）還是將這整場危機歸咎於「把所有錢花在酒和女人身上，事後又要求別人出手援助的那些人」。[6]

但最糟糕的不是提出那種愚蠢陳述的小報，最糟的是嚴重誤解危機甚至以民族特性為由來歸咎責任的那些政治制定者，這種行徑不僅不負責任，也極度不道德。歐洲的危機絕對不是信奉法西斯主義的德國人和不誠實的希臘人之間的衝突所造成，而是導因於所得的分配不均。德國政府為了回應東、西德統一與東歐後共產主義（postcommunist）的解放等雙重衝擊，擬定政策將購買力從勞工和退休者的手上移轉給超級富翁，而這個發展又進而導致德國的鄰國不得不忍受失業率上升與債務激增的雙重問題。令人悲傷的結局是，德國的領導人物一點一滴地破壞了原本理應是現代最正面的轉變之一——創立一個健康且統一的歐洲。目前的危險是，世界最大的兩個經濟體，也就是歐洲和美國，即將展開它們之間的貿易戰，這不僅將損害全球經濟繁榮，也將破壞世界各民主國家之間的重要同盟關係之一。

所有舊事再次重演

全球經濟體系並非第一次被日益惡化的不平等所扭曲。從很多方面來看，目前整個世界的局面和十九世紀末至二十世紀初的狀況非常類似。回顧當時，由於歐洲富裕國家內部的所得分配極端不平等，故勞工沒有能力消費所有他們生產的製成品。在此同時，富豪手上有很多錢可投資，偏偏國內又缺乏誘人的投資機會：當本地消費者沒有能力購買更多商品時，富豪們當然沒有道理繼續在國內興建更多工廠。如果所得的分配不是那麼不平等，勞工就能擁有更大的購買力，也較買得起他們生產的所有事物，富豪也會比較容易得到符合理想的投資報酬。

當時的權貴階級拒絕採納這個選項，但他們也希望防止失業率大幅上升，驅使民眾可能發動革命的地步。於是，他們想出一個別出心裁的解決方案：將過多的產出轉移到受他們控制的海外市場。居住在帝國領地與準獨立國家的外國人，的確購買了當地人沒有能力負擔的許多商品，但那些外國人購買這些商品的錢，是以相對高的利率向占領軍借貸而來。英國、法國、荷蘭和德國投資人為澳洲、拉丁美洲、加拿大、非洲、印度、中國和東南亞的專案提供融資。他們也積極興建鐵道，將機械、軍事設備乃至奢侈品等各式各樣商品出口到海外。於是，極端不平等所造成的總體經濟扭曲，順理成章地成為了暴力占領的結果。

早在當時就有一些敏銳的觀察家看出其中的端倪。根據英國經濟學家暨社會評論家約翰・霍布森的說法，為「無法在國內找到理想投資機會的剩餘資本」尋找出口，是美國與歐洲帝國主義盛行的主要原因。問題的癥結是一個「將大量剩餘儲蓄放進富豪口袋」的經濟及政治體系。所得的集中賦與富豪「大到無法使用的過量消費力」，但這犧牲了其他所有人的消費力。這最終造成了損人不利己的後果，因為「光是消費本身，就能活化資本，並讓資本得以產生利潤。」於是，有錢的儲蓄者不得不到海外搜尋「能讓他們賺到投資與投機利潤的新國度」。到最後，這個搜尋流程鼓勵有權有勢的本國利益團體「將愈來愈高比重的經濟資源投入現有政治版圖以外的地區，接著又為了將新國度納入他們的勢力範圍，而積極促進政治擴張的政策。」

幸好不平等與帝國主義的有害組合可藉由改變所得分配，平和地加以解決。只要人與人之間的「所得（即取得商品的力量）分配得宜」，「本國市場」，霍布森寫道，「便能夠無限擴張」。由於「在英格蘭生產的所有事物都能在英格蘭被消費殆盡，」就「沒有開拓新外國市場的必要性。」霍布森又寫道。[7]

霍布森在一九〇二年提出那個論點，但當時他的論點並未獲得重視。十二年後，他所形容的世界被第一次世界大戰摧毀，只不過，相關的動態並沒有改變。到一九二〇年代，富裕的美國人成了供給過剩的源頭，而歐洲人則變成被迫吸收那些過剩供給的人。不久前，美國財政部的經濟學家之一肯尼斯·奧斯汀（Kenneth Austin）提到，霍布森的真知灼見也同樣非常適用於現代中國、日本和德國，而此時的美國則扮演吸納外國過剩供給的大水槽。無論是在十九世紀末、一九二〇年與目前，某一國極端不平等的所得分配所引起的危害，都經由全球貿易活動與金融體系傳播到其他國家。[8]

霍布森體察到，若能將超級富翁的財富移轉給一般人，每一個人（或幾乎每一個人）都會變得更有餘裕，尤其是在不平等程度最極端的地方。他還進一步領悟到，若各國國內的財富適度重分配，國與國之間的經濟衝突或許就能和平解決。遺憾的是，他的真知灼見遭到漠視與遺忘。另外，在二十世紀中葉的經濟繁榮期，他的洞見似乎也顯得多餘。不過，冷戰結束後，不平等的快速惡化以及各國經濟連結的更加深化，已使霍布森的智慧之見顯得意義更加重大。這是一個考驗智慧的挑戰（要如何讓一般人理解這個觀點），也是一個政治挑戰（戰勝從現況獲得好處且根基雄厚的利益團體）。

要了解這一切如何運作，先從歷史的視角談談事態如何發展到今日的狀況，一定有幫助。

第一章

從亞當・斯密到提姆・庫克：全球貿易的轉型

國際貿易曾經很單純。高運輸成本和政治所施加的約束，限制了完工商品與原物料的跨國流動。十八世紀末至十九世紀初，英國思想家主張應廢除關稅與其他貿易障礙，以達到鼓勵分工的目的，在此同時，美國人和德國人卻建議保護初創產業，以發展多元化的國內市場。拿破崙戰爭的結束、蒸汽引擎的大量採用，以及電報的發明，促成了一波延續至一八七〇年代的貿易榮景，直到一八七三年恐慌（Panic of 1873，某些人將此事件稱為世界上第一場全球同步的金融危機）爆發，這波榮景才終於結束。但從一八八〇年代末期一直到第一次世界大戰，盛行於十九世紀末至二十世紀初的強權帝國主義又促進了更大區塊內的貿易活動，只不過，這也使不同區塊之間的貿易往來受限。

兩次世界大戰、經濟大蕭條與革命顛覆了二十世紀上半葉的政治與經濟秩序。最初這些事件的衝擊使國際貿易降到十八世紀末以來最低的水準，只不過，這些事件也促使財富大規模重分配，影響所及，富裕國家境內的所得分配達到有史以來最均等的狀態。到最後，這些動力又創造了進一步深化經濟整合的空間。

即使如此，當時的貿易多數是由成品及原物料商品（commodities）組成。後來，貨櫃輪運輸的革新使運輸成本大幅降低，而通訊技術的進步更讓人得以輕易監督遠在天邊的工廠。到一九九〇年代末期，貿易活動已徹底轉型。企業為了效率最大化與租稅最小化等目的，將繁複的製造供應鏈分散到各個不同的國家。總之，今日的貿易已和過往的貿易截然不同。遺憾的是，儘管貿易的變化那麼大，一般人對貿易的了解還是以十八世紀的過時模型為基礎。

大頭針、布料與葡萄酒

亞當．斯密《國富論》（*Inquiry into the Nature and Causes of the Wealth of Nations*）一書的開場白是描述一家大頭針工廠。亞當．斯密估計，一根大頭針需要經過「十八項不同的作業」才能製作完成。光是製作針頭，就需要經過「兩至三項不同的作業。」若強迫一個工人獨自完成所有工序，他再怎麼努力，一天最多也只能生產幾十根大頭針。幾經思考，無論故事中的大頭針製造商或亞當・斯密皆領悟到一個道理：如果能讓工人專注於製程的特定環節，每一個工人的生產力就能提升數千倍。[1]

在亞當・斯密的年代，製造大頭針的作業是在單一建築物內進行，不過，我們可以用一系列的貿易關係來理解大頭針的製造作業：工廠老闆向供應商購買原料，接下來，第一個工人等於是向工廠老闆購買那些原料，著手製作第一組改良工序，再將這個未完工的商品預售給下一位工人，接著，第二位工人會進行更多改良工序，之後再把更臻成形的商品賣給另一位工人。這個作業鏈的最後一位工人將掌握隨時可賣給經銷商的大頭針成品。儘管企業的存在，讓員工與雇主之間的這些隱性交易得以簡化，但亞當・斯密的真知灼見，也就是一般人在分工狀態下可完成更多工作，解釋了為何大頭針製造商不自行煉鐵，遑論不自行挖掘鐵礦和煤礦。這些不同的企業彼此交易各自需要的東西，並集中所有心力研究如何將附加價值最大化。[2]

國際貿易只是這個流程的延伸，延伸到國境之外：英格蘭的日照稀少，但擁有充沛的新鮮水源，而西班牙則幾乎終年日照充足但乾燥，於是，若英國與西班牙民眾能彼此交易他們在各自氣候條件下種植與養殖出來的食物，彼此都將受益。逼迫英國農民種植橄欖樹和葡萄樹是一種浪費，不如養殖牛羊，再用以交易橄欖油和葡萄酒。誠如亞當・斯密早在一七七六年就曾說過：「審慎的一家之主都謹記一個座右銘，當在家自製的成本高於外購成本，絕對不要妄想自製……如果一個外國有能力以低於我國自製成本的價格，供應某種商品給我國，那麼最好是用我們具備某種生產優勢的本國產業自製的產品，向那個國家購買那一項商品」，沒有必要為了堅持本地製造而多付冤枉錢購買那項商品。[3]

大衛・李嘉圖（David Richardo）大約晚了亞當・斯密半個世紀出生。亞當・斯密是一名蘇格蘭道德哲學學者，李嘉圖則是一名猶太金融家，他因賭對了滑鐵盧之役（Battle of Waterloo）的結果而成為富豪，有錢到足以買下一席議會席次。李嘉圖讀過《國富論》後，決定好好運用他的休閒時間寫一些有關經濟學的文獻，並在一八一七年發表了《政治經濟學與稅收原理》（*On the principle of Political Economy and Taxation*）。這本書的涵蓋面可謂包羅萬象，李嘉圖在書中解釋了為何黃金的價格高於白銀——「因為要生產特定數量的黃金，必須使用（比生產白銀）多十五倍的勞工數量」，並闡述「唯有工資降低，利潤率才可能提高」的個人理論。最值得注目的是，李嘉圖主張，在兩國之間，即使其中一個國家在各方面的生產力都高於另一國，雙方還是能經由貿易，讓彼此的景況同步改善。[4]

在李嘉圖舉的例子裡，葡萄牙工人能以優於英國工人的效率生產布料和葡萄酒。乍看之下，這似乎顯示這兩個國家沒有貿易往來的理由。然而，根據李嘉圖的舉例說明，葡萄牙資本家生產葡萄酒的利潤相對高於他們生產布料的利潤，而英國資本家生產布料的利潤相對高於他們生產葡萄酒的利潤。如果葡萄牙和英國投資人能分工，雙方便能互蒙其利，不過，唯有這兩個國家能以布料交易葡萄酒，並以葡萄酒交易布料，否則雙方便無法經由貿易獲益。若無法經由貿易來獲取利益，葡萄牙「將不得不投注部分資本來製造那些商品，但經由這個管道取得的商品可品質與數量都可能較低。」[5]

不過，諸如此類支持分工的論點未進一步延伸。亞當・斯密和李嘉圖都不認為將製造大頭針或紡織的各階段製程分配到國外進行是合理的。這倒是無可厚非，畢竟他們活在兩百年前，當然也是以兩百年前的方式看待這個世界。在當時，能和遠在天邊的人交易原物料與完工商品就已經夠令人滿意了，一般人並沒有意願交易中間商品（intermediate goods）或勞務。當時可用的通訊技術，像是信鴿和騎馬或搭船的郵差，也不足以妥善協同在各個異地進行的不同生產階段。當時旅遊的風險也很高，更糟的是各地戰火頻仍（這林林總總的困難產生了一個令人欣喜的結果：英國創業家發明了波特酒〔Port wine〕來解決一個雙重問題：英國和法國之間永無止盡的衝突導致法國葡萄酒難以進入英國，以及傳統葡萄牙葡萄酒長途運送到英格蘭途中變質的問題）。[6]

很多現代人遺忘了一件事：唯有在這些原始的條件下，李嘉圖的論點才說得通。他領悟到葡萄牙工人的優異生產力意味著「對英國資本家來說，葡萄酒和布料都應該在葡萄牙生產是明顯較有利的，所以，基於那個目的，應該將英格蘭當地用於製造布料的資本和勞動力遷移到葡萄牙。」他認為這對英格蘭可能不利，不過，他並不擔憂，因為他假設「多數有錢人」將「滿足於本國較低的利潤率，而不會為了追求更大的利潤而將財富部署到外國。」畢竟在電報與蒸汽船發明以前，要監督位於外國的投資案是非常困難的。李嘉圖也認為，「每一個人都有厭惡離開出生國的天生傾向」，這個傾向將對資本的外流構成限制。[7]

唯有各個國家的報酬率差異持久不變，李嘉圖針對自由貿易提出的精巧論述才成立，而各國不同的報酬率又取決於投資人排斥把錢轉移到海外的傾向。不過，隨著技術改善、通訊成本大幅降低與全球政治情勢改變，那些假設已不成立。

漢米爾頓、李斯特與「美國系統」

在大西洋的另一端，大約在亞當・斯密發表《國富論》後十幾年，以及李嘉圖發表《政治經濟學與稅收原理》一書前約三十年，喬治・華盛頓（Gerorge Washington）和亞歷山大・漢米爾頓（Alexander Hamilton）展現了另一種不同版本的經濟治國才能。在他們兩人眼中，國內製造業產能的開發是攸關國家安全的緊要事務。畢竟當時的美國在外交與地理位置上都算是一個孤立的國家，容易受海軍禁運傷害，也幾乎沒有任何潛在的盟國可言。

所以，他們研判，為了保障美國剛得來不易的政治獨立，美國必須達到經濟自給自足。誠如華盛頓在一七九〇年一月八日對國會的演說中所言：「一個自由的民族不僅必須擁有武裝防護力量，還必須遵守紀律……基於安全與利益考量，他們應該要促進使得他們能獨立取得必需品的製造活動，尤其是軍事用品。」若以李嘉圖的語言來表達，這段演說的意思就是：無論各方經濟理論怎麼建議，美國人都必須製造布料，也必須生產葡萄酒。[8]

華盛頓確立了工業化的必要性，而美國第一任財政部長暨倡議強勢聯邦政府的主要領導者漢米爾頓，則被賦與「釐清如何實現這項目標」的任務。他在一七九一年年底發表了具權威性的〈製造業主題報告〉（*Report on the Subject of Manufactures*），事後證明那篇報告是這個發展中的國家的建國文件之一。漢米爾頓認定製造活動的價值絕對不僅止於對國家安全的貢獻：它將使公民可投入「勤奮工作的職業變得多元化」、提高農業生產力，並鼓勵機械的投資。此外，他也領悟到，美國並不是天生注定要成為一個農業共和國，那只是英國帝國主義政策所造成的結果。只要賦與適當的條件，新美國絕對有能力自我轉型為一個製造業超級強權——不過，那些條件有賴一個強大政府，能鼓勵市場創造適當種類的製造產能。

漢米爾頓的真知灼見是：唯有拒絕接受國際勞力分工的概念，國家才可能從勞力分工的概念獲得生產力方面的利益。他認為一國內部經濟多元化的利益和不同國家之間分工的利益是不相容的。這堪稱一種反駁的李嘉圖的觀點，只不過當時李嘉圖還沒提出他的比較優勢（comparative advantage）理論。

漢米爾頓承認，在一個充分自由貿易與零監理的完美世界裡，美國人或許會想專注在農業。然而，他也迅速指出，在真實的世界裡，「美國無法以平等的條件和歐洲交易」。即使美國對進口課徵的關稅非常少，美國的出口卻遭受差別待遇。這樣的差別對待導因於一個事實：歐洲人並不仰賴美國供應農業產出，但美國相對較依賴歐洲製造業。這種「互惠的需要」（want of reciprocity）的意向將置美國於「貧乏的狀態」。因此，美國需要一個行動主義型（activist）政府。

根據漢米爾頓的說法，除非美國政府願意對美國製造業出口商提供不亞於「其他國家政府給與（譯注：它們的製造業出口商）的那種賞賜與酬勞」，否則美國人不用妄想和歐洲生產商競爭。因此，他建議提高外國製造商的稅負，並利用這些稅收來支付「補助金」給生產優先重要商品的美國製造商。在此同時，他也希望藉由降低美國對銅、硫磺和絲等原物料的進口關稅，來降低美國製造商的成本。他認為政府的干預將使美國製商品相對比來自歐洲的進口品便宜，進而鼓勵美國人購買本國貨。

漢米爾頓的目的是要促進創業能力與投資活動。他相信，受到保護的國內市場將讓美國人更容易開創當時還屬於高科技產業的紡織、鐵釘、玻璃製造與槍枝製造等新事業。根據漢米爾頓的說法，美國人需要「政府的激勵與贊助」，因為美國人尚未具備開創自給自足型企業的技術、信用度或信心。凡事起頭難，要推動不熟悉的新事務終究比較困難，尤其歐洲當時為了鼓勵本地製造商並防止美國發展製造業而實施的關稅與補貼，讓事情難上加難。不過，總有一天，美國的「初創」生產商將逐漸成長茁壯，漸漸不再需要那麼多的政府支援。漢米爾頓並不打算徹底消弭外國競爭，因為那麼做不利於美國消費者，但他確實希望打造一個有利於增加國內生產活動的戰場。

從漢米爾頓期望「擁有較多資本而相較缺乏有利可圖的本國資本用途的部分歐洲國家」能出資協助美國實現工業化，便可看出為何他對於進口的態度相對開放。儘管李嘉圖假設技術限制與政治壁壘將會對大規模國際金融流動構成阻礙，但漢米爾頓相信「極顯著差異的利潤」可能「促使外國資本移轉到美國。」投資一個千里之外的國家的風險，將被美國的「優勢，其他地方很難提供和美國等量齊觀的優勢」彌補。[9]

當時美國原住民在西部邊境發動攻擊，就在這份報告提交不久後，國會正好為了如何增加政府收入來防衛西部國界一事展開辯論。漢米爾頓提出這份報告的時機可謂恰到好處：他趁機主張向進口製造商課稅，是提高政府收入與強化國防的必要行動，同時順利克服了反對他的適度關稅計畫的意見。然而，以那些關稅收入來發放補償金的計畫則未能施行，主要原因是和貪污、收入不足有關，另外，有些反對意見也認為由政府補貼特定優惠產業有違憲之虞。

諷刺的是，在長達幾十年的革命法國與反革命的英國之間，美國在戰爭中保持中立的立場，最終反而對美國的進口施加了遠比漢米爾頓的提議更高的障礙。為回應這個窘境，美國遂積極發展本土製造產業。歐洲恢復和平後，詹姆斯．麥迪遜總統（James Madison）在一八一五年呼籲實施極端版的漢米爾頓政策，以保護這個新製造基地。於是，所謂的達拉斯關稅（Dallas Tariff，以當時的財政部長命名）在一八一六年通過。這項法案將很多進口製成品的關稅提高到最高三〇％，並對經由外國船舶引進的進口商品課徵額外的稅負。[10]

當時的美國正試著開闢一個新模式。聯邦政府在課徵關稅的同時，也為了促進人員與商品在快速擴張的本國領土內移動而花費非常多支出在內部的改良上。當時美國積極開鑿運河、興建道路與橋樑、擴寬河流、鋪設鐵道，移民也大量湧入西北領地（Northwest Territory）以及湯瑪斯．傑佛遜（Thomas Jefferson）在一八〇三年的路易斯安那購地案（Louisiana Purchase，諷刺的是，這項資金來源漢彌爾頓一手策畫但傑佛遜本人強烈反對成立的信用系統）時取得的土地。所以，美國製造商雖在外國人競爭方面獲得保護，卻還是得在這個大型且持續擴大的本國市場內彼此廝殺。

這個逐漸演化的美國發展模型並非絲毫未引起外界的關注。一個名叫弗里德里希・李斯特（Friedrich List）的德國人因忍受不了符騰堡（Württemberg）公國的長年迫害（理由是涉及「煽動活動」），而在一八二五年遷移到賓州。在移民前，他曾試圖說服德國各邦成立一個關稅聯盟，重建德國在拿破崙戰爭期間曾發展的部分製造產能。若這個關稅聯盟成立，德國的產業就能在英國人的競爭壓力下獲得保護，在此同時，德國境內的自由貿易也將能打造一個生氣勃勃的國內市場。

抵達美國後，李斯特更斷定美國的模式可作為德國統一與經濟發展的模型。他在一八二〇年代寫了一系列函件，為他所謂的「美國系統」（American System）辯護，同時還批評亞當・斯密的理論「不正確」，因為那些理論忽略了「人類分裂為許多國家」的現實。李斯特關心的是一個國家能以什麼方式來增長「勢力與財富」，在這當中，他認為勢力和財富一樣重要。他將亞當・斯密與其他自由貿易家的經濟體形容為「普世政治經濟體體系」（cosmopolitical economy），不同於此的是，李斯特希望將政治機構重新納入「政治經濟體」。

李斯特相信，保護性質的關稅是讓美國製造業企業得以和英國出口品競爭的必要元素，一旦美國製造業企業具備與英國出口品競爭的力量，就能進而吸引來自歐洲的外國資本和技術性勞工投入美國製造業。那將會變成一個良性循環：較大的生產量將經由較高的工資，創造對製成品以及美國原物料的額外需求，而這又會使勞動力與機械需求上升，最終使全國經濟得以成長，國力得以提升。誠如他所言：「因此，消費促進生產，而生產也同樣能促進消費」。如果生產透過工資被轉化為消費需求，生產便可能大幅成長，而如果額外的生產能滿足消費，消費也有大幅成長的可能。生產與消費之間是一種彼此提攜的關係。李斯特甚至比漢彌爾頓更堅信一個國家需要行動主義型的政府，他警告：「若放任工業自行發展，它很快就會淪為廢墟，而一個選擇無為而治的國家，與自殺沒兩樣。」

但李斯特並不認為他的政策建議可一體適用於全世界。在他眼中，「每一個國家都必須根據它的獨特路線來發展生產力量。」李斯特認為，拉丁美洲、印度、中國、西班牙和俄羅斯將無法受惠於他設計的方案，因為那些國家缺乏發展生產性工業所需要的「特定存量的自由、保障與指引」。那些國家很貧窮，換言之，由於它們缺乏永續創造財富所需的必要制度，所以無法受惠於他設計的方案。他尤其強烈批評西班牙，因為西班牙「教士階級將土地的養分消耗殆盡，並養成惡劣的怠惰習性」，其情令人髮指。然而，美國和德國一樣，擁有可發展成一個繁榮製造業國家所需的必要「開明制度」。[11]

一八四一年時，李斯特將他的想法詳細寫進《政治經濟體系的國家系統》（*The National System of Political Economy*）一書，這本書融合了理論、歷史和現況報導，目的是要引導德國政治人物實現他期望中的新德國。他的論述是：「唯有兩個國家的工業發展程度大致相等，這兩國之間高度文明化的自由競爭，才能為彼此帶來共同的利益。」而一個像德國這種「擁有智慧與物質」致富工具但低度開發的國家，則應該避免自由貿易，並取而代之地「強化自身獨立的能力」。

對外實施高關稅且擁有龐大內部市場的美國，是「最佳政治經濟體示範」。促進國內貿易與國內生產的行動主義型政府政策，和美國民眾天生刻苦耐勞的習性結合在一起後，將一個「徹底」受英國「奴役」的農業殖民地，轉化為一個獨立且強大的民族國家。[12]

雖然歐洲在一八一五年拿破崙戰敗後恢復和平、英國和法國的關稅自由化，以及諸如蒸汽船、鐵道及電報的技術創新等因素帶動世界貿易穩步擴張，李斯特的論點還是在十九世紀末勝出。自一八七〇年至一九一三年，美國對製成品課徵大約四五%的關稅，並在十九世紀經由購地、協商合併與戰爭征服等，積極擴展這個受保護的國內市場的規模。當時不只美國實施保護主義。在十九世紀的最後三十幾年間，世界各地紛紛提高製成品關稅。到第一次世界大戰爆發前夕，多數歐洲國家也對製成品課徵二〇%的關稅，只有大英王國和荷蘭例外。而隨著美國與德國在全球經濟產出的占比上升，整個世界的平均有效關稅稅率遂進一步提高。[13]

強權帝國主義與門戶開放

保護主義的擴散產生了一個可預見的效應：從一八七〇年代初期開始，世界貿易相對全球經濟產出，規模漸漸萎縮。大約過了一百年後，國際貿易的重要性才恢復到先前水準。這使英國面臨一個獨特的問題。原本英國人高度仰賴出口市場來吸收它的過剩製造業產出，因為這些外銷的產出，能為英國賺到可讓英國人購買進口食物及工業原物料商品所需的收入。遺憾的是，當時世界上最大的經濟體（美國和德國）下定決心要盡可能限制英國商品進入它們的國界。

然而，英國有一個現成的解決方案可因應這個問題：廣大的海外殖民地組合（profolio）。除了澳洲、加拿大、紐西蘭的所謂白人自治領（white dominion），英國還控制了非洲南部的幾個地區、整個印度半島、香港、馬來亞（Malaya），以及西半球的些許區域。在十九世紀最後幾十年間，大英王國積極擴張，將勢力範圍進一步擴展到非洲的多數地方、中東，並在亞洲取得極大的影響力。英國當然不可能允許那些疆域以李斯特的「國家系統」（National System）

圖一・一　直到一九七〇年代，世界貿易才終於超越一八七三年的高峰水準（指總出口相當於世界產出的比重）

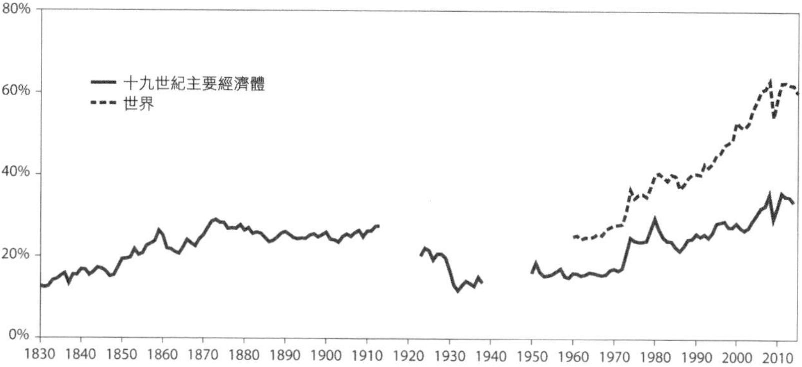

資料來源：國際清算銀行（International Settlement Bank）

發展自身經濟。所以，那些地方關稅非常低，至少對英國商品課徵的關稅很低。這整個殖民地王國扮演著吸納英國出口品的大水槽，並為英國提供了安全的原物料進口供給來源。

英國經由這個策略所獲得的顯著成就，促使其他國家群起仿效（不過，英國雖號稱它經由這個過程獲得極大經濟利益，但那些利益是否足夠彌補因此而耗費的軍事成本，各方學者們則各持不同見解）。法國人將勢力伸向北非與東南亞，日本奪取琉球群島，俄羅斯則積極向南方與西方擴展國土疆界。由於各國的動靜讓英國人戒慎恐懼，因此他們進一步入侵阿富汗、緬甸、非洲東部許多地方以及非洲南部的多數地區，其用意明顯是要加強對印度的防禦。另外，英國也因擔心失去對印度的控制權而投入中亞、波斯和西藏的多場征戰。由於非洲爭奪戰極度激烈，一八八四年至八五年間，歐洲各強權國家在柏林召開了一場國際會議（即所謂的西非會議〔West Africa Conference〕），以避免爆發國與國之間的軍事衝突。

到第一次世界大戰前夕，非洲除了衣索比亞和賴比瑞亞以外的所有國家都已被歐洲人控制。一八九〇年代中期，日本為了拿下台灣並取得韓國的統治權而出兵攻打中國。十年後，俄羅斯和日本為了爭奪朝鮮與滿洲的控制權，發動了世界史上第一場機械化軍隊戰爭。儘管這段期間強權帝國主義國家擴展勢力的動機並非純粹只出於經濟考量，但獲得出口市場與投資機會的欲望，還是驅動它們不斷對外侵略的重要動力之一。強權帝國主義國家爭奪勢力的結果，其中一項是全球貿易因各帝國的區塊割據而變得日益支離破碎。

雖然美國併吞了夏威夷王國，並在一八九八年從西班牙人手中奪下古巴、菲律賓和波多黎各，它還是比較不像歐洲人那麼重視殖民附屬國的爭奪，而是較熱衷於鼓勵國內的西部移民活動——經常利用殘暴的手段，藉由移民取代世居的原住民人口。美國的帝國主義者傾向透過「昭昭天命」（Manifest Destiny）的計畫，聚焦擴展本國疆界以及受保護的國內市場。這在十九世紀末期形成獨樹一幟的美國對外貿易方式：門戶開放政策（Open Door Policy，譯注：指原則上所有國家都在中國享有平等的商業與工業貿易權）。

美國人對本國商人的本領信心滿滿，加上對殖民侵略相對較不感興趣，所以，美國人並不強求以優惠待遇進入任何海外市場。美國企業並不期望美國政府直接控制它們希望從商的那些外國領土，也不指望能在美國本國市場以外，獲得可豁免外國競爭者壓力的保障。美國確實曾動用軍事勢力保障美國投資人的海外權利，尤其是在拉丁美洲，但並非以犧牲其他外國投資人的方式來達到那個目的。美國投資人直到十九世紀末才開始需要外國的投資機會（美國銀行業者的第一家海外分行，直到第一次世界大戰前夕才設立，位於布宜諾斯艾利斯），即使到那時，美國外交官們也只是努力設法防止歐洲人、俄羅斯人和日本人在中國開拓排外的經濟區罷了。不過，儘管美國順利讓其他強權國家同意不瓜分中國，卻未能充分確保美國貿易家在外國勢力範圍內享受與其他國家商人平等的競爭條件。

從世界大戰到世界秩序

事實證明，美國難以在第一次世界大戰中維持中立原則。美國與英國站在同一陣線後所能得到的巨大利益，使美國不再那麼重視和德國之間重大的文化與經濟連結。而美國民間部門的明顯朝英國傾斜，正是德國潛水艇瞄準美國商船的根本原因，也是德國外交官試圖說服墨西哥攻擊美國大陸的原因，而德國的這兩個決策，正是促使美國人參與對德戰爭的關鍵要素。美國的軍事力量比起歐洲各交戰國小得多，不過，美國充足的工業基礎、農田乃至源源不絕的大量年輕人口，足以彌補軍事力量不足的問題，甚至綽綽有餘。美國遠征軍（American Expeditionary Force）花了超過一年，才終於徵召到像樣的人數，而因為美國缺乏最新的軍事技術，所以那些步兵只能使用英國的裝備。然而，這支美國遠征軍一進入法國，便在西部戰線（Western Front）戰役中協助達到決定性的戰果。

但和平並沒有帶來經濟繁榮。歐洲各經濟體因人力折損、生產產能的破壞以及為迎合戰爭需求而轉向的投資活動等，無不因而筋疲力盡。重建歐洲因為龐大的戰爭債務以及沉重的賠款責任而遭受阻礙。在此同時，俄羅斯王國向布爾什維克黨（Bolshevik）屈服，而中國則開始進入長達幾十年的內戰。

然而，作為交戰國的供應者，美國獲得了不少利潤：在戰爭期間，美國的出口比進口多出一倍以上，根據美國經濟學家約翰．威廉斯（John H. Williams）在一九二二年發表的報告指出，那造就了「有史以來所有國家最令人讚賞的貿易收支餘額」。作為未受戰爭摧殘的最大強權國，美國掌握了重建更美好新秩序的巨大影響力。遺憾的是，它拒絕這麼做。理由是，當年很多美國人憂心歐洲人會出手箝制美國的勢力——談到這裡，不由得聯想到當今中國對全球性機構的猜忌。於是，美國聯邦政府短視地集中火力要求英國與法國償還戰爭時期的貸款，但在此同時，美國政府也囤積大量黃金，並因此扭曲了世界貿易體系。這些行為的後果之一是國際貿易遽減，國際貿易占全球產出的比重，從一九一三年的二七%降至一九二三年至一九二八年間的二〇%。[14]

稍後幾年的經濟大蕭條（Great Depression）進一步導致國際貿易相對全球經濟規模的比重降低，在一九三二年時降至一一%。直到二次世界大戰爆發，跨國商品與勞務流量約當全球產出的比重，依舊低於一五%。而由美國帶頭發起的保護主義浪潮（美國在一九三〇年通過《斯姆特－霍利關稅法案》〔*Smoot-Hawley Tariff Act*〕）更加劇了商業活動與跨國金融業務大幅崩落所造成的立即影響。美國對世界其他地方的進口課徵懲罰性關稅一事，立即引來全球性的報復行為，這使早已風雨飄搖的國際經濟體系徹底瓦解，並引發各國競相匯率貶值、提高關稅與去全球化（**deglobalization**）的浪潮。

想當然耳，自十九世紀末以來便高度仰賴外國顧客吸收其過剩產量的美國（當時的它也因此成為世界史上最大的貿易順差國之），自然成了保護主義的最大受害者，這是自作自受，因為這一波保護主義風潮就是在美國推波助瀾下形成（那是由於當時的美國不再能自由進入許多它的出口市場）。這就是《斯姆特－霍利關稅法案》留給後人的沉痛教訓：擁有巨額貿易順差的國家之所以能擁有那些順差，最根本原因是它們根本沒有足夠能力消費自己所生產的全部產品，並因此將無法在國內消化的產品輸往海外，也因如此，這類國家極端容易受國際貿易衰退所傷。

當時很多國家訴諸以物易物的協議，以製成品來交換原物料商品，尤其是未放任匯率貶值的國家（其中最惡名昭彰的是納粹德國和蘇聯之間的這類交易）。其他國家則退縮到只和其所屬帝國領地貿易。法國對其殖民地、受保護領地以及國際聯盟（League of Nations）託管地的出口，從一九二九年占總出口的一九％，上升到一九三八年的二八％。在同一期間，義大利人對該國非洲領地與衣索比亞的出口，從占總出口的二％上升到二三％。另外，日本對於朝鮮、台灣、滿洲和中國的帝國領地的出口，則從占總出口的三五％激增到六三％。[15]

二次世界大戰導致貿易型態出現了與和平時期大不相同的劇烈轉變。德國如法炮製第一次世界大戰期間的作法，扣押東歐生產的原物料，這導致英國不得不完全仰賴從整個大英帝國（以及美國，但程度上較低）進口的資源。在這段期間，拜距離軍事衝突遙遠以及經濟大蕭條所造成的充沛閒置產能所賜，美國成了小羅斯福總統（Franklin Roosevelt）所謂「民主的兵械庫」，影響所及，美國的出口在一九三八年至一九四五年間增長了四五％。

相反的，日本在中國的燒殺擄掠引來美國的抗議，並關閉日本取得美國進口品的管道。那個窘境進而促使日本入侵東南亞，以便掌握石油、橡膠與其它工業補給品的取得管道。在一九三〇年代主要和納粹分子進行以物易物貿易並因此遭到國際社會排擠的蘇聯，則在一九四一年遭到侵略後成了進口美國供給品的主要國家之一。坐擁充沛生產產能的美國和其他交戰國呈現鮮明的對比，其他交戰國雖致力於國內或征服地的生產活動，卻依然難以滿足對物資的需求。[16]

就在聯軍登陸諾曼第後不久，四十四個國家的代表在新罕布夏州的布列敦森林（Bretton Woods）集會，討論戰後秩序的安排。這場集會的目標是要預防一九二〇與一九三〇年代的經濟混亂再次發生，因為每個人都認同那段時間的經濟混亂是引爆這場世界大戰的根本導因之一。雖然這場會議聚焦在貨幣體系以及金融流動相關監理規定的改革，與會的代表也對旨在成立新國際貿易組織（International Trade Organization，簡稱ＩＴＯ）的提案表示支持，這個新組織將「降低國際貿易障礙，並在其他方面促進互惠的國際商業關係。」誠如美國財政部長亨利・摩根索（Henry Morgenthau）在那場會議的閉幕演說中所言，「要想實現和平世界的充分就業目標，並將生活水準提高到人民得以實現其合理期望的水準，復興國際貿易是不可或缺的要務。」[17]

不過，當時國際貿易的復甦歷程和當今的脈絡大不相同。當時的運輸成本依舊非常高，所以，將製造流程分散到不同地理區域進行是不切實際的作法。另外，當時的資本流動也遠比目前困難很多。事實上，即使是布列敦協議的兩位主要策畫者哈利．迪克斯特．懷特（Harry Dexter White）和約翰．梅納德．凱因斯（John Maynard Keynes），即使他們兩人也和摩根索一樣熱切期盼國際貿易能恢復，但也都沒有興趣恢復資本的流動，因為兩人也都對巨額資本流動在戰前期間所造成的後果，包括全球貿易遭到扭曲且發生大規模失衡等狀況（英國和美國尤其嚴重）相當憂心。

新國際機構的設立並沒有改變歐洲與亞洲依舊殘破不堪的事實，畢竟當時戰爭才剛結束一年多。恢復貿易需要資源，也需要有國家能夠提供這些資源。儘管美國早已計畫好要長期占領日本，事後卻也漸漸體察到任由歐洲人自行其是的危險：難以翻轉的貧窮可能讓歐洲人陷入絕望，並使共產主義者趁虛而入，最終顛覆整個歐洲；而一旦歐洲被共產黨顛覆，遲早會退出此時已對美國經濟非常重要的全球貿易體系。

在此同時，美國軍事動員令的解除對國內支出造成衝擊，這意味美國農民和製造商必須積極尋找外部的需求來源。於是，美國人決心共同組成一個旨在擴展對歐貿易的強大聯盟。馬歇爾計畫（Marshall Plan）正是這個策略的環節之一，這項計畫賦與歐洲人購買美國出口品並重建其本國生產產能的資源。這項策略的另一個環節是和開啟歐洲市場（待它們恢復元氣後）有關的法律行動。

一九五〇年，最初布列敦森林會議中提議成立的ＩＴＯ在美國抗議下半途夭折（美國抗議ＩＴＯ掌握了管轄各國國內經濟政策的權力），但在此同時，由美國主導的關稅暨貿易一般協定（General Agreement on Tariff and Trade，簡稱ＧＡＴＴ）則蓬勃發展。美國的想法是組織一個由自願參與國組成的聯盟，以降低國際交易方面最顯著的壁壘，也就是關稅與配額。在當時，美國掌握著支配世界貿易的力量，美國製成品出口占全球製成品出口的比重高達三五％左右，那意味美國有能力帶頭做出不同的示範，例如美國可以帶頭降低它的關稅，以敦促歐洲人和日本人降低關稅。

在ＧＡＴＴ持續擴大並最終在一九九五年被世界貿易組織（World Trade Organization，簡稱ＷＴＯ）取代前的那段時間，美國人繼續引導世界貿易朝進一步自由化的規劃方向前進。所有簽署國都同意接受基本的最低標準，並同意在爭端發生時，遵從公正評審小組所做出的裁決。各國可以自組小組，在促進全球貿易的前提下，協商為彼此量身定制的補充條件。[18]

儘管各國努力邁向自由化，戰爭的結束卻未能使貿易的重要性恢復到一九二九年以前的水準，遑論一九一三年以前。事實上，跨國商品與勞務流量相對全球產出的比重，直到一九七〇年代才終於回復到一八七〇年代的鼎盛水準。儘管西歐各國的經濟整合度上升到前所未見的水準，失去帝國勢力範圍的日本也擁抱和西方之間的商業關係，不過，這些發展的重要性因世界其他地方所發生的事態而被掩蓋：當時共產主義者橫行於一半的歐洲，中國不久後也被共產黨占領；去殖民化風潮則導致世界上許多國家設下新的貿易壁壘，因為很多剛獲得解放的國家也希望像以前的美國一樣，藉由進口替代（import substitution，以本國產品取代進口產品）發展本國的工業。此外，國際政治生態也限制了貿易的進一步成長，直到冷戰結束後，情況才終於改觀。

貨櫃輪運輸

然而，戰後政治造成的限制只是全球貿易復甦緩慢的原因之一。另一個主要的絆腳石，是運輸產業的低落效率導致運送成本居高不下。雖然一九五〇年代是噴射客機、火箭船與氫彈的年代，但此時商品的運送速度卻比不上十九世紀，成本也更高。二十世紀中葉的國際貿易占全球總經濟產出的比重，大約只有十九世紀中葉的一半左右，更糟的是，碩果僅存的主要是基本原物料商品相關的貿易，而非製成品貿易。然而，到一九八〇年代時，一個絕佳概念付諸商業化（commercialization），革新了整個世界，那個概念就是「貨櫃輪船」。一旦人們釐清如何以陽春的金屬貨櫃執行運輸作業後，長途運輸變得簡單許多，成本也遠比以前低。於是，貿易量爆炸性成長到過去所不能及的水準——並改造了全球的國際商務經濟學。

亞當・斯密和李嘉圖可能早已預見一九五〇年代的貨物運輸方式。諸如石油、煤炭和穀物等大宗物資非常容易運送。然而，其他商品在運送前，則必須謹慎加以包裝。沒有滿載的商業船舶無利可圖，但在處理不同形狀、不同大小和不同重量的商品時，「滿載」實在是一個巨大的挑戰。為了將有限空間的使用率最大化，船家經常必須將冷軋鋼鐵、咖啡豆和衣物等不同商品裝載到同一艘船上運送。但裝載和卸載這些不同貨物時，需要使用很多人力，大型碼頭動輒雇用上萬名工人來處理運出與運入的貨品，此外也相當耗費時間。

當時的工會勢力強大，而且不斷用各種創意花招來降低效率。舉個例子，他們會小心翼翼地將抵達港口時已預先包成大包裝的商品拆開，再由本地碼頭工人重新分裝為小包裝，而碼頭工人自然是以時薪計酬（外加加班費）。所以，一艘典型的貨船通常要一個星期才能裝好滿載的貨物，抵達目的地後，還得再花一個星期卸貨，接著又要花一個星期裝載回航時的貨物。以橫跨大西洋的運輸來說，大約有三分之二的成本和港口作業所耗費的時間有關，多過於越洋航行。

船運貨物的裝載與卸載是最糟的環節，不過，將貨物運送到碼頭或送離碼頭，也是一個昂貴且曠日廢時的程序。美國的多數海上運輸會途經曼哈頓或布魯克林，但要將貨物送到這兩個地方，只能依賴卡車，而卡車必須應付紐約市擁擠的交通。另外，倫敦的河岸碼頭被繁忙的都會區和狹窄的街道包圍，所以英國人常要大費周章才能將國內其他地方的商品運送到河邊。有些製造商為了因應這些限制，遂盡可能將工廠興建在港口附近。很多其他製造商則認定海陸運輸太過麻煩，乾脆放棄出口，選擇直接在本國市場銷售他們的產品。

剩下的廠商則不得不依賴卡車和火車將他們的商品運送到港口，問題是，卡車和火車的貨物裝卸載作業也和貨船的裝卸載一樣令人頭痛。貨物從船舶上卸載下來後，會先安置在港口的倉庫進行（緩慢地）分類、重新包裝，再裝載到卡車與火車上，運到最終使用者所在之處。這林林總總的限制意味在一九五〇年代時，要從美國運送一船的製成品到歐洲，有可能得花上幾個月的時間，儘管當時從布魯克林到西德布萊梅哈芬（Bremerhaven）間的航行時間只要大約十天。因此在當時，除非顧客下訂，否則完全沒有道理為了出口而生產商品，另外，除非國內真的無法取得替代品，否則也不太有理由向海外訂購商品。

預先在工廠將商品包裝好並裝進標準金屬貨櫃箱的作法，革新了這個遲緩的流程。相同的貨櫃箱可互換使用於各式各樣的運輸形式。在這個情況下，卡車和火車可直達港口，用短短幾分鐘的時間卸下原先運送的貨物、裝載新的貨櫃，再轉向下一個目的地。只要使用起重機搬貨，即使只耗費少量人力，也能快速且安全地移動沉重的貨櫃箱。費時費力的包裝與拆裝工作，只需要在整個運送流程的開始和結束時進行，不需要每一個環節都重複一次。貨物損壞的風險因此大大降低，顧客也因此獲得了較低保險費的附加利益。

貨櫃化的趨勢也減少了碼頭工人與卡車駕駛偷竊的機會，正因有這樣的好處，蘇格蘭威士忌出口商成了率先採用貨櫃運輸的出口商之一。此外，不同於傳統貨輪，貨櫃輪可以在裝載貨物時同步卸載貨物。打從第一艘貨櫃輪問世開始，這些運輸作業的創新就大大縮短了貨物停留在港口的時間，從原本須好幾天減少為幾小時。目前的貨櫃輪的載運量大約是一九六〇年代載運量的十倍左右，但最大型貨櫃輪在港口停留的時間，還遠比貨櫃輪問世前的典型貨輪短。

美國創業家從一九五〇年代末期開始將貨櫃運輸商業化，不過，即使當時貨櫃輪已用實例證明了它在節省成本與加快速度等方面的潛力，這個概念還是未能全面普及，直到一九八〇年代才廣獲接納。箇中原因包括碼頭裝卸工人工會激烈地反對那些可能讓絕大多數的人面臨失業的變革；很多港口也遲遲不願投資大型貨輪（能載運數千個大型貨櫃箱）所需的起重機、船臺以及貨物裝卸區域；鐵道公司擔憂貨櫃將會對火車貨車的商品運送業務帶來競爭；掌握越洋運費訂價權的卡特爾（cartel，意指聯合壟斷聯盟）希望在它們的新貨櫃輪建置完成前，保護現有船隊的價值；監理機關則是已習慣運送與包裝密不可分的運作模式，並希望根據貨運商品的價值來設訂運輸價格;即使是貨櫃運輸領域的創新者,都不認同以共同標準來製造可互換使用於各種不同運送平台的貨櫃箱。

越戰是啟動這場變革的第一個催化劑。西貢的港口比布魯克林的船塢更糟,標準的貨輪抵達後因難以入港而無法直接卸貨。貨輪將補給品從加州運抵西貢後,必須先停泊在近海進行卸載作業,將補給品重新裝到淺底的接駁船,接著,接駁船得在少數可用的碼頭尋覓卸貨空間,最後,越南的碼頭工人還必須進行和美國與歐洲碼頭工人一樣的例行拆裝與重新包裝作業。貪腐成性的越南將軍們經常會順手牽羊,取走他們最想要的物品。最糟糕的是,迫切需要補給品的美國士兵駐守在距離西貢非常遙遠的地方。碼頭上的補給品必須經由卡車運送,前前後後的交通時間往往得耗上好幾個星期,一路上不僅煙塵瀰漫,還得經過危機重重的區域。

於是,急於改善戰果的美國陸軍聘請貨櫃運輸的原創者馬坎・麥克林(Malcom Mclean)在金蘭灣(Cam Ranh Bay)建造並經營一座貨櫃港口。他開出兩個條件:每個貨櫃只能裝入單一型態的品項,且每一個貨櫃只能為特定一個單位裝箱,那個單位必須負責歸還貨櫃箱。就這樣,麥克林在短短幾個月內解決了陸軍的後勤補給問題,並讓整個世界看見了貨櫃化的能耐與潛力。(他也因此賺到巨額的利潤,一則因他坐擁許多輪船,一則是他在輪船回航時利用空貨櫃載運日本商品到加州。)

一九六〇年代時，航運公司便開始委託建造能裝載貨櫃的輪船，到一九七〇年代，世界各地的航運公司並且更大手筆地舉債，興建大量裝載更多貨櫃的新一代貨櫃輪。這波狂熱最初導致運能突然在同一時間上線因而過剩的惡果，雪上加霜的是，當時油價上漲了三倍，世界經濟陷入了衰退。很多航運公司因此破產，沒有破產的公司也為了生存而彼此合併。然而，到一九八〇年代時，航運公司的抵押貸款獲得再融資，油價也趨於穩定，而油價趨穩使碩果僅存的航運公司得以對愈來愈苛求的顧客降低運費。

在此同時，各國政府陸續廢除對卡車、鐵道與船運公司業務內容的無謂監理限制。製造商與零售商終於得以簽訂能統籌將貨物從某國內陸各地、運送到另一國內陸目的地的長期貨櫃運輸契約。由於商品運輸成本降低且可靠度提升，企業漸漸理所當然地將繁複的生產流程分散到世界各地進行。即使亞當・斯密盛讚分工的力量，但他對分工的真知灼見到了此時，應用範圍早已遠遠超乎他的想像。[19]

全球價值鏈與港口扭曲了雙邊貿易數據

從美國底特律市驅車南向穿越底特律河，大約只要花短短二十分鐘便能抵達加拿大溫莎市

（Windsor）。大約一個世紀以來，美國三大汽車製造商善加利用這個地利之便，在密西根與安大略省南部經營工廠。這個大湖區汽車綜合製造網絡，或許可視為史上第一條公認的現代全球價值鏈。在這裡，汽車零組件、原料進料和成品汽車與卡車絡繹不絕地跨國移動。加拿大和密西根州之間的貿易值，比加拿大和中國之間的貿易值更高。美國和加拿大之間和汽車與汽車零件有關的貿易，約占兩國總貿易量的五分之一以上。[20]

拜運輸成本（尤其是海運）大幅降低之賜，目前跨國製造網路已遠比克萊斯勒（Chrysler）、福特（Ford）與通用汽車（General Motors）剛開始在加拿大開設工廠及辦公室的年代常見很多，涵蓋的幅員也廣大得多。世界上多數的製造活動發生在以美國、德國和中國（大約二〇〇七年以前是日本）為中心的三個跨國製造網路之一。這些網路內部的中間進料（immediate inputs）貿易，大約占了國際總貿易量的一半以上，而成品與完工勞務的跨國貿易量，大約僅占國際總貿易量的三分之一（剩下的是能源和金屬原物料貿易）。這和一九六〇年代的狀況差距甚遠，遑論與亞當．斯密與李嘉圖時代相比，而這一切都是拜貨櫃化、自由化與冷戰結束所賜。[21]美國對加拿大與墨西哥的商品出口值，大約等於美國對歐盟、中國、日本和韓國的商品出口合計值。然而，美國對這些鄰國的出口的價值卻是來自其他國度。舉個例子，以美國製汽車或輕型卡車的安全帶來說，纖維可能是在墨西哥製造，在加拿大編織與染整（目的是為了善加利用加拿大充沛的水源），接著再運回墨西哥進行縫製，最後才在美國某地的工廠被安裝到汽車上。在此同時，從墨西哥進口的汽車內裝與零件，大約有一半最初是在美國製造。[22]

歐洲聯盟（European Union）二十八個成員國（在英國脫歐前）之間的商品與勞務貿易總值，大約比那些國家和世界上其他國家之間的貿易總值高五〇％。以德國為首的汽車供應鏈，向東延伸至捷克、匈牙利、波蘭、羅馬尼亞和斯洛伐尼亞，向西南可延伸到葡萄牙與西班牙。德國東邊幾個鄰國的出口銷售值（value of exports），幾乎有一半是來自海外的零組件。德國汽車公司生產的汽車，有一半以上是在德國以外製造，而德國本身的汽車出口價值，也有大約三分之一是來自它的鄰國。[23]

最具代表性的跨國供應鏈，或許堪稱在中國發展起來的電子產品組裝供應鏈。二〇〇七年，表面上中國出口了大約價值兩千九百億美元的「電腦、電子與光電」產品，但這些出口品的價值大約有一千兩百億美元（大約四〇％）來自其他地方，主要是韓國、日本和台灣。即使從那時開始，中國生產商對進口零組件的依賴漸漸降低，全球價值鏈對雙邊貿易數據的影響卻依舊存在。即使到現在，中國對韓國與台灣的進口商品值，還是有三分之一源自於其他地方，這顯現出那些國家位處國際供應鏈中點的事實。根據台灣學術單位的計算，常用的計算方式將台灣／中國貿易關係的價值誇大了三倍。[24]

由於這些全球價值鏈的重要性與日俱增，故傳統的雙邊貿易數據已不再能準確衡量每一國工人和機械實際上創造了多少價值。在中國（或今日的越南）組裝並運送到北美或歐洲的小型電子裝置裡，充滿了各式各樣進口的零組件，有些包括是在美國製造的，一如德國的汽車內建各種東歐製零件，而美國卡車也充滿了墨西哥製的內裝。然而，各國海關辦公室在編製統計數據時，卻是將進口進料的全部價值歸屬到恰好負責運出最終成品的國家。近年來，經濟學家開始編製另一種貿易統計數據，希望能釐清這些跨國製造網路的影響。以美國來說，進口被誇大了大約一六％，出口則被誇大了大約二〇％。中國的進口與出口則雙雙被誇大了大約三〇％。[25]

這三個主要製造網路之間的越洋運輸活動的成長，也導致情況變得更令人感到混淆。雖然各國政府還算能精準追蹤到商品的來源地與原始的運出地點，但要各國海關辦公室精準追蹤到出口品的最終目的地，可就困難得多。美國對歐陸的出口通常是在安特衛普（Antwerp）或鹿特丹（Rotterdam）等主要港口卸貨，接著再轉運到法國、德國和義大利的主要市場。相似的，很多美國的出口在送往遠東的其他地方以前，會先抵達香港和新加坡。

這種模式所產生的奇怪結果之一是，美國對比利時、荷蘭、香港和新加坡的出口數字長期居高不下。美國官方的數據顯示，二〇一八年，美國的企業大概出口了價值一千五百一十億美元左右的商品到那四個小國。那個數字高於美國對中國的商品出口值（一千兩百一十億美元），或大約等於美國對法國、德國與英國等三國的合計商品出口值（一千六百一十億美元）。換句話說，表面上看，美國對比利時與荷蘭的商品出口值（八百億美元，而這兩個國家一共只有兩千九百萬人口）合起來和美國對於德國加上義大利的出口值（八百一十億美元，兩國的人口共計一億四千萬人）一樣高。在此同時，美國運往香港與新加坡的商品的價值（七百一十億美元，兩地人口共計一千三百萬人）僅略低於美國對日本的商品出口值（約七百六十億美元，人口約一億兩千七百萬人）。這些數字是錯誤的國際貿易報導方式所衍生的創造品，不是有必要認真看待的經濟指標。[26]

綜合考量跨國製造網路與海港兩項因素，便可判斷各國官方的出口與進口數字難以翔實記錄哪些才是真正從國際貿易活動獲得利潤與就業所得的國家。不過，導致貿易數據失真的有一個源頭，造成的扭曲可能更加嚴重。

企業避稅行為對貿易數據的扭曲

進行國際貿易的實體並非國家，而是必須繳納利潤相關租稅的企業。企業當然會想方設法地盡可能減少繳稅，而這樣的傾向意味官方貿易數字常遭扭曲，無法反映實際的貿易流量。相較之下，包含貿易數據及跨國投資所得與匯款的經常帳（current account）是較好的衡量指標。

理由是，企業租稅負擔因利潤的正式認列地點而有非常大的差異。一直以來，各地會計師事務所與大型企業內部的問題解決高手，創意十足地利用這些差異圖利。如果是在更早的世代，這些創造力十足的人理應成為編寫交響樂或設計大教堂的創意工作者，但生活在現代的他們，卻把這些創造力用來幫企業節省數十甚至數百億的稅金——過去二十年，企業為了避稅，將價值數兆美元的無形資產轉移到世界上各個不同地點。這造成的結果之一是，很多企業從未就它們的海外營收繳過一毛錢的稅金。另一個結果是，如今很多國家的貿易統計數字已毫無用處可言。

美國在一九一三年導入所得稅時，並未對海外的所得徵稅。一直到一九五〇年代，才終於有人開始重視海外所得課稅的問題，因為當時美國企業為了謀取較低稅率的利益，開始積極將部分業務轉移到其他國家。到一九六〇年代初期，企業的避稅行為已對稅基規模產生明顯的影響。

於是，甘迺迪政府提議，無論企業的國際營運結構如何設計，所有美國企業都應該繳納美國的稅負。不過，所得不會被課兩次稅，企業向外國政府繳納的稅金可用來扣抵美國的應納稅金。不過，這麼一來，若純就租稅理由而言，企業就不再有任何誘因將就業機會與工廠遷移到其他地方了。這種利潤稅全球課稅系統（worldwide system，譯注：租稅中的屬人主義）的根本原理被稱為「資本輸出中立」（Capital export neutrality）。相關的思維是，與全球系統互相替代的屬地系統（territorial system）實質上會鼓勵資金基於生產力與成本的根本差異以外的考量，離開美國。但為屬地稅制（territorial taxation）辯護的人則表示他們希望每一國的稅法都能平等對待外國與本國企業，並宣稱這樣的立場為「資本輸入中立」（Capital import neutrality）。

一九六二年的《收入法案》（*Revenue Act*）試圖區分海外子公司的「積極業務」（active business）所得和「被動」所得，以便區隔這個差異。若企業將海外工廠製品所賺得的銷售利潤，再投資（reinvest）到那一個海外營運部門，那些利潤就不會被美國政府課稅。美國企業理應只須就經由股利、債務買回（debt buyback）或合併與收購等名義匯回本國的利潤繳稅。

根據這項法案訂定的《國內稅收法典》（*Internal Revenue Code*，簡稱ＩＲＣ）〈Subpart F〉

F分部條款）對所謂的被動所得祭出罰則。透過投資組合獲得的股利和利息等利潤，無論是再投資到海外或立即匯回給美國投資人，都會被聯邦政府以美國的稅率課稅。關鍵的是，來自專利權與許可證的所得被視為被動收入。換言之，美國企業經由專利取得的全部所得，必須繳納完整的美國企業稅稅率，無論企業主張這些專利隸屬於其整體企業結構裡的什麼地點。[27]

不過，這一切的一切隨著一九九六年的財政部《第八六九七號裁決》（*Treasury Decision 8697*）而改變。新的規定，也就是實務界人士所知的「稅法勾選規則」（check the box，譯注：符合特定條件之公司可選擇成為稅法上不存在的公司，亦即專就稅捐稽徵之目的而言，該公司之法人格不復存在，因此它的收入、成本、費用均直接歸屬於稅法上認為存在之其他主體），理應讓納稅人報稅更容易，也讓國稅局檢核人員的工作變得更輕鬆。但取而代之的，這項裁決開啟了企業稅法的大量漏洞。其中一個漏洞是從此以後，企業可用處理海外工廠所得的方式處理來自專利權與許可證的所得。國稅局當然很快就察覺那些漏洞所蘊藏的真正意義，也提議以一項新規定來防範「和政策與〈Subpart F〉條款規定背道而馳」的安排，不過，政治力的干預導致所有意圖矯正的作為遭到阻礙。〈Subpart F〉條款一被閹割，美國各地企業的法律與會計部門便開始大肆利用「無形資產」（intangibility）的新潛力牟取利益。專利與其他智慧財產和充滿勞工的工廠或辦公大樓不同，智慧財產不會占據有形的空間，只消填寫幾張表格，就能將那類財產輕易轉移到世界上任何一個角落。

相關的計謀可分成簡單與複雜兩種版本。簡單的版本是選在一個企業租稅天堂成立一家子公司，接著安排由這家子公司向母公司購買對整個企業組織其他所有事業單位授權專利與許可證的權利。母公司接著定期向這家持有專利的子公司收費（通常是以總研發成本的特定百分比報價），並將整個企業集團的多數全球銷貨收入認列為那一家子公司的收入。只要正確微調相關的條件，就能將利潤從高稅率的地方轉移到低稅率的地方。

這樣的安排讓所有國家（不僅是美國）的跨國企業得以規避繳納非本國利潤的稅負。不管是在全球課稅系統（二〇一七年以前的美國採用這個系統）或屬地課稅系統（為目前的全球常態）之下，企業都理應納稅給在何處得到利潤的國家的政府。對美國企業來說，除非它們的海外利潤也能移出其他高稅率國家，例如加拿大、中國、法國、德國和日本等主要市場，規避美國國稅局的追查才有意義可言。相似的，出口到美國的外國企業也有相同強烈的理由，將它們的利潤從美國轉移到零企業所得稅的地方。

從數據便可看出相關的結果。隨著大型美國企業的海外銷貨收入變得愈來愈舉足輕重，它們轉移利潤的技巧也日益精進：這些企業的有效稅率（effective tax rate）從一九九〇年代中期略高於三五％，降到二〇〇〇年代初期的三〇％左右，並在二〇一〇年代中期進而降到大約二六%。雖然二〇一七年年底通過的稅法將企業有效稅率降到二〇%以下，且多多少少以屬地課稅系統取代了美國企業稅制原採納的全球課稅系統，卻未能消除企業轉移利潤的誘因。[28]

這些利潤轉移行動也對官方的貿易與投資統計數字造成了奇怪的影響，尤其隨著企業將它們創造的價值一步步轉化為無實體資產，那些奇怪的影響也變得愈來愈顯著。跨國企業將來自高租稅司法管轄區（例如中國、法國、德國、日本和美國）的海外利潤中，大約四〇%利潤轉移到諸如開曼群島（Cayman Island）、愛爾蘭和新加坡等低租稅司法管轄區。影響所及，來自高租稅國家的出口遭到人為壓抑，其進口則遭到人為膨脹，而企業設在租稅天堂的子公司的利潤則高得不合常理。[29]

以蘋果公司（Apple）為例。每一支iPhone都是由另一家名為富士康（Foxconn）的公司利用非蘋果製的零組件組裝而來。蘋果公司自製的物件少之又少，大部分都是付錢請其他企業幫忙生產各種零組件。儘管如此，每一支手機的多數價值卻進了蘋果公司的口袋，其中一部分價值是以蘋果公司發放給股東的盈餘（譯注：股利）的形式呈現，部分則是蘋果公司發放給負責開發軟體、設計成品以及管理該公司各種商務的美國勞工的薪資。因此，每一支iPhone的生產理應增加製造零組件的國家（主要是韓國、日本與台灣）的出口，使組裝iPhone的國家（中國）增加零組件進口，再使組裝國（又是中國）增加成品的出口，同時讓打造iPhone作業系統與其他內建軟體的國家（美國）出口增加。

但實際上的狀況並非如此。取而代之的，許多蘋果公司在美國的營運活動所創造的價值，被列計為某個企業租稅天堂的出口。雖然蘋果公司所創造的價值主要是由美國勞工所貢獻，但蘋果公司經由海外銷貨而獲得的多數收入，卻被堂而皇之地付給蘋果公司在租稅天堂設立的子公司。

相關的精確機制非常複雜，而且可能隨著時間而不斷演進，不過最簡單的版本如下：蘋果公司的愛爾蘭子公司支付一筆費用給位於加州庫比蒂諾（Cupertino）的母公司，用以支應研究與開發成本。這筆費用被列記為美國對愛爾蘭的服務出口。（美國的多數研發服務是出口到企業租稅天堂，而愛爾蘭的多數研發服務進口則來自美國。）

接下來的環節就弔詭了。根據《紐約時報》（*New York Times*）在二〇一六年年底發表的一篇調查報告，嚴格來說，富士康公司位於中國深圳的組裝廠（大約一半的iPhone在此地組裝）並不是位於中國，而是在一座被所謂「保稅區」（bonded zone）海關邊界所環繞的特殊無人島上。經由這樣的安排，富士康進口的零組件無須繳納中國的關稅。更重要的是，經由這種保稅區的設置，蘋果公司便得以讓那些在富士康組裝好的成品手機實質進入中國領土之前，向該公司購買那些手機，並進而將那些手機銷售給設在諸如愛爾蘭等企業租稅天堂的子公司。這項安排讓蘋果公司的邊際利潤大幅提高，不僅如此，蘋果公司接下來又委由那些子公司將iPhone賣到世界上其他地方，進一步獲取更多利潤。[30]

即使這些手機是從中國的港口運出，但前述安排讓蘋果公司得以將絕大多數的利潤認列到要求它繳最少稅的國家。這一切作為的結果是：二〇一七會計年度時，蘋果公司以現金繳納的稅金，只占該公司稅前收益的一八％，只不過，該公司預期它最終的稅率大約是二五％。（二〇一八年的數據因新稅法的一次性條款而不具代表性。）[31]

蘋果公司絕非獨一無二的個案。舉個例子，根據微軟公司（Microsoft）的報導，該公司在二〇一五至二〇一七會計年度的平均有效稅率也大約只有一八％，稅率這麼低的原因之一是，那三年間，微軟公司歸屬到美國銷貨收入的盈餘，平均僅約占總盈餘的一二％。誠如該公司的財報附注所言，「外國盈餘被課徵的稅率較低」，使微軟公司在美國的企業稅稅率降低大約十九個百分點。谷歌公司（Google）的平均有效稅率也大約僅一八％。原因之一是美國的主要貿易夥伴國的企業稅稅率較低，但另一個原因也至少同等重要，甚至更重要：這些企業有辦法在有效稅率近乎零的地方認列盈餘。[32]

創意避稅花招

不是只有軟體業公司有能力利用全球課稅系統的弱點來圖謀利益。製藥公司常花費數十億甚至上百億美元研究與開發新藥。一旦這些藥品獲得核准，後續的藥品製造成本通常低得微不足道。那些藥品的價值來自取得專利的實驗室，而非製造藥錠的工廠。只要將專利放在海外，並在有利的租稅司法管轄區製造有效成分（effective ingredient），便能降低有效租稅負擔。舉個例子，在二〇一七年稅法修訂前，嬌生公司（Johnson & Johnson）的平均有效稅率向來都大約只有一七%。「國際業務」使公司實際上的稅率比名目稅率（headline rate）低大約一七個百分點。[33]

只要應用足夠的創意，幾乎所有跨國企業都能利用這些花招來降低租稅負擔。星巴克（Starbucks）安排由荷蘭子公司向所有非美國銷貨收入收取六%的費用，作為各地使用該公司「智慧財產」的權利費用。這造成的結果之一是，星巴克的英國業務持續虧本——或至少每當英國當局要求該公司向英國財政部繳納利潤稅時，星巴克都會宣稱它的英國業務虧本。更令人印象深刻的是，負責收取星巴克全部權利金收入的荷蘭子公司也宣稱它不賺錢，儘管它除了支付些許辦公室費用、聘請了幾十名員工以外，根本沒有其他成本。[34]

因此，很多透過海外銷售商品及勞務賺錢的美國企業，是將它們的海外業務利潤認列為外國直接投資所得（foreign direct investment income），而不是認列為可歸屬為美國境內利潤的出口盈餘。根據官方數字，大約有三分之二的外國直接投資所得來自七個向來以為美國跨國企業提供租稅優惠著稱的小國：百慕達、開曼群島、愛爾蘭、盧森堡、荷蘭、新加坡與瑞士。而在二〇一七年稅法修訂以前，外國企業也為了將美國的應納稅額降到最低，設法讓它們的美國子公司看起來不賺錢，常見的作法之一是由美國子公司向母公司借高利貸（但二〇一七年的租稅改革對這個作法祭出罰則）。這個作法的結果之一是：美國在海外直接投資的利潤率，經常性地比外國人對美國的直接投資利潤率高約四%。另一個結果是：美國企業的外國子公司有超過四分之三的淨所得目前被歸屬到區區幾個芝麻綠豆大的租稅天堂。[35]

若沒有愛爾蘭共和國西南部地區的配合，美國與歐洲企業海外業務難以實現那麼優異的獲利能力；就官方的數字來說，那裡是歐洲最富裕的地區之一。科克（Cork）是這個地區的最大城市，自一九八〇年開始，這裡便是蘋果公司歐洲總部駐所。目前大約有六千人在此負責從事後勤、乃至製造訂製型iMac等作業。大型製藥公司包括輝瑞（Pfizer）、葛來素史克（GlaxoSmithKline）與嬌生等，也在科克設有業務單位。科克稍北的都柏林（Dublin）則是臉書（Facebook）、谷歌和微軟的子公司所在地。[36]

圖一．二 目前多數的美國海外直接投資所得被認列到企業租稅天堂（歸屬到位於加勒比海、愛爾蘭、盧森堡、荷蘭、新加坡和瑞士的子公司的淨所得占比）。

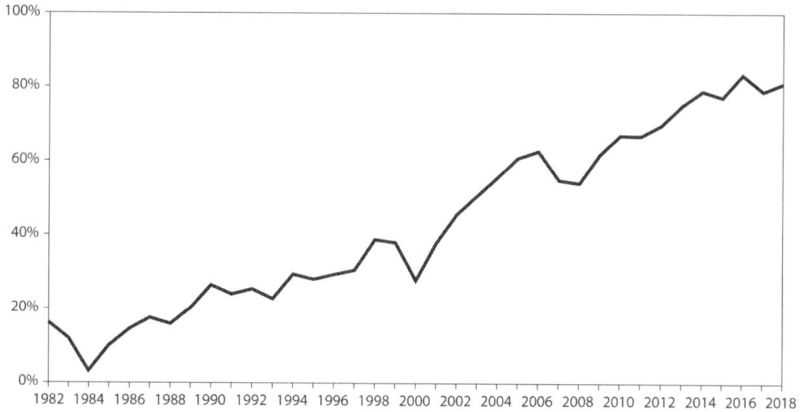

資料來源：美國經濟分析局（Bureau of Economic Analysis）；馬修．克蘭恩的計算

美國企業有許多正當理由在愛爾蘭設置營運據點：那裡擁有高教育程度的英語勞動力、容易進出擁有廣大消費者的歐盟市場，而且和美國多數大城市之間的直接飛航時間很短。然而，在一九九〇年代以前，愛爾蘭共和國只是歐洲邊陲的一個貧窮落後國家，畢竟它被局限在一個以務農為主的小島內，且在歷史上與主要鄰國（譯注：英國）之間的恩怨情仇向來錯綜複雜。

為了克服這些不利因素，愛爾蘭政府長期利用租稅優惠吸引外國投資。該國的官定企業稅稅率僅一二．五%，是世界上最低的企業稅稅率之一，這也是非常多藥品在愛爾蘭製造的主要原因之一。不過，即使官定稅率這麼低，對美國企業來說還不夠有吸引力，愛爾蘭真正吸引那些企業的條件是，它們在愛爾蘭完成公司設立登記後，便可成為開曼群島或百慕達群島的「租稅居民」（tax-resident），而那些地方的企業所得稅率為零。跨國企業的常見操作手法是將幾家這種準愛爾蘭子公司結合在一起，中間夾雜一家荷蘭子公司，接著再將利潤從諸如德國等高稅率的司法管轄區，轉移到諸如愛爾蘭等低稅率管轄區，如此便能將其國際收益的有效稅率降到近乎零的水準。[37]

二〇一八年（也就是可取得完整數據的最近年度），美國各大型企業的愛爾蘭子公司共賺了大約五百三十億美元的利潤——大約等於美國企業界設在加拿大（三百一十億美元）、中國（一百三十億美元）和日本（一百三十億美元）等地的子公司的利潤總和。同樣是二〇一八年，美國企業的荷蘭子公司創造了八百七十億美元的利潤，大約等於它們在澳洲（一百億美元）、巴西（四十億美元）、英國（四百七十億美元）、法國（二十億美元）、德國（七十億美元）、香港（八十億美元）和墨西哥（九十億美元）的子公司的利潤總和。這些利潤數字無法以實際的經濟關係來解釋，而是企業為了將租稅負擔最小化而進行的利潤轉移活動的結果。二〇一八年一整年，美國有超過三千兩百四十億美元的的直接投資所得被認列到世界上七個企業租稅天堂。

〈Subpart F〉條款因美國財政部在一九九六年犯的錯而被視為幾乎無用，不過，在二〇一七年的稅法導致事態改變以前，《一九六二年美國歲收修正法案》（*Revenue Act of 1962*）依舊意味美國企業只有再投資到海外的外國利潤這部分，能夠規避美國的稅賦，用於發放股利和庫藏股買回的利潤依法不能避稅。然而，除了這兩者，其他所有名目幾乎都可接受。這導致過去二十年間，美國跨國企業設在企業稅租稅天堂的子公司累積了數兆美元的金融資產（譯注：企業未將海外利潤匯回美國發放股利或買回庫藏股，也未投資生產性資產，而是購買大量資金融資產）。自一九九八年至二〇一七年間，美國企業在七個企業稅租稅天堂的業務「創造」並進而「再投資」的利潤高達二·一兆美元。相較之下，在同一期間，美國企業在世界其他地方的業務所創造且再投資的利潤還不到一·五兆美元，兩者差異大約六千四百億美元。[38]

這些資金多數以固定收益（fixed income）投資的形式回流到美國，只不過，就租稅的角度來說，這些資金被視為海外資金。企業的財報倒是毫不隱諱地揭露了這些訊息。蘋果公司在二〇一七年的年報中說明，該公司的多數金融資產是「海外子公司持有」的「美元計價資產」（**dollar-denominated holdings**）投資。微軟公司二〇一七年的年報則說明，它的「投資主要是美元計價的證券」，但它也表示，該公司九六%的金融資產是「我們的外國子公司所持有，一旦匯回國內，將產生非常大的租稅效應。」[39]

根據經濟分析局的統計，自二〇一二年年初至二〇一七年年底，美國企業對幾個主要租稅天堂的再投資金額高達一．二兆美元。在同一期間，美國財政部定期對投資人進行的調查報告顯示，加勒比海、愛爾蘭、盧森堡、荷蘭、新加坡和瑞士居民持有的美國國庫券、政府機關債券與公司債，增加……一．二兆美元……這絕非巧合。舉個例子，二〇一七年年底，愛爾蘭居民表面上持有超過六千八百八十億美元的美國國庫券、政府機關債券與公司債，相較之下，二〇一二年他們持有前述證券的金額僅略高於兩千億美元。在同一段時期，蘋果公司持有「長期有價證券」的金額，從五百六十億美元增加到一千九百五十億美元，而微軟公司持有的金融投資金額，則從六百三十億美元增加到一千三百三十億美元。雖然外界無從得知這兩家企業的精確金融安排，但前述調查報告中愛爾蘭居民全體增持美國債券的金額，很可能接近一半可歸因於這兩家企業。這種種安排扭曲了貿易與投資數據，尤其是愛爾蘭本身的出口與進口數據（當然，該國國內企業投資的數據也愈來愈扭曲。）

二〇一七年美國企業所得稅法修訂案的通過，意味美國企業從此能堂而皇之地經由股利發放與庫藏股買回等方式，盡可能將前述多數境外儲蓄返還給股東。但到目前為止，相關的影響還是相對溫和：在二〇一八年，美國企業僅從它們的海外子公司撤回兩千五百億美元。不過，企業稅租稅天堂受到的影響就大得多。二〇一八年，從那些地方撤出的資金達到三千一百九

圖一・三　被隱匿的大量資金（美國企業在海外創造並保留於海外的利潤，以兆美元計）

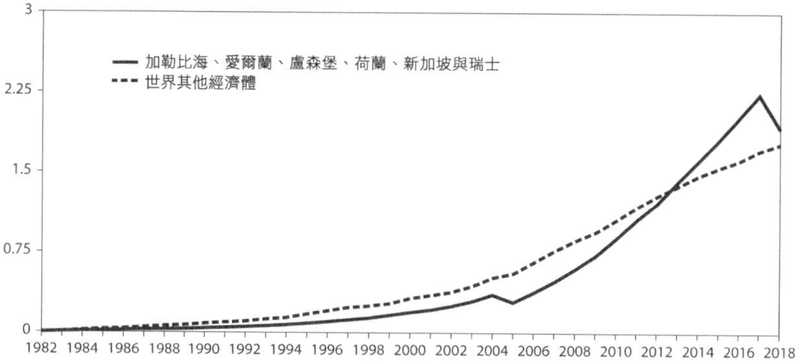

資料來源：美國經濟分析局，馬修・克蘭恩的計算

十億美元。從二〇一七年十一月至二〇一八年六月，各大企業稅租稅天堂居民持有的美國債券價值降低了兩千五百六十億美元，想當然耳，這是前述修法的必然結果。[40]

標準的貿易數據充斥著可能誤導缺乏訓練的分析師的錯誤資訊。國際避稅行為非常重要，因為這種行為的存在，代表標準的雙邊貿易數字嚴重具誤導性。幸好我們還有另一個替代的數據可參考：經常帳數據，這項數據結合了貿易流量和資產所得流量及跨國匯款，實質上來說，它能消除企業避稅行為對數據所造成的影響。

單獨研究貿易活動或許曾是合理的作法，但如今若想要了解世界的真實經濟狀況，光是研究貿易活動已經不夠，還必須充分理解資金的跨國流動。而要釐清跨國金流，必須先理解國際金融體系如何演變到當前的狀態。儘管現代史上的國際資本流動多半是由貿易金融組成，因此，國際資本的流動主要是一種貿易失衡的體現，但如今的狀況已今非昔比，如今金融面的失衡決定了貿易面的失衡。

第二章
全球金融的成長

貿易活動將商品從某處運送到各個不同的地點。這需要時間，也牽涉到風險——賣方運出的可能是無效商品，海盜可能搶走貨物，惡劣的天氣也可能摧毀船貨等。至於買方則可能取消他們原本同意的付款條件，也可能因商品延遲到貨而無法依據先前的承諾，順利賣掉他們進口的商品。因此，交易的意願本身並不足以促使貿易活動發生。能將購買力傳送到不同地點與時間的金融活動才是實現貿易不可或缺的條件。數千年來，貿易與金融一向息息相關。

然而，一般人大致上用三種不同的方式來思考貿易與金融之間的關係，每一種思考方式都大不相同。每一個心智模型（mental model）都包含了與貿易失衡的導因與後果相關，卻極端不同的假設。

第一種思考方式是，國際資金流動可能主要是由貿易金融組成。換言之，這些金融業務活動是受相對生產與運輸成本所驅動。此外，由於國際貿易的擴散將受李嘉圖所謂的比較優勢原則驅動，所以，貿易失衡不可能變得特別大，也不可能長年居高不下。事實上，貿易失衡將會自我修正，因為恆久的逆差或順差將會迫使國內發生各種調整，最終消除各種失衡。雖然利益的分配可能存在很多問題，但整體而言，全球經濟體系無疑受惠於這種類型的貿易。

第二個思考方式是，國際金融流動可能主要是由積極在世界各地搜尋最具生產力之機會的**理性**（rational）投資活動所組成。以這個情境來說，金融可能從富裕的成熟國家流向快速成長的開發中國家，因此，貿易失衡可能是由成熟國家的貿易順差和開發中國家的貿易逆差所組成。大致上來說，十九世紀的貿易就是呈現這個樣貌。相同的，雖然這當中可能牽涉到利益分配的問題，但整體而言，全球經濟體系還是明確受惠於這種型態的貿易與投資，能幫助較沒有生產力的經濟體逐漸趨近處於技術尖端的社會。

但國際金融流動可能受各式各樣不同的因素驅動，包括理性投資、投機、資本外逃、一時的風潮、恐慌、重商主義（mercantilism）、追求安全的欲望等等因素。然而，如果貿易失衡是導因於前述多重因素所造成的綜合金融流動，貿易活動的增加並不盡然會帶來更廣泛的繁榮，換言之，「貿易」與「繁榮」之間只存在偶發或非預期的關聯性。在那種情況下，就不會有明顯的理由可證明全球經濟體系將因金融流動而受益。更精確來說，若金融的流動是受理性投資人追求最大獲利機會以外的其他**任何**因素驅動，貿易失衡有可能會減損全球經濟成長，並扭曲很多其他地方的社會結構。

第三個心智模型最貼近現實情況。主要的金融技術包含股權、債務與保險，都不是現代的新產物。然而，大規模的國際金融則是相對近代的現象。直到一八五五年，跨國金融債權（claim）大約只價值全球年度經濟產出的一六％。然而，到一八七〇年，這個數字已竄升到九四％，而如今，這個數字更已超過四〇〇％。[1]

在過去，無論經濟週期處於繁榮或衰退階段，這個比率都持續成長。每一波國際放款熱潮發生前與發生期間，似乎都發生了幾個相同的經濟現象。首先，某些結構性變革顯著擴大了貨幣的定義與貨幣的數量，並促使信用快速擴張。舉個例子，以英格蘭來說，監理規定的變革促成了一八二六年至一八三七年間的新銀行成立潮，銀行家數從三家暴增為一百一十三家，而一八五七年至一八七三年間，銀行家數也從九十八家增加為一百二十八家。這兩段期間的共同特色是開發中國家發生了大型放款熱潮，以及分屬那些時代的高科技投資泡沫與其他高風險專案泡沫。第二個相同的經濟現象是：成功的投資人在國內市場的資產熱潮鼓勵下，投入愈來愈高風險的行為，而且通常是藉由舉借更多貸款的方式來從事更大規模的投機活動。當投資人從那

圖二・一　跨國金融的興起（國際資產與負債占世界產出的比重）

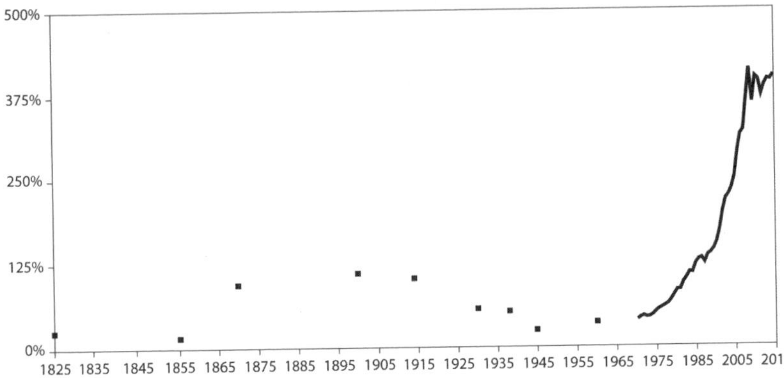

資料來源：國際清算銀行

些投機活動成功獲得更多的利潤，他們當然會想繼續留在市場上投資。最後，某個事件的發生使外國證券蔚為時尚，並導致資金開始跨國界流動，而且通常是流向高風險的開發中國家。[2]

無論是哪一種情況，放款與外國投資活動都會在相對短期內大幅向以往被世界遺忘的國度擴展。通常接收這種新信用的國度並沒有顯著的共通點，唯一的明顯共通點是：這些國度距離國際金融中心都非常遙遠，除此之外，這些地方並無其他相似之處。當突然擴大的放款活動以更快的速度突然終止，這一股熱潮通常也會戛然而止。

標準的經濟理論主張，跨國投資流動的目的是為了利用不同國家的成長前景差異來獲利，因此這些流動會個別評估並比較每一個國家的狀況。根據這個觀點，經驗老到的投資人會持續不斷評估存在於各式各樣國家的不同投資機會，並就這些機會與本國的投資機會進行比較。唯有投資人預期投資外國的報酬率相對高於國內的期望投資報酬率時，才會將資金轉移到海外。

有一個簡單的方法可檢驗這個理論是否正確：如果外國金融流動純粹是受不同投資機會的相對吸引力所驅動，那麼，各國的跨國放款活動應該會呈現隨機分配的樣貌。換言之，每個國家（從金融中心型國家到邊陲國家）理應不會同步發生信用熱潮。畢竟每一個國家都是獨一無二的，而投資人應該也有能力評估本地政治情勢、技術創新、某項本地產原物料商品的供需改變，以及人口統計變化的影響，並進而做出不同的投資判斷。然而，在過去幾百年的歷史上，各國信用週期同步發生的狀況卻屢見不鮮。

從英國和美國在十八與十九世紀之間的關係，明顯可見這個型態，當時這兩個經濟體的商業週期緊密相關。這兩國之間的密切關聯性可部分解釋為某些根本關係所造成：美國是英國紡織廠的重要棉花來源，也是英國製成品的主要市場之一，所以驅動其中一國潛在經濟成長的要素，經常也會影響到另一國的潛在經濟成長。然而，更值得矚目的是，這些商業週期和英國金融情勢的相關性甚至更高。每當英格蘭銀行（Bank of England）蓄意放手讓它的黃金準備（gold reserve）下降，這兩國的經濟都傾向於擴張，兩國之間的資本與商品流動也會擴大。然而，當英格蘭銀行從全球金融體系收回黃金，這兩國的經濟就傾向於萎縮。換言之，美國的經濟危機與恐慌和英國黃金失衡之間的關聯性似乎特別高。[3]

我們檢視了過去兩百年間發生的國際放款熱潮，並探討這些過程所造成的結果，不過，我們的目的不僅是要敘述跨國金融的歷史，更是要確認全球金融情勢對跨國金融流動的影響，經常遠大於本地成長展望對跨國金融流動的影響。特別令人注目的是，促使全球信用供給增加或減少的制度變革，常會改變投資人對個別國家實質經濟展望的觀感。有時候，這會促使資本從全球金融中心大量流向高風險資產——包括外國與國內的高風險資產，進而促使放款熱潮發生；有時候，金融情勢的變化會導致儲蓄從邊陲國家撤出，並進而引爆慘烈的崩潰。這些金融流動必然與貿易流動相互對應，而當金融帳（financial account）發生大規模變化，貿易帳（trade account）也一定會同時發生等量的反向變動。

換句話說，貿易流動取決於金融流動。舉個例子，一八二〇年代初期促使英國資本大規模外流到拉丁美洲的金融創新，和同一期間英國對拉丁美洲的巨額貿易順差直接相關。這些貿易關係無法經由英國製造業效率或拉丁美洲生產者的比較優勢等分析來加以解釋。比較好的解釋是，跨國金融流動改造了各個經濟體，並逼迫它們調整進口與出口金額。

金融史學家克里斯提恩．蘇特（Christian Suter）概述（請見左頁）十九世紀至二十世紀間，大型金融中心對「開發中」經濟體的跨國資本流出浪潮。

全球金融週期的歷史

期間	主要貸款人	來源	主要結果
一八二二年至一八二五年	西班牙、那不勒斯、丹麥、普魯士、大哥倫比亞（Greater Colombia）、墨西哥、奧匈帝國、智利、俄羅斯、巴西、希臘、祕魯、阿根廷	英國	一八二四年開始爆發大型國際債務違約事件，約占外國投資總額的二〇至二五%左右。
一八三四年至一八三九年	美國、葡萄牙、西班牙、墨西哥	主要是英國，部分是法國	隨著棉花價格的崩跌，一八三七年開始爆發大型債務違約事件，多數是發生在美國九個州，約占外國投資總額的二〇至二五%。
一八六四年至一八七五年	美國、俄羅斯、奧圖曼帝國、埃及、西班牙、奧匈帝國、祕魯、羅馬尼亞、美國南部聯邦（Confederate States Of America）、哥倫比亞、突尼西亞	主要是英國與法國，部分是德國	世界各地的大型債務違約事件早在一八六七年就開始爆發，大約外國投資總額的二五%。
一八八六年至一八九〇年	美國、澳洲、阿根廷、葡萄牙、巴西、希臘	英國	因阿根廷對霸菱兄弟公司（Baring Brothers）債務違約的影響而愈演愈烈，不過一個相對微小的危機期從一八九〇年展開，約占外國投資總額的五%以下，以債券違約的形式發生。
一九〇五年至一九一九年	俄羅斯、加拿大、南非、阿根廷、巴爾幹半島各國、奧圖曼帝國、奧匈帝國、巴西、墨西哥、古巴	依序是英國、法國與德國，部分是美國	雖然違約的債務超過外國投資總額的二〇%，主要應歸咎於發生在俄羅斯、奧圖曼帝國與墨西哥的戰爭與革命；若非那些戰爭與革命，因第一次世界大戰而走高的原物料價格應足以確保健全的還款紀錄。
一九二四年至一九二八年	德國、法國、阿根廷、古巴、智利、祕魯、澳洲、加拿大、巴西、羅馬尼亞、紐西蘭、南非、南斯拉夫、希臘、奧地利、哥倫比亞、波蘭、土耳其	依序是美國與英國，部分是荷蘭	大型全球債務違約案件自一九三一年開始爆發，違約的債券約占外國投資總額的三〇至三五%。
一九七〇年至一九八一年	巴西、墨西哥、西班牙、委內瑞拉、南韓、阿根廷、阿爾及利亞、土耳其、南斯拉夫、波蘭、羅馬尼亞、埃及、印尼、菲律賓、智利、蘇聯	美國、英國、日本、德國、法國	較低度開發國家的貸款危機以及一九八〇年代失落的十年。
一九九一年至一九九七年	阿根廷、墨西哥、巴西、韓國、俄羅斯、土耳其、委內瑞拉、印尼、泰國、獨立國協各國、哥倫比亞、巴拿馬、巴基斯坦	美國、德國、法國、日本、英國	亞洲金融危機、俄羅斯債務違約、土耳其超級通貨膨脹、阿根廷危機以及預警型儲蓄上升

資料來源：克里斯提恩·蘇特，《世界經濟的債務週期：一八二〇年至一九九〇年的外國貸款、金融危機與債務清償》（*Debt Cycles in the World Economy: Foreign Loans, Financial Crises, and Debt Settlements, 1820–1990*，Boulder, Colo.: Westview, 1992, 53, 66–67.）

第一波全球信用熱潮：一八二〇年代

隨著我們仔細探討這些投資潮，就會發現每一個週期的大規模資本流動，似乎都不是隨著基本貿易情勢或甚至基本成長展望的變化而發生。取而代之的，那幾次大規模資本流動主要是大型銀行經濟體（banking economies）的投資熱潮及金融市場崩潰後的流動性（liquidity）情勢變化所造成。

以十九世紀初的英格蘭為例。在贏得拿破崙戰爭的勝利後，英國進入飛快的經濟成長與技術進步期。歷經長達幾十年的戰爭不確定性與折磨，有錢的英國儲蓄者此時再次渴望找到具獲利能力的投資管道。這一股狂熱最後擴散到地球最偏遠角落的某些最牽強的專案——至少包括一筆對某個根本不存在的國家的放款。因這些事態而形成的國際放款熱潮，即是世界上第一波信用熱潮，不過，隨著這股熱潮而來的卻是一場全球金融危機。恩格斯（Friedrich Engels）在一八七〇年代末期的文字作品中，將這波熱潮的崩潰稱為「第一代危機」。[4]那一場危機是評估後續幾個放款熱潮的有用模型，因此值得詳加探討。

一八二〇年代的那一波熱潮至少是英國金融情勢的四項重要變化所啟動。第一個變化是英國在第二次《巴黎條約》（*Treaty of Paris*）中對法國索取的七億法郎賠款，當時法國政府有能力透過發行所謂「rentes」的法國政府公債（主要由倫敦的商人銀行，也就是霸菱兄弟銀行安排）來償還這些賠款（戰後的賠款向來常導致金融情勢發生巨大的變化）。第二個變化是，英國政府在一八二二年宣布將原本票面利率五％的長期公債，轉換為票面利率四％的公債。投資人獲准將舊公債賣回給政府，並收回表彰本金與應計利息的現金。這次債券轉換使英國投資人手上多出了幾近兩百八十萬英鎊的資金。

第三個變化也是發生在一八二二年。英國議會允許地方銀行（provincial banks）藉由印製貨幣來籌措資金，以便承作孳息性的貸款。這種業務的利潤相當豐厚。根據一名議會議員的說法，這些銀行「讓整個國家的紙鈔多到淹腳目，而這些貨幣也經由上漲的物價與蔚為風潮的全球投機活動，順利找到現成的出口。」最後一個變化是，戰爭的結束意味拿破崙的大陸封鎖令（Continental System blockade）失效，歐洲出口市場也漸漸恢復。前述幾項變化加上軍事支出的大幅減少，使英格蘭銀行的金條準備罕見地暴增，從一八二一年的價值四百萬英鎊，遽增到一八二四年的一千四百萬英鎊。[5]

前述英國金融情勢變化發生在英國基本經濟展望一片看好的時期：戰勝拿破崙與以火車、蒸汽船、煤氣照明與紡織等為中心的技術創新熱潮，使經濟景氣一片欣欣向榮。投資人極度樂觀看待隨著技術變革與世界上許多地方驟然開放門戶而來的各種成長機會。擁有黃金、白銀、礦產資源以及人口（最為重要）的拉丁美洲國家（剛在獨立戰爭中擊敗西班牙，此時開始採納開明的統治形式，並進入被英國支配的全球經濟體系），尤其令這些投資者熱情澎湃。經濟實力、軍事勝利與寬鬆的金融情勢，使英國資本家與食利者（rentier，譯注：依賴利息與租金收入維生的人）信心大振，投機性投資狂熱因而迅速蔓延。這個狀況正好發生在消費者物價指水準大幅上漲的時期（一八二二年至一八二五年，消費者物價上漲了三〇%。）[6]一名觀察家在事後六十年，用文字描述了當時的情況：

因此，一八二四年年初時，各方資本家抱怨與不滿的聲音消失了，取而代之的是他們心滿意足且歡欣預期獲利將進一步上升的耳語……商業活動極端興旺。每一個人都急於致富。世界上最冒險的交易都沒那些投機行為莽撞……倫敦與地方中心的銀行業者累積了大量資金。超級豐沛的資本積極尋求介入最高風險的投機活動。運河、隧道、橋樑、電車軌道、道路等等，各式各樣建築工程獲得熱切的期待與追捧。[7]

這造成的結果之一似乎是英國投資人承擔風險的意願大幅上升。拉丁美洲的革命運動直到西班牙在一八二四年十二月九日的阿亞庫喬之役（Battle of Ayacucho）戰敗後才終於成功，而它戰敗的消息在事後兩個月才終於傳到英國，儘管如此，拉丁美洲貸款狂熱早已隨著一八二二年一筆對哥倫比亞共和國（剛成立）提供的兩百萬英鎊貸款而揭開序幕。[8]

這一筆貸款是由愛國分子（後來變成惡棍）法蘭西斯科．安東尼奧．齊亞（Francisco Antonio Zea）在倫敦協商下促成，不過這筆貸款對哥倫比亞而言幾乎沒有任何幫助，甚至堪稱一大失敗。這筆貸款一撥付，其中大約一半的款項就隨即被以二〇％的折價，兌換為（譯注：放款人）對哥倫比亞政府的債權（這是哥倫比亞政府在脫離西班牙的戰爭期間所發生債務，更糟的是，這些債務的價值遭到虛灌），其餘的全被用來支付承銷費用與銷售佣金，或是以利息與本金攤銷預付款的名義被扣除。總之，哥倫比亞共和國實際上經由這筆貸款取得的現金少之又少，因此事後很快又回到市場籌資。

然而，對投資人和資本市場而言，這是一筆非常成功的貸款，而這個事件也促使崛起中的國際貸款市場展開了飛快的成長。銀行家在風險有限的情況下，獲得了非常可觀的利潤。當時英國政府長期公債的利率只有四％，因此，英國投資人當然爭先恐後地搶購有六％票面利率，而且最初能以面額的八〇％至八四％的折價買到的哥倫比亞政府債券，畢竟當時很多鼓吹者和媒體工作者暗示，哥倫比亞似乎和此前四十年剛建國的美國沒有什麼差異。就這樣，哥倫比亞公債很快地就在次級市場上換手交易。

一八二二年哥倫比亞貸款的成功示範，促使另外幾個主權貸款人群起效尤，紛紛在同一年進入市場集資。智利發行了一百萬英鎊的債券，秘魯發行四十五萬英鎊，丹麥也在市場上求售兩百萬英鎊的公債，而在戰勝拿破崙之役裡居功厥偉的俄羅斯，則募集到更驚人的六百五十萬英鎊。最令人發噱的一筆交易是伯亞伊斯王國（kingdom of Poyais）所發行的二十萬英鎊債券。這是一個虛構的中美洲國家，蘇格蘭冒險家葛瑞格．麥葛瑞格（Gregor MacGregor，他在獨立戰爭期間與西蒙．波利瓦〔Simon Bolivar〕站在同一陣線，卡拉卡斯〔Caracas〕當地還樹立了一座他的雕像）自立為這個國家的國王。這檔債券發行後，實際上還交易了一段時間，但最後心碎的投資人終於發現中美洲根本沒有這樣一個國家。故事非常簡單：麥葛瑞格捏造了一個屬於他的王國，而他的往來銀行在他的愚弄下成了幫凶——那些銀行協助推廣這個虛幻國家的貸款，並為它的成長展望背書。[9]

接下來三年間，還有另外幾筆外國貸款陸續上市。其中，奧地利與葡萄牙在一八二三年發行了五百萬英鎊的債券，哥倫比亞、墨西哥、那不勒斯王國、巴西、阿根廷首都布宜諾斯艾利斯、希臘與秘魯則在一八二四年銷售了總額近一千五百萬英鎊的債券。在這一波熱潮最後但也最興旺的一八二五年，丹麥、墨西哥、巴西、希臘、秘魯、墨西哥的瓜達拉哈拉市（Guadalajara），以及瓜地馬拉（除了最後兩個，其他都是熟面孔），一共發行了超過一千五百萬英鎊的新債券。除此之外，在一八二四年至一八二五年間，有超過五十家純粹以拉丁美洲營運為目的的股份公司組成。這些公司的法定資本（authorized capital）總額超過三千五百萬英鎊，只不過，在熱潮崩潰之際，其中多數公司都尚未正式完成設立。[10]

最初，事態的發展對投資人與貸款人而言可謂一帆風順。放款、投資與白銀熱等元素結合在一起，為剛興起的拉丁美洲、美國、南歐與位於其他地方的經濟體注入極大的刺激力量。以拉丁美洲來說，這些元素使幾個剛建國不久的國家新政府獲得更大的力量，而這些政府也堅信，獨立建國、共和主義以及融入世界經濟體系等元素的結合，將使整個拉丁美洲地區實現和美國一樣快速的成長。拉丁美洲人的消費因此強勁成長，所以，到一八二五年時，當地從英格蘭的進口，已較短短四年前多了一倍。

但各種問題從一八二五年開始浮上檯面，並漸漸變得令人感到似曾相識。舉個例子，很多投資案的價值令人高度存疑——企圖吸收大量金融流入的小國，通常都會讓人產生同樣的疑問。事實上，當地根本沒有足夠的生產性投資機會。取而代之的，超額的信用不分青紅皂白地被豪擲在一些毫無價值的專案、激增的消費財進口，以及武器進口（一八二〇年代尤其常見，拉丁美洲國家脫離西班牙後不久，便爆發許多內戰，而武器的進口就是為了應付內戰的需要）等用途。

這一切的一切，似乎都沒有影響到英國的對外投資流動，直到英格蘭銀行為了引導黃金準備流回英國而開始緊縮貨幣政策，海外投資熱潮才開始受到影響。英國的戰後經濟榮景導致進口激增，而那些進口部分是以出口黃金的收入來支應。在此同時，海外放款熱潮也導致黃金被運出英國。這兩項因素共同導致英格蘭銀行的金條持有價值從一八二四年的一千四百萬英鎊，快速降至一八二五年年底的兩百萬英鎊。為因應這個局面，英格蘭銀行的官員決定提高貼現率（discount rate，編注：將未來的預期收益折合成現值的比率），期待藉此引導世界各地的黃金回流英國。到一八二七年，英格蘭銀行的黃金準備價值終於回升到一千萬英鎊左右，並穩定維持在此一水準。[11]

利率的上升使持有原物料商品的融資成本增加，而囤積這些商品的人自然承受了極大壓力，並因此不得不拋售手中的庫存。隨著原物料商品遭到拋售、價格下跌，幾家曾從事咖啡、錫、鐵、糖與棉花相關放款的英國銀行業者，開始為了貸款相關的問題而頭痛不已。到一八二五年十月，倫敦當地的國內與國外貸款業務都變得非常慘澹。那年十一月，許多棉花貿易公司先後破產，這促使英格蘭銀行為了保護它的流動性資金（liquidity position）而進一步緊縮信用（「中央銀行應在民間風險偏好改變時增加放款來抵銷相關衝擊」的概念，一直到一八七〇年代才有人提出）。這導致整體經濟情勢惡化，並加重了資產價格的跌勢。到十二月中旬，兩家擔任數十家地方銀行（多半位於約克郡〔Yorkshire〕的紡織地帶）的代理銀行的大型倫敦銀行業者接連倒閉，並引爆了全面恐慌。

接下來幾個星期，隨著恐慌殺盤行為重創原物料商品價格，有更多家倫敦銀行業者及超過六十家地方銀行被迫結束營業。英格蘭與蘇格蘭的八〇六家銀行當中，共有七十六家在這場危機爆發期間永久結束營業。十九世紀下半葉最重要的英國經濟學家華德．白芝浩（Walter Bagehot）寫道，英格蘭銀行本身也幾乎被迫暫停付款。劫後餘生的銀行開始收回貸款，並竭盡所能地以最快的速度籌集流動性，以保護它們岌岌可危的資產負債結構，而銀行業抽銀根的行動則逼得工業型企業不得不縮減生產活動與裁撤勞工。[12]

到一八二六年夏天，這場危機已擴散到都柏林、阿姆斯特丹、聖彼得堡、維也納、羅馬和巴黎。曾在這個熱潮時期舉借貸款的人，無一不受到立即的影響。首先，歐洲需求的崩潰使原物料商品價格大跌，並導致拉丁美洲的出口收入劇降。在此同時，銀行的大量倒閉導致全球金融情勢激烈緊縮，即使是僥倖存活的銀行都拚命囤積黃金。從一八二五年年中一直到一八二八年年底，英國市場完全未再承作新的外國貸款。

這場危機導致幾個剛建國不久的拉丁美洲共和國的收入遭到剝奪、無法募集到新資金，因此也當然沒有能力正常償還債務的利息與本金。從一八二六年開始，各拉丁美洲國家陸續停止償還貸款。到一八二九年，除了巴西以外的每一個拉丁美洲債務國都已債務違約，但即使是巴西，也都在一八二九年要求一筆緊急的新貨幣貸款，以便償還先前債務的利息。這一場危機讓英國投資人損失慘重，各大英國金融媒體的版面上，很快就充斥憤怒與指控的聲浪。

事後分析，拉丁美洲與歐洲的放款熱潮的確是一個典型的投機泡沫，然而，很多當時的評論家看法並非如此，他們堅稱那些投資決策是紮紮實實地根據基本經濟展望所制定。他們認為理性的投資人是受到政治情勢的改變，包括獨立與共和主義所吸引，而那些改變理應能造就更大規模的國際貿易以及更快的經濟成長。但事與願違，革命與戰爭導致拉丁美洲陷入數十年的動盪。熱潮的殘酷結束，證明了當時投資人的期待有多麼不切實際。後來，經過整整一個世代，拉丁美洲的貸款人才終於再次獲得全面進入國際市場的機會。

一八三〇年代與第二波國際放款熱潮

不出多久，世人便淡忘了一八二〇年代的慘痛教誨。就在拉丁美洲狂熱發生十年後，英國資本市場又陷入另一場投機性國際放款狂熱——這一次的對象是美國。一八三〇年代至一八四〇年代的熱潮與崩潰週期，和其他多數全球放款週期並不相同，這個週期主要是單一放款人

（英國）與單一貸款人（美國）之間的緊密連結所促成。

到一八三〇年時，英格蘭已走出一八二五年崩潰的陰影且逐漸復原。一八三〇年代初期的豐沛收成，抒解了英國人穀物短缺的壓力，穀物價格也因此下跌。穀物價格的下跌使絕大多數英國人的購買力上升，畢竟多數英國人並非農民。接著，這個基本面驅動因子又因流動性情勢的變化而進一步增強：一八二六年的《銀行法案》（*Bank Act*）開放新銀行設立，並賦與新銀行發行票面價值五英鎊以上的紙鈔的權利。

最初的影響微乎其微，部分是因為民眾對前一場金融恐慌還記憶猶新。直到一八三三年，根據這項新法案設立且具紙鈔發行權的新銀行只有三十四家。然而，一八三三年至一八三五年間，又有另外三十四家新銀行設立，而到了一八三六年，單一年度就有四十二家具紙鈔發行權的新銀行成立。在此同時，英格蘭銀行貼現程序的調整，以及英格蘭銀行分行的大量擴展，使流通在外的票據信用（paper credit，譯注：指紙鈔等銀行負債）大幅增加。在貨幣被快速創造的同時，資產與原物料商品價格也水漲船高，包括棉花價格。[13]

另一方面，此時的美國也在寬鬆的金融情勢下，享受著屬於它的一波經濟繁榮。在安德魯．傑克遜總統（President Andrew Jackson）於一八二八年當選前，美國的第二銀行（Second Bank）負責維護貨幣紀律，具體的作法是定期收購其他銀行發行的銀行鈔票，再將這些紙鈔兌換黃金。這實質上等於是將較小型銀行的鈔票發行量和黃金的固定供給量綑綁在一起，從而有效限制了小型銀行的印鈔量。

然而，傑克遜上任後便陸續將聯邦政府的存款從第二銀行轉移到政治關係良好的「寵物」銀行（"pet" bank）。那些寵物銀行因大量新存款流入而快速成長，而這件事的影響因第二銀行的存款流失而加重，因為當時第二銀行為因應存款的流失，不得不減少收購其他銀行的紙鈔，整個銀行體系的資金變得更加充沛。在這些因素的綜合影響下，銀行體系快速擴張。州管轄銀行業者的數量從一八二九年的三百二十九家（資本額共一億一千萬美元），成長到一八三四年的五百零六家，以及一八三七年的七百八十八家（資額本超過五億美元）。[14]

在此同時，聯邦政府則持續出售大量的公有土地，並將出售土地所收到的價金存到那些寵物銀行。這個政策助長了民間以借貸資金收購公有土地的投機行為，而那樣的行為又使金融情勢變得更加寬鬆，因為大量未開發土地陸續被轉換成貸款抵押契據。信用的創造使英國及美國的資產價格雙雙上漲，持續上升的擔保品價值則使銀行的獲利能力提升，而這當然吸引了更多新銀行成立。

報章雜誌都競相報導經濟活動極度熱絡和市場飆漲等現象，這使得英國投資人對美國的成長前景更加堅信不移，並趨之若鶩地投入大量資金為美國人的貸款與投資活動提供財源。美國幾個州的州政府也收受了來自英國的資金——在南北戰爭前的時期，這些州政府被視為準主權貸款人。另外，還有很多資金投入鐵道與運河。熱絡的工業活動則促使棉花及其他製造用途的原物料商品價格上漲。

大量流入的資金在美國造成一波進口熱潮。於是，美國的貿易逆差從一八二三年至一八三〇年的平均每年兩百萬美元，暴增到一八三一年至一八三六年間的平均每年兩千四百萬美元。與前一個十年相同的，英國金融情勢的變化促使英國人的購買力快速提高、引爆本地股票市場熱潮、帶動原物料商品價格上漲，最後的發展一樣也是海外放款活動暴增。[15]

到了一八三六年年中，大西洋兩岸的情勢出現了重大變化。那一年七月，傑克遜總統要求凡購買土地者，必須以實體黃金或白銀付款，換言之，紙鈔不再是土地買賣時可接受的付款工具。銀行的不動產擔保放款活動突然因此而受限於它們的實際庫存黃金數量。傑克遜的這則《金屬通貨公告》（*specie circular*）實質上消除了助長土地熱潮的信用擴張。在此同時，英格蘭銀行則決定將它的貼現率從四％提高到四．五％，以扭轉該行黃金準備流出的趨勢。那一年八月，它又進一步將貼現率提高到五％。

最初，貼現率的提高與民間銀行體系存款的減少並未產生明顯的影響，因為英國的銀行業者以更多的本行貨幣創造數量，彌補英格蘭銀行緊縮政策所造成的影響。換言之，那些銀行承作更多貸款，並發行更多的紙鈔與通貨（相對於它們的固定黃金準備供給量而言）。然而，等到傑克遜發表《金屬通貨公告》的消息傳到英格蘭，英格蘭銀行的理事們隨即決定不再放款給對美國曝險「過高」的英國銀行業者。那個笨拙的宣示幾乎隨即加速了後續的全球信用緊縮。[16]

首先，經營美國業務的英國銀行業者為了應付提款潮而拋售它們的棉花存貨。這導致美國最重要的出口品在一八三七年開年時大幅跌價了三〇%。這意味美國債務人可用來履行債務的所得減少了，影響所及，位於紐奧良與紐約的美國銀行業者從一八三七年開始陸續倒閉。與此同時，因本國經濟趨緩而開始受到損害的英國也中止所有進一步的放款活動。諷刺的是，這場恐慌促使英國民間銀行湧向英格蘭銀行提領它們的黃金資產。英格蘭銀行做出那項決策的原意雖是為了重建它的黃金準備，卻適得其反地失去原本的準備。到最後，英格蘭銀行不得不緊急向法蘭西銀行（Bank of France）申請一筆兩百萬英鎊的特別黃金貸款。然而，即使申請到這筆貸款，英格蘭銀行的黃金準備價值還是降到兩百四十萬英鎊的低點。[17]

英國投資人從未放款給美國聯邦政府，美國聯邦政府早在一八三五年就還清所有公共債務。取而代之的，英國人的資金是借給美國各式各樣的民間貸款人以及數個州政府。其中，州的財務負擔最重，尤其因它們的稅收普遍偏低，且州的多數收入和土地拍賣（此時的案量已因金屬通貨公告而大幅減少）及各式各樣的進口收入（目前正因進口基礎降低而大幅減少）有關。

當這些貸款人同時面臨進口盈餘降低、經濟活動趨緩以及再融資活動停滯等多重問題，當然也就完全無法籌到足夠的黃金來支付必要的款項。最後的結果不難預料。到一八四二年，也就是經濟蕭條谷底時期，連最富裕但也舉債最多的賓州都暫停支付利息費用。到那時，阿肯色州、佛羅里達州、伊利諾州、印度安那州、馬里蘭州、密西根州與密西西比州都已債務違約，美國銀行體系的多數業者也一樣。賓州最後恢復利息與本金的還款，不過，密西西比、阿肯色與佛羅里達等州則乾脆以一些「謹慎合理化的論點」，公然拒絕償還債款。[18]

這一場國際貸款危機並非專屬美國的危機，不過，以美國巨額的財富、前途與放款的金額而言，它主要還是被視為一場美國危機。光是各州（指州政府，不含民間貸款人）的債務違約與債務重新安排（rescheduled）金額就高達一億兩千萬美元。[19]作為「金主」的歐洲人當然氣憤難平。到那十年結束時，據報導，羅斯柴爾德銀行（House of Rothschild）的法國分行行長約翰．梅爾．迪羅斯柴爾德（John Mayer de Rothschild）以他特有的浮誇作風，對一位來訪的美國財政部代表說：「你可以回去向你的政府報告，你已經見過歐洲金融業的首腦，他說你們休想借錢，一美元也別想。」英國投資人的憤怒與被出賣的感受，引爆了英國各界對欠債不還的美國惡棍的仇恨與鄙視，接下來陸續出版的英國文學作品中，更不乏對美國人的尖酸批判與謾罵。[20]

「史上第一場全球金融危機」：一八七三年

一八五〇年代末期，歐洲展開一段長期擴張的歷程，這一波擴張一直延續到美國南北戰爭，以及許多場與德國與義大利統一相關的戰役結束之後。到一八七三年，英國、美國、法國、奧地利與比利時的進口及出口都增加一倍以上。鐵道、蒸汽船與電報電纜等高科技產業的投資活動異常興盛，美國則引領一波農業原物料商品生產的革命。

在實質經濟強勁成長的同時，新一波的金融創新熱潮也快速爆發。在美國，財政部長薩爾曼・齊斯（Salmon P. Chase）在銀行業後起之秀傑伊庫克公司（Jay Cooke & Company）的協助下，向北方的中產階級美國人推銷債券，以籌募南北戰爭所需的資金。另外，當時在路易・拿破崙（Louis Napoleon，譯注：即拿破崙三世）皇帝領導下的法國，創建了史上第一批全球性投資銀行，包括：工商信用銀行（Crédit Industriel et Commercial，一八五九年）、里昂信貸銀行（Crédit Lyonnais，一八六三年），以及法國興業銀行（Société Générale，一八六四年）。這些發展大幅改善了銀行體系集結中產階級家庭儲蓄並將之導向新投資專案的能力。於是，到一八六〇年代中期，巴黎漸漸成為倫敦在國際新貸款市場上的主要對手。[21]

但不是只有法國與美國才積極發展金融創新。德國的銀行體系也出現類似的擴展軌跡，還有愈來愈多合股企業（joint stock corporation）成立。一八六六年至一八七三年間創立的很多德國合股公司到今天依舊存在，因此，那個時期被德國人稱為「創辦人的世代」（即德文的Grunderzeit）。當時多數德國新銀行是在一八五〇年代創立，但由於當地的金融業發展遲緩，市場也支離破碎，所以，德國人花了將近二十年的時間來發展與統一各邦的貨幣與信用市場。相似的，奧地利的銀行資本在一八六六年時已累積到一億九千萬基爾德（gulden），在一八七二年年底暴增到五億零八百億基爾德；一八七三年的第一季內，又有超過十五家銀行成立，使實收資本額外增加了七千兩百萬基爾德。

或許後續那個泡沫的最重要誘發因子是法國在一八七〇至一八七一年普法戰爭（Franco-Prussian War）中落敗而被要求支付的五十億法郎賠款，而法國只花了短短三年就還清這筆賠款。這筆賠款的支付，使財富從法國被移轉到德國，其規模大約是這兩國各自國內生產毛額（gross domestic production，簡稱GDP）的二〇%至二五%。

這一波全球放款熱潮因歐洲強權國家與邊陲國家之間日益熱絡的貿易資金需求而被強化。

其中，歐洲對秘魯海鳥糞（肥料用途）的需求，促使當地的出口收入增加，投資人的信心也漸漸恢復，於是，拉丁美洲國家的政府得以在一八五〇年代重回資本市場，為早前違約的債務進行再融資或重組（restructure）。到一八六〇年代，拉丁美洲國家的政府終於解決貸款問題，它們的信用度也因原物料商品價格上漲而提高。

在此同時，加州與澳洲的淘金熱使國際黃金持有量及移民人數增加。大量的勞工與礦工從歐洲、美國東岸、智利和東亞湧向各個黃金採礦中心。由於一八五〇年代起展開的長期經濟榮景（大致上並未中斷）使信心更加穩固，故在整個一八六〇年代，資產價格穩步走高，尤其是到那十年即將結束之際，漲勢更加凌厲。荷蘭人與德國人（以及英國人，但程度上不如前兩國）在南北戰爭期間購買了大量的低價美國政府公債。經濟繁榮且自信滿滿的北方人獲得勝利後，那些公債自然變成極度成功的投資，而這個成功經驗也激勵全球各地進一步介入國際放款相關的冒險機會。

在整個一八六〇年代期間，市場行為只是逐漸增溫，但到一八七〇年至一八七三年間，市場似乎發生了一些變化，使投機活動明顯加速。原本在一八六〇年代大致上只是穩步走高的全球原物料商品價格，突然在此時急速上漲。就德國和奧地利的狀況來說，在法國賠款的大量資金支持下，專營不動產抵押貸款的新銀行突然暴增，為建築熱潮提供資金奧援。德國在那一波建築熱潮以及證券價格飆漲等因素催化下，舉國投入一系列惡名昭彰的股票詐騙行為，奧圖凡．俾斯麥（Otto von Bismarck）的政府甚至因此陷入醜聞漩渦。[22]

在美國，紐約證券交易所（New York Stock Exchange）在一場以鐵道股及債券為核心的投機狂熱中遭到掏空。在這個變得爾虞我詐的市場上，諸如傑伊．古爾德（Jay Gould）與「鑽石」吉姆．布雷迪（"Diamond"Jim Brady）等市場作手，迅速成為主要的參與者與惡名昭彰的人物。另一方面，英格蘭股票市場同樣飆漲，而在整個一八六〇年代購買了五千七百萬英鎊的拉丁美洲債券的英國投資人，又在進入一八七〇年代後那三年間積極吸納了五千九百萬英鎊的拉丁美洲債券。墨西哥經濟史學家卡洛斯．馬里加（Carlos Marichal）寫道，這段期間「所有拉丁美洲國家被歐洲的資金放款人團團圍繞，不斷催促它們投入這場金融大混戰。在那種種情境下，難怪鮮少政治人物或銀行界人士曾對國際經濟氛圍可能會驟然轉變一事提出事前警告，遑論就相關因應措施提出建言。」[23]

就這樣，歐洲快速創造貨幣的活動再一次在遙遠的市場上引爆大規模的投機行為，國際放款活動接著快速擴張，貿易失衡也隨之急速惡化。在貿易方面遭受最多折磨的是剛建國不久的德意志帝國（German Empire）：隨著它的通貨持續升值，製造商紛紛轉戰全球市場，它的貿易帳因此迅速轉為巨額逆差狀態。幸好在此同時，強勢的房地產與金融市場以及繁榮的服務產業適時彌補了製造業的疲弱，所以，似乎沒有人特別擔憂外國商品進口激增的問題。

一八七三年的危機是從維也納開始引爆，五月八日當天，當地股票市場崩盤。這個消息讓紐約的美國鐵道債券（在前一波熱潮期發行的債券）投資人緊張不已，原因是鐵道債券的投機者以這些證券作為擔保品，借錢買更多的鐵道債券，故即使債券價格只是小幅下跌，也會對他們造成極大的衝擊。九月十八日當天，美國最大民間銀行兼美國政府的金融代理商傑伊庫克公司，因持有大量北太平洋鐵道（Northern Pacific Railway）債券而被迫結束營業，消息傳出後，市場信心遭受重大打擊。[24]

傑伊庫克公司結束營業的消息足以瓦解紐約證交所。大量賣方湧進市場。先前藉由資產如土地與鐵道公司債券抵押而取得貸款的投機者，被迫以低價拋售他們的資產，以籌措還債所需的現金。不久後，全國各地的銀行都暫停付款給存款戶。紐約證交所一直休市到那個月的月底才重新開盤。接著，美國陷入長達五年的所謂大蕭條（Great Depression）。

同年十月，危機跨越大西洋返回歐洲，德國市場率先崩盤。接著，英格蘭也在十一月遭到重創。英格蘭銀行再次為了防堵黃金提領潮而提高貼現率，但此舉反而導致經濟衰退進一步惡化。俄羅斯與北歐國家不久後也陷入恐慌漩渦。法國是這一波受影響最小的國家，因為普法戰爭的落敗與事後的賠款，使它無力參與這一波市場熱潮，但也讓它僥倖逃過崩潰的厄運。

世界各地的銀行紛紛倒閉，倖存的銀行也忙著拋售資產、囤積黃金。全球信用緊縮再次導致國際間的貸款人無法募集到償債所需的資金。於是，中東與歐洲國家紛紛走上債務違約一途。智利雖規避了外國債券違約的命運，卻付出了清算整個銀行體系的慘痛代價，並耗盡全部的黃金。到一八七八年，智利不得不宣布該國的通貨不再可轉換為黃金。

霸菱危機與二十世紀第一波放款熱潮

雖然阿根廷曾在一八二〇年至一八六〇年間向倫敦市場貸款，但在那個時期，它的貸款規模並不具經濟重要性。而在一八七三年的危機當中，阿根廷受損害的程度也相對輕微。此外，到一八七〇年代末期，阿根廷更興起為歐洲市場的小麥、皮革和冷凍肉品的主要出口國。到一八八一年，該國已完成通貨與銀行部門改革，並在朱利奧·阿根提諾·羅卡將軍（General Julio Argentino Roca）的領導下，開始舉借巨額的貸款來支應龐大的基礎建設投資與軍事支出。隨之而來的經濟榮景使阿根廷成為世界上最富裕且最受國際投資人青睞的國家之一。到一八八九年，投資海外的英國資金大約有四〇％至五〇％是投資到阿根廷。[25]

然而，到了一八八〇年末期，阿根廷總統米格爾·胡亞雷斯·塞爾曼（Miguel Juarez

Celman）推行了可能誘發通貨膨脹的政策，英國投資人非常憂心這些政策將引來政治上的反對意見，並使該國通貨的永續性一步步崩壞。危機一觸即發，最顯明的跡象是阿根廷政府的主辦銀行（lead banker）霸菱兄弟公司為布宜諾斯艾利斯水務與下水道公司（Buenos Aires Water and Drainage Company）安排了高達兩百萬英鎊的債券承銷案，最後只成功向投資人募集到十五萬英鎊的資金，剩餘的債券必須由該銀行自行承接。

為了平撫外國債權人的疑慮，阿根廷政府將披索計價的不動產抵押債券（cudulas，占外國融資的大宗）轉換成黃金計價的不動產抵押債券。阿根廷政府將國內債務和黃金綑綁在一起，理應是為了彰顯它維持匯率的決心。這些作為旨在重新贏回外國債權人的信心，而一旦外國債權人恢復信心，阿根廷的貸款成本理應會降低，阿根廷人也將更容易募集到新資金來展延到期的債務。

這是常用的策略（舉個例子，墨西哥就曾在一九九四年曾採取類似的對策，它將部分披索債務轉換成美元債務）但也向來是個高風險的策略。如果貸款人本就無力償還債務，到頭來一定還是會違約——不管違約會帶來多大的痛苦。果然，阿根廷的戰術失敗。問題應歸咎於英格蘭銀行，當時它為了壓抑黃金的流出，在那一年十月將貼現率從年初的三%提高到六%。這當然導致源自於倫敦的放款活動趨緩，阿根廷也因此愈來愈難以募集到新資金來支持它的通貨。

新貸款金額從一八八八年的兩千三百萬英鎊，降至一八八九年的一千兩百萬英鎊，乃至一八九○年的五百萬英鎊。

另外，阿根廷國內也存在一些問題。一八九○年七月，阿根廷的財政部長因反對塞爾曼總統的貨幣政策（容易引發通貨膨脹）而辭職，眾人所憂心的匯率危機因此加速引爆。匯率的貶值使通貨膨脹遽增，並導致黃金計價的不動產抵押貸款的償債成本上升。那個月稍晚，一場預先策劃好的軍事政變逼得塞爾曼總統逃亡。影響所及，匯率大幅貶值、政治危機與阿根廷無力償還利息費用的消息過了一段時間才傳到歐洲。但當這些消息一傳開，阿根廷證券的價值最終跌到面值的四○%以下。

那年十一月，霸菱兄弟銀行因阿根廷債券所產生的損失，包括當初未能順利推銷給外部投資人的那一批債券，幾乎導致它破產。英格蘭銀行為解救霸菱兄弟而組成了一個民間銀行團，因為它擔心一旦霸菱兄弟倒閉，將連帶拖垮整個英國金融體系（相同的狀況也在一九九八年發生，在俄羅斯主權債務違約後，紐約區聯邦準備銀行〔Ferderal Reserve Bank of New York〕安排了一個紓困計畫，拯救避險基金長期資本管理公司〔Long-Term Capital Management〕）。然而，這個干預行動並不足以防止更廣泛的金融恐慌發生。這場阿根廷危機導致英國的放款人不分青紅皂白地大幅縮減海外放款，而英國放款人的行為正是使世界各地後續三年爆發一系列國際恐慌的因素之一。[26]

阿根廷的危機最終還是解決了，但國際間對拉丁美洲的放款，直到第一次世界大戰才終於恢復。畢竟直到一九一〇年代，美國的商業銀行才成立它們的第一批海外分行，包括阿根廷的分行。不過，罕見的是，這個熱潮是唯一未以大規模債務違約收場的大型國際放款熱潮，因為交戰國的戰備需求使那些貸款國的出口收入增加，並進而得以用它們的出口收入來償還舊債務。當時真正債務違約的國家是俄羅斯、墨西哥與奧圖曼帝國，而它們分別是因革命、外來侵略或兩者兼具的事態而違約。

美國人在第一次世界大戰期間放款給歐洲人，歐洲人則用這些貸款購買從美國進口的食物與製成品。戰爭結束後，美國人最初將收回資金列為第一要務。然而他們並未成功達到目的，所以，後來美國人改變策略，轉而為前交戰國提供新貸款，期望能利用這個新策略協助那些國家加速重建，最終恢復償還舊債務的能力。其中，美國人借錢給德國人償還對法國的賠款，法國再進一步利用那些賠款，向英國履行債務，而英國則進而用向法國收回的債款，還錢給美國。美國在一九二四年經由道茲計畫（Dawes Plan）向德國提供貸款後，這個循環放款策略的運作成效似乎還不錯。從此以後，美國人愈來愈習慣海外放款活動，國際貸款市場也開始起飛。拉丁美洲人將這個時期新放款快速成長的現象稱為「億萬之舞」（dance of millions）。後續的投資狂熱促使諸如拉丁貸款、船舶、主要原物料商品以及（想當然耳的）美國股票等資產的價格大漲。

一九二九年股票市場崩盤與接下來美國銀行體系的崩潰，導致一九二〇年代的國際放款熱潮突然告終。一九三〇年至一九三五年間，國際放款活動又突然暴增，但為期短暫，故對拉丁美洲的助益有限。由於那些位居金融體系邊陲地帶的小國無法在美國籌集到新資金，也無法經由出口活動獲取足夠的收入（因為此時原物料商品的需求非常低迷），故而漸漸失去正常償債能力。最後的結局又是一次大規模債務違約。

低度開發國家的放款熱潮

經濟大蕭條、二次世界大戰、冷戰的展開、各國資本管制的開始實施，以及馬歇爾計畫（Marshall Plan）的成功，使下一波大放款熱潮延後到一九七〇年代才發生。但追根究柢，那一波熱潮的源頭還是可追溯到一九五〇年代，當時蘇聯開始將其美元存款轉移到瑞士的銀行，以免遭到沒收。經年累月下來，歐洲與日本銀行業者將這些所謂的歐洲美元（Eurodollar）貸放給美國境外的貸款人，並打造了一個同樣以美元計價的獨立金融體系，這個金融體系雖和位於紐約且受監理的那個金融體系息息相關，但兩者明顯不同。

大通貨膨脹（Great Inflation，譯注：指一九七〇年代的停滯性通貨膨脹）是帶動歐洲美元市場和它的「表親」，也就是貨幣市場貨幣基金得以快速成長的根本動力之一。從一九三〇年代開始，美國的銀行業監理規定就對銀行業的存款利率設限（以免業者為了吸引存款而提供無謂高利率）。這些監理規定的理論根據是，只要對銀行的競爭行為設限，應該就能降低銀行業的風險，從而防止危機發生。當存款利率還高於通貨膨脹時，美國的銀行業者與它們的存款人對前述監理安排並不以為意。然而，到了一九六〇年代末期至一九七〇年代初期，由於通貨膨脹加速上升，故若儲蓄者繼續把資金存在支票存款帳戶或儲蓄帳戶，勢必會淪落到虧本的命運。於是，美國與國際上的銀行業者想出一個可規避銀行業監理規定的一流解決方案：打造一些複製典型銀行帳戶特質的共同基金，再由銀行業者向這些基金銷售短期債券（商業本票）。這些貨幣市場基金能為儲蓄者提供遠高於存款利率的收益，並使歐洲銀行業者、乃至後來的日本銀行業者，能取得承作貸款所需的美元。

當油價在一九七〇年代期間從每桶二美元飆漲到幾近四十美元（導致油價飆漲的原因包括需求大增、美國大陸的產量逐漸減少，以及中東的供給崩潰等），這些境外美元的吸引力變得顯而易見。當時因油價大漲而獲得巨額收入的原油出口國滿手都是美元。儘管那些國家竭盡所能地揮霍這些意外之財，但短時間內，這些收入根本花不完，於是，它們將花不完的很多意外之財存到歐洲美元市場。世界各大銀行的美元存款因此大量增加，並進而引爆對拉丁美洲、蘇維埃聯盟甚至北韓的一波放款熱潮。最初的貸款相當成功，而經過第一波油價上漲的摧殘後倖存的低度開發國家（less-developed countries，簡稱LDCs）也順著這個勢頭，善加利用大量流入的信用來促進本國經濟成長，隨後，這些國家的消費財進口也大幅增加。短短幾年內，世界上許多最大規模的銀行業者對開發中國家的放款規模，已達到銀行權益（equity）的數倍之譜。

一如一八二五年的狀況，一九七〇年代低度開發國家的放款狂熱，被深思熟慮過的劇烈貨幣緊縮措施瞬間澆熄，而這一次出手的是聯邦準備系統（Federal Reserve System）：一九八〇年至一九八二年，聯準會為了終結一九七〇年代的大通貨膨脹，啟動了貨幣緊縮政策。影響所及，利率快速飆漲，根據西德總理赫爾穆特·施密特（Helmut Schmidt）著名的說法，當時的實質利率達到「耶穌基督誕生以來」未曾見過的最高水準。高漲的利率導致償債成本遽增，禍不單行的是，原物料出口收入在此時崩減。於是面臨歐洲美元存款流失窘境的銀行業者，漸漸不再願意提供新貸款給低度開發國家。最後的結果不難預測——到了某個時點，淨外流的資金多到這些低度開發國家無力承受，並紛紛開始要求債權人給與債務寬限，其中，開出第一槍的是墨西哥，它在一九八二年八月提出這個請求。[27]

歐洲金融過剩（banking glut）與二〇〇八年金融危機

過去二十年間最引人注目的金融發展，是一九九九年歐元的啟用。歐元啟用後，十二個國家的通貨在同一時間被單一通貨取代。很多觀察家認為，即使那些國家的債務違約風險不變，匯率風險卻將因這個發展而消除。原本多半局限於本國市場業務的歐洲銀行業者突然獲得解放，能對整個歐陸的貨幣聯盟放款。法國銀行業者能取得荷蘭人和德國人的儲蓄，並進而向義大利與希臘的貸款人放款，西班牙銀行業者可以向法國與德國儲蓄者貸款，並進而放款給葡萄牙與義大利，而義大利銀行業者可向奧地利人借錢，再進而對德國人放款，凡此種種的可能性可謂無限多。總而言之，歐洲銀行業者的貸款與放款對象因歐元的啟用而比以往遠遠擴大。

這項發展造成的結果之一，是歐洲境內形成一股巨大的跨國貸款熱潮。在二〇〇二年至二〇〇八年間，歐元區居民對其他國家的負債金額增加八兆歐元以上。然而，另一個結果甚至更重要：歐洲銀行業者擴展到歐洲以外，尤其是美國。到二〇〇七年，外界對美國非銀行民間部門提供的銀行信用中，有超過四〇%來自總部設在美國以外的放款人，其中主要是總部位於歐洲的放款人。

當時歐洲的銀行業者實質上變成了美國的銀行。它們向美國人發行短期債券，並將經由這個管道借到的美元，用來承作貸款以及購買美國的不動產抵押債券。在二〇〇八年的事件爆發以前，從歐洲流到美國、從美國流到歐洲，以及在歐洲國家之間流動的資金，都遠遠高於其他所有主要的跨國金融流動。

這造就了一個實際上橫跨大西洋的金融體系。很多參與打造所謂私營（private-label）美國不動產抵押債券的最大型投資銀行是歐洲業者。德意志銀行（Deutsche Bank）承銷的次級貸款（subprime，簡稱次貸）不動產抵押債券的數量，比高盛（Goldman Sachs）、美國銀行（Bank of America）、花旗集團（CitiGroup）、摩根大通（J.P. Morgan）或全國金融（Countrywide）都多。在危機爆發前夕，流通在外的美國資產擔保證券（asset-backed securities），有大約二〇%是歐洲投資人所持有。而在二〇〇八年的恐慌期，聯準會的多數緊急貸款流向美國境外的銀行，主要是歐洲銀行。經濟學家申炫松（Hyun Song Shin）在二〇一一年的著作中評論，就全球而言，「美國境外的銀行業者持有的美元計價資產規模，絲毫不亞於美國商業銀行部門的總資產，在危機爆發前，相關金額達到十兆美元以上的高峰。」[28]

從某方面來看，這個銀行體系和一八二〇年代的銀行體系截然不同。在一八二〇年代，

圖二・二　外國銀行業者對美國信用熱潮與熱潮的崩潰影響深遠（根據銀行的國籍，向美國非銀行部門提供的銀行信用，金額單位：兆美元）。

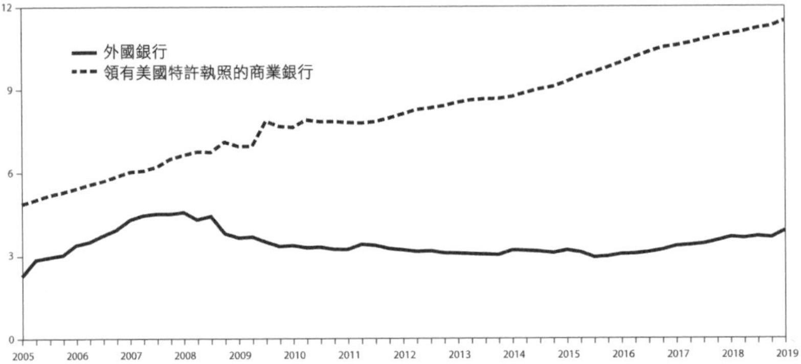

資料來源：國際清算銀行；美國聯邦準備理事會（Federal Reserve Board，簡稱聯準會〔FRB〕）；馬修・克蘭恩的計算

一家英國銀行向哥倫比亞的儲蓄者借錢，再將那些錢多數用來對哥倫比亞放款的作法簡直是匪夷所思。然而，從某些方面來說，二〇〇〇年代的情節，卻又證明了跨國金融流動的根本驅動因素自始至終都沒有改變：一項銀行業監理規定的結構性變革，引發一波從那個啟動變革的市場、流向世界各地的放款熱潮。接著，歐洲不斷改變的金融情勢對美國的金融情勢造成顯著的影響，而稍後隨著美國不動產抵押貸款違約行為導致不動產抵押貸款證券（mortgage-backed security，簡稱MBS）的持有人產生虧損，美國的情勢最後又回頭對歐洲產生衝擊。總之，金融和貿易活動共同將整個世界聯繫在一起。

我們已清楚說明，現代的世界已和過去

大不相同，因為以前的國際流動多半是由貿易金融組成。只不過，很多國家卻還是繼續以過往的假設來指引貿易相關的政策討論。我們已證實，國際金融流動主要是受信用情勢與投機情緒的變化所驅動，在世界各地尋覓最具生產力的機會的理性投資活動，並非促使國際金融流動的主要因素。接下來，我們將說明，要了解驅動國際資本流動的因素，必須先了解驅動儲蓄的因素。長期經濟成長主要取決於生產性投資活動的成長，而這類活動的資金來源必然是儲蓄，但一個國家的儲蓄規模可能高於或低於投資用途所需，所以，這當中的差額就必須藉由進口或出口來加以彌補。我們稍後將說明，任何一個國家的儲蓄率並非取決於文化因素或節約的習性，而是取決於國內的所得分配狀況。

第三章
儲蓄、投資與失衡

自有人類以來，匱乏（scarcity）幾乎如影隨形，無時不在，單單是為了取得足夠食物防止飢餓致死，都堪稱一大挑戰，這樣的情況直到相對近代才終於轉變。在那個漫長的匱乏世代，由於資源有限，一般人不得不在資源的使用上做出抉擇：要利用有限的資源來投資生產性資產？還是要滿足立即的需要（消費）？在這當中，消費一向勝出。不管產出增加多少，總是會被愈來愈多的人口消耗殆盡，這對財富創造（wealth creation）構成限制，也使生活水準難以有所突破。在那樣的時代，為了取得可作為投資資源（以便進行有價值的投資活動）的生產結餘（即生產高於消費的差額），抑制消費（即增加儲蓄）是必要的手段。

然而，當資源非常充足，試圖藉由減少消費來達到儲蓄的目的，則是一種浪費，且對生產力有害。在那種情況下，本來有能力工作的人會被迫賦閒，即使他們的欲望尚未獲得滿足；農田則在飢荒來襲時依舊任其荒蕪；工廠與機器也會因缺乏使用而損壞。總之，當資源非常充足，縮減消費非但不能產生可供投資的盈餘，反而會導致生產減少。此外，因此而衍生的多餘產能，將對新投資活動造成阻礙，最終使生活水準降低。

全球的所有經濟產出不是被消費掉，就是被用來發展生產性資產。以整個世界來說，儲蓄和投資必然是相等的。然而，多數國家的儲蓄與投資並不相等。某些地方的產量高於本國的使用量，而某些國家的產量則低於本國的需求。這些差異是透過貿易來調和：超額產出會被出口到國內需求（消費加上投資）高於國內生產（GDP）的地點。順差（surplus）和逆差（deficit）正是這些活動所造成的結果。

以上所述可用接下來這組簡單的等式來表示：

全球需求＝全球生產

需求＝消費＋投資

生產＝消費＋儲蓄

國內需求＝GDP＋進口－出口

出口－進口＝國內儲蓄－國內投資

貿易上的失衡，使一個社會內部的過剩供給可被用來補貼另一個社會的短缺。所以，在適當的情境下，不同社會的順差與逆差能讓每一個人都過上更好的日子，相較於充滿眾多封閉經濟體系的世界。缺乏誘人的國內投資機會的國家，不管是因為人口結構使然，或者由於它們處於科技發展前沿的位置，這些國家應當是淨出口國。如果沒有出口市場，那些國家將被困在永久低迷的狀態，因為它們存在著產能豐沛但國內需求疲弱的失衡問題。想當然耳，收受那些出口的國家必然是極度缺乏必要資本財（capital goods）與基礎建設的國家。若那些逆差國無法取得海外的生產品，它們的投資活動就不得不和國內消費競爭有限的資源。當代史上最嚴重的饑荒會發生在一九二九年至一九三三年的蘇聯以及一九五八年至一九六二年的中國並非偶然，那是因為它們的威權體制致力於快速工業化，但又對世界其他國家封閉所造成。

然而，在其他時期，貿易失衡也可能導致民眾變得更窮困。在那些時期，進口排擠了國內的生產活動，和抒解短缺無關。這正是過去幾十年特有的情況：特定國家的民眾消費不足且儲蓄過度。那倒不是因為那些國家的家庭特別節儉，也不是因為那些國家的政府異常善於經營，甚至不是它們的企業對「缺乏誘人投資機會」的現實而做出的理性回應，而是因為那些國家的權貴階級所做的選擇所致——他們選擇把財富與所得從願意花更多錢在商品與勞務上的人（例如勞工與退休者）手上，移轉到寧可把額外所得用來累積更多金融資產的人（例如富豪）手中。這個狀況使世界上的其他國家不得不做出一個難以持續的選擇：透過額外的支出（即減少儲蓄）來吸收過剩的供給，若不如此，所有國家的民眾都將因全球整體需求不足所造成的低迷景氣而受苦。

兩種發展模型：高儲蓄 vs. 高工資

各地的社會藉由引導更多民眾投入工作、讓勞工變得更有效率，以及擴大生產產能等方式來提高生活水準。因此，投資是經濟發展的必要元素。當國內生產活動已達到最大產能的水準，基本上有兩個方法可取得投資所需的財源：從國內消費者身上移轉資源（高儲蓄模型），或是從世界上其他國家移轉資源——作法是提高進口相對出口的水準（高工資模型）。換言之：

投資＝GDP＋進口－消費－出口

雖然多數國家都是仰賴這兩種發展策略的搭配組合來籌措工業化所需的資金，但每一個方法對國內政治與國際貿易分別隱含非常不同的寓意。高儲蓄會衍生貿易順差，因為高儲蓄會使生產活動相對國內需求水準上升，而高工資傾向於帶來貿易逆差，因為高工資將使國內需求超過現有的本國產能，從而吸引外國投資。

高儲蓄模型迫使一般民眾減少支出，好讓政府與企業能增加支出。這個方法本身算不上新鮮事，幾千年來，世界各地的權貴階級便長年壓迫農奴，並占用他們的農業結餘。但到了現代，高儲蓄發展策略有所創新：權貴階級將壓縮消費所省下的錢，用來支付基礎建設與資本財的生產性投資，而不是用來支付精緻的紀念碑或用在軍事用途上。只要處理得當，雖然這些投資會導致一般民眾分享到的經濟產出占比降低，卻還是能使普遍人民的生活水準提高。因此，高儲蓄模型是涓滴型（trickle-down）經濟成長理論的原始版本。

不過，提高國民儲蓄率通常是倒退的作法，故常需要威權政治文化或高集權化的環境才能順利推動。十八世紀的英國是率先採納這個作法的先鋒。首先，封建時代的地主動用政府的勢力驅逐自給自足的農民，並將農民的財產併吞到封閉式的莊園。這麼做雖然使農業的利潤提高，卻犧牲了農民的利益，於是，農民被迫遠離鄉村，進入城市。隨著農民進城人數愈來愈多，面對都市雇主時的協商力量隨之降低，因此儘管每小時的產出持續增加，他們的實質工資卻無法提高。而實質工資遭受壓抑，進一步提高了製造商的利潤，而製造商則將利潤再投資到開發額外產能的用途。

一七四〇年時，英國只有四％的生產沒有在國內被消耗掉，並因此被儲蓄下來。但到一八二〇年代，全國儲蓄率已上升到一四％，英國也變成一個將超額製造業產出，出口到世界上其他國家的工業強權，尤其是出口到它的帝國殖民地與正快速成長的美國。強迫儲蓄使生產性投資得以進行，而這種投資所產生的額外產出，又被進一步用來創造額外的投資。儲蓄本身並不會創造財富，不過，儲蓄對財富創造的流程非常有幫助，因為儲蓄可作為支應投資活動所需的財源。

然而，英國不只是透過搜刮國內無產農奴來籌集第一波工業化的資金，也使用了某些高工資模型的元素來發展工業。在工業革命期間，雖然英國勞工的工資相對愈來愈低於他們的生產產值，這些勞工卻也比歐洲其他國家的勞工更不斷積極要求加薪。英國勞工的高生產力與有利的商業氛圍，吸引了非常多海外資本到英國，這使投資支出得以持續超過全國的儲蓄，直到拿破崙戰爭結束後情況才改觀。英國投資支出超過全國儲蓄的差額是由荷蘭人出資彌補，據估計，英國十八世紀的總投資有大約三分之一仰賴荷蘭人提供財源。荷蘭人自願奉上資金的原因，其中和英國當時實施的政策有關，包括保護性的關稅以及當今所謂的智財權竊盜，這些政策的實施使英國境內的投資機會相對比在荷蘭的投資機會更吸引人；另一個因素是，當時荷蘭的經濟體系比英國成熟，國內的投資需求因而較低。[1]

一如英國，美國在十九世紀的工業化歷程中，也同時使用了這兩種發展策略中的某些元素。在南北戰爭爆發前，南方採用異常殘忍的耕地封建主義來生產大量的棉花、煙草和其他現貨穀物。南方的農業產出對英國的製造商來說是必要的進料，當然，這些農業產出也為美國創造了非常多的出口盈餘。南方的社會制度原本已呈現相當極端的財富與所得不平等，也因這種殘暴征服奴隸勞動力的風氣而變得更加不平等，並且一併摧毀了當地的消費。

儘管這樣的作法帶來了高儲蓄率，農場主人卻對經濟發展興趣缺缺。他們不買資本財，而是將他們的結餘用來收購更多的奴隸工人和土地。儘管如此，南方人對美國的工業化還是有貢獻的，因為當時美國的關稅壁壘非常高，所以南方人不得不消費北方製造的消費財。就這樣，奴隸為南方創造的農業出口收入，間接成了北方人進口歐洲先進技術及機械的財源，而北方人進而利用這些技術與機械來提升他們的製造產能。[2]

然而，採用高工資模型來籌集工業化所需資金的北方對美國經濟發展的貢獻更大。奴隸州以外的地方有充沛的土地、開明的制度，以及北方諸州特有的足智多謀，這意味美國勞工能恆久取得位居世界之冠的工資，並因此享受到快速提升的生活水準。在此同時，高生育率與高移民率將美國國內市場打造為人類史上最令人欽佩的成長標的。美國的人口從一七九〇年戶口普查時的四百萬人，快速增加到一八七〇年戶口普查時的四千萬人，並在一九〇〇年達到大約八千萬人。另外，保護性關稅也使得這個市場偏好美國商品，較不青睞進口品。

前述因素的綜合影響是，歐洲儲蓄者（尤其是英國投資者）高度受與美國經濟發展有關的投資活動吸引。於是，外國儲蓄適時補強了國內儲蓄，使美國得以在不抑制消費的情況下，還有財源可進口資本財並增加投資。直到十九世紀結束時，儘管美國的製造業產出大增，它商品進口數量還是多於出口。

一如十八世紀的「盎格魯（Anglo，譯注：英國）—荷蘭」經濟關係，十九世紀的「盎格魯—美國」經濟關係也是奠基在超額產出的移轉——從一個較先進但較小型的社會，移轉到一個較大且正快速工業化的社會。相同的動力吸引了數百萬移民從歐洲來到美國。很多移民抵達後，便引用較先進的祖國技術和知識，在美國開創事業。經濟學家估計，這一批人力資本流入的價值，比整個十九世紀的傳統外國投資金額高好幾倍。北方在南北戰爭中戰勝以及接下來美國土地邊界的持續向西擴展，強化了美國採用高工資模型且進一步提升其工業潛力的決心。但南北戰爭後，北方愈來愈嚴重的不平等最終還是抑制了消費相對生產的水準，那意味更多投資可利用本國資金來支應。於是，到二十世紀初時，美國已成為一個淨出口國。[3]

美國的成就吸引了很多崇拜者與仿效者，其中尤以德國與日本最為積極。弗里德里希・李斯特是率先提出美國系統（American System）的理論家之一，他公開主張，他希望統一後的德國經濟體系也能發展出美國這種內部活力充沛且對外受保護的市場模型。十年後，伊拉斯穆斯・皮桑・史密斯（Erasmus Peshine Smith）發表了他的《政治經濟學概覽》（*Manual of Political Economy*, 1853），這本書或許堪稱對作為一個發展型國家（developmental state）的美國的最重要理論辯護。史密斯和美國南北戰爭前的很多人一樣，將廢黑奴主義、保護主義與大規模移民視為反自由貿易與反奴隸制度的共同計畫的一環。他認為美國的高工資，肇因於高關稅、土地充沛，以及除南方以外之美國的人類自由權等的產物，造就了美國的非凡生產力，原因是昂貴的勞工迫使企業變得更有效率，同時積極投資資本型設備。在此同時，飛快的人口成長使國內市場規模擴大，從而使新增的企業投資活動獲得報償。[4]

史密斯的論述獲得一位日本人的熱情回應。一八五三年，日本幕府因美國海軍軍艦抵達東京港而陷入慌亂，最後被迫和西方簽訂許多不利的商業條約。那些條約使日本無法對進口品課徵五%以上的關稅。由於日本權貴階級對後續經濟動盪以及幕府機制應對外國人的整體表現極度不滿，於是發動了一場擁護皇權復辟的造反行動。一八六八年，明治天皇登基成為這個國家的首領。一八七一年，史密斯受邀到日本，為這個新政府提供有關國際法的建議。他到日本後迅速成為對日本政府影響甚深的顧問。雖然日本直到一八九九年都未能調整它的關稅，至少也採納了美國系統的幾項代表性元素。

首先，日本政府積極投資內部改良工程，尤其是道路與鐵道。第二，日本政府響應漢彌爾頓在此前一個世紀的建議，為生產船隻和軍用品的「模範工廠」提供補貼。經濟史學家大野健一（Kenichi Ohno）在評論這些工廠時提到，這「對崛起中的日本創業家產生了強大的示範效果」且「訓練了大量的日本工程師，這些工程師事後又到其他工廠工作，甚至自行成立工廠。」這些政府支出是以幾項土地相關的新稅賦和向日本富豪強迫貸款等管道所取得的資金來支應，即支持額外投資活動的較高儲蓄。日本的目標很明確——建立一個最終能替代進口的本地生產產能。

然而，直到那時，日本還是高度依賴外國人來實現它的現代化。一如美國，專業移民（包括史密斯）將人力資本從西方轉移到日本，在此同時，日本學生利用公費到西方的大學留學，學習各種新知。當時的日本也背負了巨大的貿易逆差，它的進口大於它對世界其他國家的出口。不僅諸如棉花等原物料，幾乎所有先進的機械（包括火車引擎與發電機）都必須仰賴進口。[5]

以高儲蓄模型來說，最極端的例子當屬約瑟夫．史達林（Joseph Stalin）領導下的蘇維埃聯盟（Soviet Union，簡稱蘇聯）。一九一七年的布爾什維克（Bolshevik）政變以及後續俄羅斯的拒絕償還外債，將蘇聯變成一個被國際孤立與制裁並因此無力取得其他國家的儲蓄的「賤民國家」（pariah state）。不僅如此，蘇聯人還基於意識型態而反對向外國投資人開放他們的國家。於是，資本的匱乏對這個大致上還以農業為主的社會造成了嚴重的限制：唯有透過以物易物或偷竊才能取得外國商品。儘管如此，史達林仍決心加速工業化，以實現他所謂的「資本主義者環伺下的獨立社會主義經濟體。」一如此前一百五十年的喬治・華盛頓（George Washington），史達林堅信發展本地製造產能是刻不容緩的國安議題之一。不過，史達林並未選擇美國人的模式，他並沒有訴諸貿易逆差（以來自海外的投資活動支應逆差）來發展那項產能。因此，蘇聯人不得不藉由出口銷售的管道，取得進口先進技術與資本財所需的大量資金。

在一九二〇年代至一九三〇年代期間，蘇維埃的出口主要是由基本金屬、黃金和穀物組成。要在缺乏機器的情況下開採足夠數量的金屬礦物，需要使用非常多勞工，這不成問題，蘇聯政權的勞改制度將眾多政敵下放到強迫勞動營區，所以，蘇聯並不缺廉價勞工。不過，要從小自耕農身上榨取代表順差來源的結餘就比較困難了。一九一七年以後，就在布爾什維克人繼續為控制各個城市而奮戰之際，農民卻在另一場對老地主發動的革命中獲勝。農民的勝利意味他們可保留耕種自有農地而取得的結餘。

一九二〇年代初期，布爾什維克人察覺到，除非對這些新一代農業資本家通融，否則他們在各個城市發動的無產階級革命最終可能功虧一簣。弗拉德米爾．列寧（Vladmir Lemin）將因此而推行的新經濟政策（New Economic Policy）比為蘇聯和德意志帝國在一九一八年簽訂的《布列斯特—立陶夫斯克條約》（*Treaty of Brest-Litovsk*），那個條約犧牲了俄羅斯的西部國境，但拯救了布爾什維克政權。無論是新經濟政策或《布列斯特—立陶夫斯克條約》，都只是暫時的權宜之計。然而，到一九二〇年代末期，史達林斷定各項動力的相關性已經轉變，故蠻橫地經由一個所謂集體化（collectivization）流程，奴役蘇聯的農民。雖然在國有狀態下，農業產出降低，但因政府控制了所有產出，所以還是得以藉由剝削農民來取得大量代表順差的結餘。一九三〇年代初期，儘管蘇聯有數千萬人因飢荒而瀕臨死亡邊緣，它的穀物出口卻還是大幅增加。到一九三〇年代末期，一般蘇聯國民透過穀物攝取到的卡路里數已低於革命前的時期，但從伏特加酒攝取的卡路里卻遠比以前多。

這是一場人道主義災難，儘管如此，蘇聯卻因此得以向主要的貿易夥伴，也就是納粹德國進口工業設備。儘管這兩個社會的意識型態迥異，但和它們的互補性經濟需求比較起來，意識型態差異已幾乎被視為無物。這兩個國家都是國際上的賤民國家，被全球市場孤立與排擠，而且，它們雙雙願意藉由彼此的交易來規避西方社會所設下的限制。一如十九世紀德意志帝國與俄羅斯帝國之間的互動，資源匱乏的德國在一九三〇年代以先進的製成品，和俄羅斯交易武裝所需的原物料。德國人願意向他們所唾棄的共產主義者供應技術的原因是，德國人認為蘇聯人推動現代化速度不夠快，不至於對他們構成威脅。蘇聯人則抱持相反的觀點（且堅信納粹將一心一意聚焦在與西方的戰爭），並因此樂於向納粹提供關鍵的補給品，以換取蘇聯工業轉型所需的資金。

到二次世界大戰爆發前夕，史達林已達成了建立本地工業基地的策略性目標。如果蘇聯當初還是一個原始的農業社會，理應不可能擊敗在第一次世界大戰中擊敗他們的德國人。不過，雖然那時史達林已將他的領土轉型為一個令人畏懼的軍事強權，卻也自作自受地付出了巨大的代價。蘇聯的很多人口被徵召去提供強制性的勞役，而且它為了供應農產品出口（以換取西方的製成品），導致數千萬人民被迫勒緊褲帶，最終饑寒交迫而亡。當時的蘇聯雖坐擁現代坦克與飛機，士兵們卻連靴子與無線電等最基本的配備都沒有，消費財也幾乎無法取得。蘇聯的經驗清楚說明了高儲蓄成長模型的成功與缺陷。[6]

二次世界大戰後，日本發展了一個較人道版的高儲蓄模型。當地的勞工、企業和政府秉持一項共同認可的社會契約（social contract），一同為日本創造了幾十年的快速經濟成長，並在經濟層面追上西方國家。根據這個社會契約，勞工同意不罷工，並對加薪的要求有所節制，企業同意積極將利潤再投資到國內的產能與技術改良工程，政府則是同意以廉價的貸款（但在此同時，卻犧牲了規律儲蓄者的利益）支持企業，同時為了保護國內市場而對進口品實施監理限制。在日本國內，少數幾家大型綜合企業集團以寡頭壟斷的形式支配著整個經濟體系，消費者的利益則遭到犧牲。

不過，到了海外，這幾家寡頭企業還是得為了競逐市場占有率而彼此激烈廝殺，不僅如此，它們還得應付美國與歐洲的生產商，於是，激烈的競爭壓力迫使這些企業變得更有效率與創新。由於日本勞工、消費者和退休者取得商品及勞務的價格過高，加上他們取得的商品與勞務占全國產出的比重低於西方國家的勞工、消費者和退休者，且日本又採納了一個旨在將家庭購買力移轉給企業的金融體系，因此，實質上來說，日本的勞工、消費者與退休者全體為日本的工業發展提供了某種補貼。不過，日本企業也藉由升級國內製造業基礎、將生產力提升的利益轉嫁給勞工，以及避免高階主管薪資過高等方式來回報勞工、消費者與退休者，另一方面，政府則藉由投資第一流的基礎建設來提供回饋。此外，儘管日本的經濟快速成長，它的出口還是持續超出它對世界其他國家的進口。

就在日本的生活水準逐漸追上西方國家之際，它的發展模型卻也製造了一些問題。當一個社會擁有大量受過良好教育訓練且刻苦耐勞的勞工，但缺乏足夠的有形資本（physical capital，譯注：指生產過程中投入的耐久財或資本財）及技術，那個國家就會有非常多顯然極值得推動的專案可投資。在這種情況下，若能將勞工購買力移轉給企業與政府，便能加速整個國家的發展。

遺憾的是，日本重投資而輕消費的系統性偏差（institutional bias）製造了一種必須不斷投資的壓力，即使在最佳專案完工後，這股繼續投資的壓力也無法減輕。到一九八〇年代初期，戰後發展出來的「抑制家庭支出並補貼大型企業」機制已變得弊多於利。每增加一項投資所額外創造的新增利益穩步降低，而系統化抑制家庭支出的作法，更加重了投資報酬率降低的程度。日本社會最終在一九九〇年代與二〇〇〇年代進行調整，不過，那是一個無謂痛苦的調整：企業投資重挫、失業率攀升、為補貼疲弱的工資成長，家庭儲蓄率不得不降至零。如果日本能更早一點放棄它的發展模型，那些痛苦的情境都是可避免的。

很多後殖民地國家也試圖根據蘇聯版或日本版的高儲蓄模型來推動現代化。韓國在一九四八年分裂後，分別實驗過這兩種版本的發展模型。直到一九七〇年代，共產黨執政的北韓看起來都似乎比實施市場導向政策的南韓（它複製了日本模型的很多特色）更成功。不過，隨著時間向前推進，蘇聯系統的主要優點，即有形資本的快速發展的有利影響，已遠遠無法彌補低生產力、缺乏創新力以及全面性不當投資等嚴重缺陷所造成的負面影響。

相反的，南韓的大型綜合企業集團從實驗日本模型的過程中體察到，唯有升級技術才有能力在全球市場上競爭。一九七〇年時，南韓的生活水準大約只有美國人的十分之一。歷經一九九七年的韓國金融危機後，它的生活水準也僅約美國人的一半。然而，到二〇一六年，南韓的生活水準已幾乎達到美國人的七〇%，和日本、紐西蘭與法國不相上下。[7]

十九世紀時，美國的高工資成長模型正好與英國的順差互補。阿根廷、澳洲與加拿大也熱情接納英國的儲蓄。當時整個世界因這個安排而繁榮發展，因為除了阿根廷以外，收受海外資源的社會通常也是最有能力善加使用那些資源的社會。在此同時，超額的生產量來自最富裕且最先進的社會。但到二十世紀結束時，情況已變得截然不同：富國的消費將常仰賴窮國的補貼，到最後，窮國或富國雙雙付出代價。

超額儲蓄與巨大的過剩供給

二十世紀最後二十五年左右，匱乏不再是富裕國家迫切需要解決的嚴重問題。各種商品與勞務的生產比以往容易且便宜得多。於是，短缺被過剩的供給取代。世人終於不再需要為了在「消費」與「生產」之間做取捨而頭痛，這個自古以來持續困擾著人類的問題看似迎刃而解。

圖三・一　巨大的過剩供給（美國製造業產能利用率）

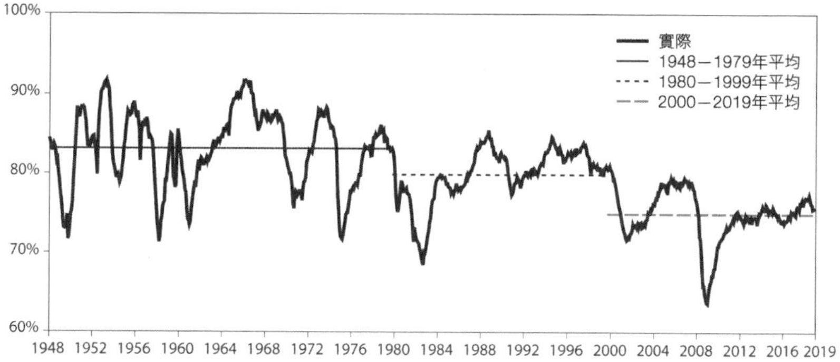

資料來源：聯準會；馬修・克蘭恩的計算。

如今，導致投資受到限制的因素變成「消費不足」，換言之，投資不再因資源的競爭而受限。因此，「大量閒置資源」與「未獲滿足的物質需求」並存的反常現象，成了現代情勢的主要特色。這個反常現象已對儲蓄、投資和貿易之間的關係產生了深遠的影響。

生產有兩種基本的投入（input）：勞動力與資本。幾十年來，這兩者都相當充足。自一九七〇年代開始，世界上各個富裕國家的失業率全面較過往上升，若將兼職就業機會（這使每一個就業機會的工時數降低）以及勞動年齡人口中既沒工作也未就學的人口占比穩定增加等情況列入考慮，失業的局面看起來甚至更加極端。如果實際上有更多工作需要完成，應該是很容易找到人來填補這些就業機會才對。問題的癥結就在於整個世界對勞動力的需求不足。8

生產性資本的供給也和勞動力的供給狀況很類

似。聯準會從一九四八年起就持續追蹤美國製造部門的生產產能和這項產能與產出之間的關係。從那時到一九七九年年底，美國製造商平均使用八三%的產能來生產商品。從一九八〇年起至一九九九年年底，產能利用率降到平均大約只有八〇%。而從二〇〇〇年開始，製造業產能利用率平均更降到只有七五%，這是一九九〇年代建立的過剩產能以及從那時開始國內生產成長率有限等因素共同造成。從二〇〇八年起，製造業產能略微萎縮，但產出降低程度更大。[9]

從企業投資行為也可見到一些端倪。傳統上，企業部門花費在擴大生產產能上的開銷，理應超過它產生的現金流量，而這兩者的差額是由家庭儲蓄來填補。額外的投資理應能衍生更高的現金流量，而這些現金流量有助於支應繼續擴張的成本，且使企業有能力還款給儲蓄者。雖然某些企業（或甚至整個產業）可能缺乏成長機會，並選擇將利潤分配給股東，而不是將盈餘保留下來作再投資之用，但全體企業部門理應需要藉助其他人的儲蓄才能繼續成長。然而，過去幾十年，這個機制已經瓦解。如今在很多國家，企業部門的支出少於它們產生的現金流量。因此而產生的企業結餘不是被分配給股東（例如美國的狀況），就是被企業保留下來（例如德國、日本與南韓的狀況），但未做他用。無論如何，這些現象所代表的寓意是，在富裕國家，值得投資的機會遠比過去少。目前僅剩的投資機會多半是基礎建設與住宅建築，而那些領域是因為受到政治限制的阻礙才會還有投資機會存在，並非資金成本過高使然。[10]

這些發展的後果之一是製成品價格穩定降低。從一九九一年開始，若以絕對水準計，美國的資本設備價格已下跌三〇％。耐久性消費財（主要是汽車、家電用品與家具）價格則從一九九五年的高峰下跌超過三六％。目前的服裝與鞋類價格比一九八〇年代中期更低。從一九九〇年開始，美國的多數通貨膨脹來自較高的醫療（包括處方用藥）、住宅與教育價格，這些都是政府緊密監理供給且提供高額補貼的部門。經濟體系其他部門的價格則長期維持平穩。

從一九四〇年代末期開始，一般美國人購買製成品的成本相對其可支配所得大幅降低了超過九〇％，而價格的下跌主要是從一九八〇年代中期開始發生。歐洲與日本也可見到類似的狀況。[11]

金融市場的數據也和這個巨大的過剩供給一致。一如其他所有價格，資產價格也取決於供給與需求之間的平衡。換言之，股票與債券的評價（valuation）水準應該呼應企業與政府為了新投資專案（投資代表著資產的供給）而募集資金的欲望，以及家庭減少目前消費以交換未來更大消費能力（資產的需求）的意願。低資產價格（對儲蓄者來說，低資產價格代表較高的未來報酬）代表企業在資源匱乏的情況下，為了吸引資金而必須付出的代價。然而，當生產產能非常充沛，額外投資的期望報酬應該很低，此時評價應該很高，收益率則應該很低。

圖三．二　製成品價格相對可支配所得已大幅下跌（製成品價格指數除以個人平均可支配所得，一九四七年一月＝一〇〇。）

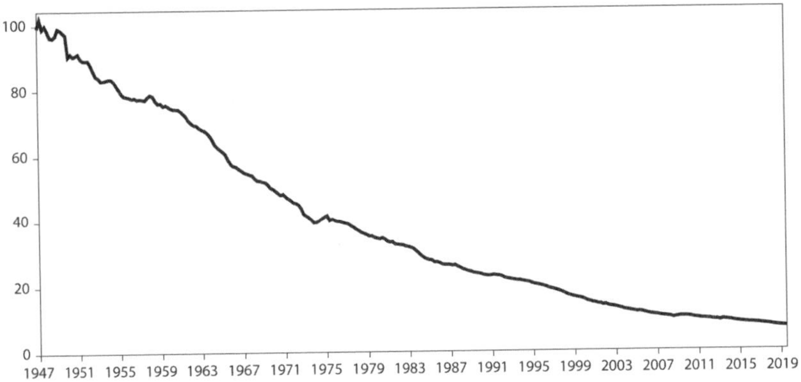

資料來源：經濟分析局；馬修．克蘭恩的計算。

保羅．伏克爾（Paul Volcker）所領導的聯準會在一九八〇年代初期為了阻止通貨膨脹而採取的作為導致全球利率異常走高，但在那之後，世界各地調整通貨膨脹後的長期利率便穩定下降。幾十年來，實質貸款成本持續低於實質經濟成長的長期預測值，目前也維持在零左右的水準。企業的評價則穩定上升，尤其是富裕國家的企業，在此同時，除了金融危機爆發那個期間，信用利差（spread）都異常低。根據某些衡量指標，過去幾十年間，富裕國家的金融狀態幾乎可說是前所未見的寬鬆。原物料價格相對平均所得穩定下跌。私募基金公司無奈坐擁數兆美元無法善加利用的資金。債券與貸款契約條件也對貸款人愈來愈優惠。在早期，或許只有擁有物質資源的人才有能力進行生產性投資，但這樣的狀況早在幾十年前就已改變。

巨大的過剩供給帶來嚴重的損害，原因之一竟是標準經濟學很難描述巨大過剩供給的來龍去脈。根據教科書的定義，「儲蓄」就是「不消費」——想想聖經裡的故事，約瑟夫（Joseph）和法老（Pharaoh）在七個大豐收年將結餘的穀物貯存起來，以便應付七個大饑荒年。由於所有產出不是被消費掉，就是被用來開發資產，所以儲蓄必然等於「投資」。雖然就定義來說，這個恆等式是正確的，卻可能養成嚴重的錯誤觀念。

最大的錯誤是認定較高的儲蓄會**引起**額外的投資活動發生。的確，限制消費能釋放出一部分勞工、機械與原物料投入。因此，在匱乏時期，增加儲蓄確實是提高投資的必要前提。在那種情況下，一旦市面上有很多值得的投資機會，閒置的資源就能相對快速地獲得重新配置。不過，這不是一個自動自發的流程，而是只有在特定經濟條件存在時才會發生的流程。當那些條件不存在，較高的儲蓄只意味著較低的生活水準。

從很多方面來說，將這個教科書公式化表述反過來思考可能比較好一些：較多的投資必會促使儲蓄增加。顯而易見的，值得投資的專案將使社會有能力生產出相對高於勞工與物質投入的額外產出。其中多數額外產出將會被消費掉，從而使整體生活水準提高。不過，只要有部份額外的生產產出被用來支付進一步的投資，總儲蓄就會增加。即使消費相對生產增加，儲蓄還是可能會成長。延伸來說，即使是在儲蓄率降低但未引發貿易逆差的情況下，總投資還是可能上升。效率的改善（即以一組相同的投入產生更多的產出）使社會得以在消費占生產的比重提高之際，持續投資額外產能。

更重要的是，反之亦然。試圖透過較高儲蓄來促進更多投資，經常會產生不良後果。提高儲蓄率的最好方法就是減少花在消費性商品與勞務的錢。然而，除非投資立即上升，彌補前述的消費減少，否則提高儲蓄率將會產生總產量減少與更低總儲蓄等惡果，而更低的總儲蓄最終將會壓抑新投資活動。[12]

所得分配的變化會影響到前述所有變數，所以，所得分配的變化對經濟的影響攸關重大。雖然多數人會將幾乎全部的所得花費在商品與勞務上，但富豪並非如此。不管一個人的品味有多「高貴」，他能消費的金額畢竟有限。當多數人得到額外的一塊錢，他們遲早會把它用來購買某種可為其他人提供就業機會與所得的事物。然而，當富豪得到那額外一塊錢，他可能會用那一塊錢來累積額外的資產，而不是用於消費。

從整個世界的角度來看，由於不平等情勢惡化，那類資產的價值必然取決於國民所得占比愈來愈低的窮人是否持續增加消費。而要讓那些窮人繼續增加消費，唯一的方法就是讓他們增加舉債金額。經濟學家麥可・庫姆霍夫（Michael Kumhof）、羅曼・蘭席耶（Romain Ranciere）

與帕布洛・溫南特（Pablo Winant）發現，一九二〇年代「美國所得愈來愈集中」和「大蕭條前美國家庭債務上升」等現象之間存在完美的關聯性。[13]

在小羅斯福總統任期內擔任聯準會主席的馬里納・埃克爾斯（Marriner Eccles）體察到，這正是導致美國經濟在一九二〇年代變得極度脆弱（即使戰後經濟急速轉為繁榮）的原因。在埃克爾斯眼中，根本問題在於美國所得分配的變遷——大眾的所得被移轉給權貴階級。他在事後回顧的報告中寫道：「儲蓄者剝奪大眾消費者購買力的行為」「形同一種自我否定，他們不承認外界（譯注：大眾消費者）對其產品的那類有效需求能證明他們將資本積累（capital accumulation）再投資到新廠房是正確的。」顯而易見的，若不經由投資來生產更多一般人想要的商品或勞務，消費就不可能成長。不過，同樣重要但卻較不那麼顯而易見的一點是，那些投資的獲利能力必定來自更多的消費。如果到頭來沒有人要購買更多卡車、不住在公寓或不需要額外的電力，那麼，興建卡車工廠、大型公寓社區或發電廠等活動，就不是有意義的「投資」，而是一種浪費。[14]

這說明了即使儲蓄率不高，整個世界還是可能被儲蓄過剩（savings glut）所苦。儲蓄率高低本身是沒有意義的，真正重要的是「未被消費掉的產出數量」相對「有價值的投資機會的供給量」的多寡。當實質資源被挪用到不符經濟效益的投資開發案，而不是用於滿足人類的立即需要時，儲蓄才是過量的。當然，在很多情況下，我們總是事後才分得清什麼投資案「值得」開發，什麼投資案又是「浪費」。不過，過剩的儲蓄必然會導致不符經濟效益的投資活動發生，因為過剩的儲蓄會助長濫建行為，也因為抑制消費將會使原本看似值得投資的專案變得不可行（譯注：因為抑制消費將使需求降低）。

當一個社會，且讓我們稱之為「吝嗇城」（Scroogeville）提高了儲蓄率，那麼它的消費量相對生產量顯然是降低的。由於整個世界的消費與投資的總和必須等於全球產出，所以，以下三種結果的某種組合必然會發生：

- 吝嗇城的投資率上升。
- 世界上其他地方的投資率上升。
- 世界上其他地方的儲蓄率降低。

這三種可能性相當於以下四種情境：

- 全球的生產性投資活動增加。

- 全球不符經濟效益的投資增加。
- 吝嗇城以外的消費增加。
- 吝嗇城以外的生產活動減少。

其中兩個結果——不符經濟效益的投資增加與吝嗇城以外的生產活動減少——是絕對有害的。吝嗇城以外的較高消費有可能是有利的，但也可能有害，答案取決於那些額外消費的財源來自何方。儘管較高的生產性投資可能顯然有利，那卻是當今已開發世界最不可能發生的結果。沒有任何證據顯示這個世界的投資需求因過高的資金成本而無法獲得滿足，事實上，過去一段時間以來，投資活動是受限於投資機會的匱乏（缺乏誘人投資機會是全球需求疲弱所造成）以及不理性的政治約束，不是受限於資金成本過高。

根據國際貨幣基金（International Monetary Fund，簡稱ＩＭＦ）的報告，自一九八〇年以來，整個世界的儲蓄與投資約當全球產出的比率都維持在相當穩定的水準。某些地方大幅上升的儲蓄（主要是中國）被其他地方明顯偏低的儲蓄抵銷。就全球而言，那些現象的寓意之一是：值得投資的專案並不缺資金來源。如果資金來源短缺，那麼當全球經濟體系某處的儲蓄大增，全球的總投資量理應也會相應增加。但實際的情況反而是，某些地方壓縮消費（相對於生產）的行為，只是導致其他地方的生產相對消費降低罷了（譯注：甲地壓抑消費但生產量未等額降低，於是，甲地未被消耗的產量轉由乙地的消費吸收，但乙地為了吸收來自甲地的產量而不得不壓縮本地的產量）。這對貿易產生了顯著的影響。[15]

舉個例子，自一九八〇年代起，中國的投資率大幅上升，但當地增加的投資，卻不足以抵銷消費更大幅度的相對減少（儲蓄增加）。直到二〇〇八年，這個現象造成生產相對國內需求巨幅增加，並逼得世界上其他地方不得不吸收中國生產—需求之間的差額。在這個時期，中國的經濟繁榮發展，但中國國內的支出分配，卻在世界上其他地方造成許多嚴重的扭曲。自二〇〇八年起，中國的順差已因投資活動占GDP的比重上升而漸漸縮小，然而，消費的GDP占比並未上升（只有近幾年略為增加）。這導致中國目前的儲蓄率還高於當年它的貿易順差達到生產產出的一〇%時的水準。

對照之下，德國的順差則和德國國內需求成長疲弱有關。近三十年來，德國的國內消費與投資成長都非常低迷。從兩德統一後，整體生產活動也非常疲弱，但生產的成長率還是略高於國內需求的成長。一如中國，德國的生產和消費之間的差額，來自海外對德國出口品的淨支出（譯注：即外國人對德國出口品的支出吸收了這個差額）。如果個別觀察德國的儲蓄率與投資率，兩者其實並無異常，然而，以德國這麼大規模的國家來說，其儲蓄率與投資率之間的缺口幾乎可說是史無前例。

美國的情況則正好相反：雖然美國的國內需求和德國一樣維持疲弱狀態，產出成長卻更糟。外國儲蓄以貿易逆差的形式排擠掉美國的國內生產。相反的，西班牙的巨額逆差則是導因於投資熱潮。西班牙的生產或消費習性都沒有顯著改變。後來西班牙之所以轉為順差，主要是投資崩潰所致，和家庭儲蓄率的改變比較無關。希臘也曾發生投資熱潮與投資崩潰的狀況，不過和西班牙不同的是，希臘的投資熱潮與崩潰是被一波消費熱潮及崩潰所強化。[16]

顯而易見的，前述某些國家的經驗和其他國家的經歷息息相關。某些國家的順差和某些國家的逆差彼此相關的可能解釋只有三個：

- 中國、德國和其他順差國國內的各種變化，導致它們的國內需求相對其國內生產降低，這迫使世界上其他地方經由減少產出、增加投資與增加消費等的組合，提高其消費相對生產的規模。
- 美國、西班牙、希臘和其他逆差國國內的變化，導致它們的產出相對其消費降低，這迫使世界上其他地方的民眾生產超過自身需求量的商品與勞務，以滿足這些國家的國內需要。

- 無時不刻忙於管理各國貿易、投資和儲蓄的希臘商業守護神荷米斯（Hermes）或印度的商業守護神，即掌管財富的拉克西米（Lakshmi）發揮驚人的精準管理能力：在他的運籌帷幄下，世界上數百個大致自治的實體的儲蓄率與投資率無時無刻都同時互相抵銷。

仔細檢視過去三十年的諸多事件，便可發現第一個選項是最佳解釋。順差國國內政治與社會上的變化，將購買力從勞工（勞工把多數所得都花費在商品與勞務）手中移轉到權貴階級（權貴偏好累積金融資產，而不增加消費）手中。

這樣的狀況在不同的國家以不同的面貌發生。舉個例子，中國的戶口（家庭登記）系統剝奪了數以億計個都市勞工取得政府津貼的權利（但他們又必須繳稅支持這些津貼的發放），另一方面，儘管德國企業的獲利能力上升且海外投資經常性虧損，它們卻拒絕投資國內。這些選擇會習慣性地抑制消費及投資相對生產的規模，而這又進而逼得世界上其他地方的支出超過它們的產值。

國際收支

儲蓄透過金融市場周遊列國。擁有貿易順差的國家並不是好心把它們的過剩生產捐贈給世界上其他地方，而是將過剩的生產賣給其他地方，以換取未來的生產權利（claim）。接下來，順差國無論是經由貿易順差獲得的收入來履行那些生產權利，或者是以舉借更多債務的方式來取得履行那些生產權利所需的資金。這些業務活動就追蹤記錄在國際收支（balance of payments）裡。其中，經常帳（current account）著眼於貿易流動與為貿易失衡取得財源而耗費的成本，而金融帳（financial account）則是衡量跨國的資產買賣，包括某些國家因進行外匯市場干預而造成的中央銀行準備金變動。一國透過金融帳流進或流出的淨貨幣金額，必須等於該國經常帳上所記錄的跨國淨貨幣流動金額，只不過，有時衡量上的困難會導致這兩個數字之間出現差異。

說穿了，一國的經常帳收支就是該國居民的個人儲蓄及支出決策的總和。世界上有兩種人，一種是入不敷出的人，一種是支出低於所得的人。由於所有所得最終都來自其他人的支出，所以就整體層次來說，個人層次的差異最終將互相抵銷。因此，除非有人入不敷出（dis-saving），否則其他人根本不可能有辦法儲蓄。支出低於所得的人手頭將會有結餘，而這些結餘必須有處可去——可以存到銀行帳戶，可以用來購買股票與債券等金融商品，或是投入有形資產，如房地產、藝術和貴金屬等。

但如果沒有自願出售前述資產的賣方，購買資產的活動不可能完成。最終的資產賣方會利用出售資產的收入，消費比他們的所得更多的商品與勞務，只不過中途可能會發生一些交易。最終賣方有可能是持有現成資產，且打算將過去的儲蓄部分轉為當期消費的人（像是一步步將資產變現的退休者），也可能是想藉由舉借新債務籌錢買自己原本無力負擔的事物的人。舉例來說，家庭舉借不動產抵押貸款來購買新房子，企業發行股份來籌措資本投資所需的資金，而政府則在拍賣場上出售債券等。總之，儲蓄者和入不敷出者必須湊在一起才能成事。

如果一國民眾的集體支出超過他們的集體所得（譯注：即集體入不敷出），這整個國家就會呈現經常帳逆差的狀態。換言之，以所得（即出口、外國投資盈餘、匯款與外國援助等）形式從世界上其他經濟體流入這個國家的資金金額，少於這個國家以進口、發放給外國人的股利與利息以及移轉支出等形式流出的資金金額。相反的，如果一國的家庭、企業和政府的集體支出低於他們的集體所得，這個國家便擁有經常帳順差。在那個情況下，出口、外國投資盈餘與移轉收入帶來的資金流入，將多於進口、向外國人支付的所得與匯款等所造成的資金外流。

前述種種的反面就是金融帳。當一國的集體支出超過集體所得，就必須經由出售資產的方式籌措資金，以彌補支出超過所得的差額。顯而易見的，一個擁有經常帳逆差的國家必然擁有金融帳順差：即隨著外國人購買本國資產而來的總流入資金，必須大於本國人因購買外國資產而流出的總資金。相反的，當一國民眾的總支出低於其總所得，它就必須將經常帳順差投資到海外：這時，為購買海外資產而流出的資金，將多於世界上其他地方為購買本地資產而流入的資金。[17]

以下等式應該有助於釐清這些關係：

經常帳＝金融帳＋統計差異

經常帳＝家庭儲蓄＋企業獲利＋稅金－（家庭投資＋企業投資＋政府支出）

金融帳＝外國人購買的本國資產－本國人購買的外國資產

金融帳＝民間部門金融帳＋中央銀行準備金的變化

本質上來說，高額的順差或逆差本身並無好壞之分。「良性的失衡」讓較富裕的順差國的儲蓄者得以經由為逆差國的經濟發展提供財源，從中賺取健康的報酬，而在這個過程中，逆差國的生活水準也得以提高。在十九世紀的多數時間，美國就是受惠於「良性失衡」的逆差國，當時它主要藉由向英國進口資本，將其國內的投資活動提升到單憑本國的力量所無法達到的水平，而在此同時，美國勞工並未遭受壓迫。更近代的例子是南韓，從一九四八年獨立後的幾十年間，南韓的進口都多於出口（只有一九八〇年代末期的短暫期間例外），這樣的狀況直到一九九七年亞洲金融風暴發生後才轉變。韓國也是少數由窮國轉型為富國的例子之一。

另外，曾經是西歐最窮國家的挪威，在一九七〇年代時以高額經常帳逆差的形式進口巨額的外國儲蓄，發展挪威的離岸石油與天然氣田。隨著那些油氣田開始投產，挪威人也獲得償債的能力，最終更以他們的經由碳氫化合物獲得的利潤，累積了巨額的外國資產存量。若當年挪威人畫地自限，不願意暫時入不敷出，就永遠開發不了那些資源，挪威和整個世界也會比目前的實際狀況更貧窮。[18]

但在此同時，順差也可能有害。儲蓄必須找到出路，可是沒有人敢保證儲蓄一定能流向有利可圖的投資活動。過去二十年間，德國人極度熱情出口金融資本，但他們的海外投資成果卻向來非常糟糕。自一九九九年初起，德國民間部門共計花了五・一兆多歐元收購其他國家的資產。然而，在同一期間，德國人持有的外國資產金額卻只成長四・八兆歐元，這兩項金額的差異代表近二十年間德國人持有的海外資產的評價減損了七％，原因在於德國人持有非常多美國次級不動產抵押債券與希臘主權債務等資產。

即使是在計入股利和利息收入後，德國的海外投資成果都遜於其他幾乎所有富裕國家居民。法蘭奇斯卡・韓涅基斯（Franziska Hunnekes）、莫瑞茲・休拉瑞克（Moritz Schularick）與克里斯多福・崔貝斯奇（Christoph Trebesch）在二〇一九年所做的一份研究，斷定「（在二〇〇九年至二〇一七年間）如果德國在全球市場的報酬足以和挪威或加拿大各自的海外投資報酬率相提並論，德國的財富應該會多出兩兆至三兆歐元。」引人注目的是，德國人差勁的海外投資報酬幾乎完全可歸因於他們選擇股票與債券的能力遠遜於其他國家的儲蓄者，而不是因為他們的整體資產配置和其他國家的儲蓄者有多大的不同。

而若和那段期間德國本國資產的報酬率比較，前述海外績效看起來更慘澹。那一份研究報告也斷定「國內報酬率遠高於海外投資的報酬率。」在一九九九年至二〇一七年間，德國資產的平均年度報酬率大約比德國人的海外資產報酬率高二・四個百分點。而從二〇〇九年開始，這兩者的落差更擴大到令人難以置信的五個百分點。以下說明應該會讓你更有概念：若在一九九九年投資一百萬歐元到一組具代表性的德國資產，到二〇一七年，理應獲得大約兩百萬歐元的利息、股利和資本利得，但若將相同金額的資金投入德國人實際持有的代表性外國資產樣本，獲得的報酬還不到一百萬歐元。

另一個看待這個現象的方式，是比較德國居民投資海外資產的進展和外國人投資德國資產

圖三・三　德國投資人的海外投資已虧損了幾乎三〇%（淨國際投資部位的組成，計算單位：兆歐元）

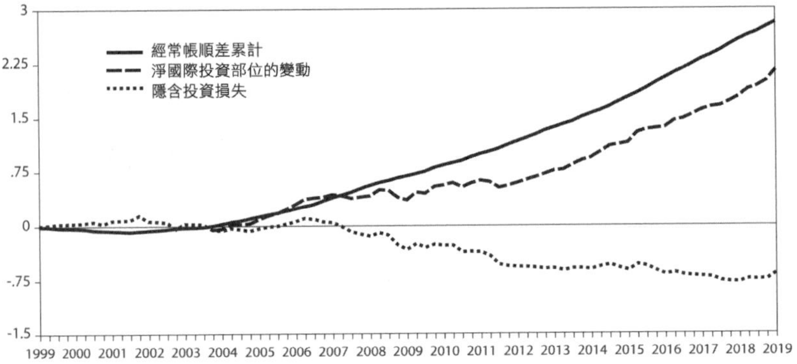

資料來源：歐洲聯邦統計局（Eurostat），麥可・克蘭恩的計算

的進展有何差異。從一九九九年年初到二〇一八年年底，德國人投資到海外的資金比非德國人投資德國的金額多出二・六兆歐元。然而，這段時間，德國人的淨外國資產部位只增長一・九兆歐元，這代表著高達二九％的淨減損。所以，如果當初德國人把更多資金投資到本國資產，或是花更多錢購買他們實際上想要的商品與勞務，他們的生活會比目前好非常多。[19]

決定失衡是健康失衡或有害失衡的因素有兩個：資金的募集方式，以及資金的花費方式。在理想狀態下，較富裕的國家會在較貧窮但擁有極大潛力的國家（例如南韓）進行直接股權投資。然而，過去幾十年，世界各地的順差國卻選擇當放款人，而非股東，而逆差國則多半是一些成熟經濟體，缺乏需要外部資金支援的實用投資案。

這導致債務熱潮被浪費在一些徒勞無功的專案上，最後無論是順差國或逆差國的民眾都因這種交流而產生損失。

雖然這個令人扼腕的發展，部分可歸咎於收受金融流動的國家缺乏適足的監理規定，較大的問題其實出在資金流動過於龐大，且流向錯誤的地點。因此，大眾對貿易的厭惡導因於國際資本未能以有用的形式流向真正需要資金的地方。這進而可歸咎於順差國的政策持續不斷地將所得與財富從勞工手上，移轉到權貴階級。由於富豪的儲蓄率較高，勞工的財富與所得被移轉給富豪後，商品與勞務購買力被轉變為金融資產購買力。而因為這些富豪在本國無法買到足夠的額外金融資產，於是，他們將新增的財富投資到海外，而富豪以外的每一個人原本可用來購買額外進口品的所得，全都遭到剝奪。這個發展造成的結果就是：各國國內的不平等有可能導致國家與國家之間發生失衡。

失衡的兩個導因：拉與推

要形成順差，某地必須要有逆差；而要形成逆差，也需要某地擁有順差，這兩者不可能在缺乏另一者的情況下單獨發生。任何一個國家的經常帳順差或逆差，一定會和其他所有國家的經常帳順差與逆差總和互相抵銷。有時候，想要花更多錢消費與投資但又沒有足夠所得的人會「拉進」融資。在這個情況下，造成失衡的始作俑者就是發生經常帳逆差的國家。不過，有時候融資是被無論是否有理想投資機會都選擇儲蓄的人「推進」的。在那個情況下，失衡的始作俑者就是順差國。

無論是哪一種原因所造成，失衡都沒有好壞之分。擁有理想投資機會的國家可能會試圖「拉進」外國資本，但急著為自身無力維持的消費熱潮或沒把握成功的專案尋找資金來源的國家，一樣會試著「拉進」資金。另外，當資金不分青紅皂白被「推進」某個方向，資金接受國有時的確可以將那些意料外的流入資金轉化為意外之財，但在過去，多數那類國家並未能成功化流入資金為財富，尤其是資金量極端龐大時。

世界上沒有任何方法能百分之百正確釐清失衡的源頭，不過，市場價格能提供一些線索。畢竟要將資金「拉進」一個令外國人存疑的地方是有難度的。解決這個問題的招數是付錢給那些外國人：若某處能讓外國投資人獲得足夠抵銷通貨膨脹、違約與匯率大幅貶值等風險的合理報酬，一定能吸引他們自願意投入資金到那個地方。雖然「合理」的定義莫衷一是，但我們很容易分辨投資人是否認為他們需要更多的報酬來補貼他們承擔的風險，那個線索是：資產價值下跌。實質利率上升、股票本益比與淨值比等評價倍數遽降，以及匯率貶值等，雖對現有的資產持有人不利，卻相對會使新投資顯得具吸引力。因此，若經常帳逆差國的利率因對外融資需求增加而上升（或是該國資產的國際價值降低），它有可能是失衡的源頭。

國際金融體系的邊緣型國家經常發生這種現象。舉過去幾年的土耳其為例。在二〇一〇年至二〇一八年間，土耳其在來自海外貸款的資金推波助瀾下，發生了一波投資狂熱。影響所及，土耳其經常帳逆差占該國國內所得的比率，經常性地維持在六%左右。這雖使產出大增，卻也讓它付出了債務增加的代價。要吸引外國資金來彌補其支出超過所得的差額，匯率必須長期貶值，且匯率貶值幅度必須超過通貨膨脹差異所暗示的貶值幅度：二〇一〇年至二〇一八年年中，土耳其里拉的實質價值降低了一半。不意外的，這導致外國儲蓄者對土耳其的疑慮愈來愈強烈，而且多半只願意接受以美元而非土耳其里拉還款為條件的放款。（這和十九世紀阿根廷的黃金擔保債券有著異曲同工之妙）

不僅匯率貶值，為了吸引資金，土耳其的利率也不得不上升。美元計價的商業貸款成本從二〇一〇年的四%，上升到二〇一八年下半年的六%。但在同一期間，里拉計價的商業貸款利率從九%飆升到二八%。到最後，外國人變得強烈嫌惡土耳其資產，這使得土耳其人的消費力受到重創，並進而迫使土耳其人縮減消費與投資，最後，土耳其終於在二〇一九年恢復經常帳順差。[20]

當資金流入一個不需要海外資金的國家，情況則截然不同。由於不缺資金，所以這種逆差國的利率並不會上升，而是隨著失衡的持續擴大而維持穩定──或甚至降低。西班牙承諾加入歐元後便發生這樣的狀況。一九九〇年代中期，西班牙人的所得與支出大略相抵，所以該國的經常帳幾乎維持平衡。在此同時，扣除通貨膨脹後的西班牙指標利率大約略高於五％。

但從那時到二〇〇八年，西班牙的經常帳逆差穩定擴大，漸漸達到GDP的一〇％左右；但在同一期間，西班牙的實質利率卻降到〇％以下。西班牙是歐元區的成員之一，所以，它的匯率不可能相對它的主要歐洲貿易夥伴的匯率波動。但西班牙的工資與物價上升速度卻比鄰國快，這形同西班牙的實質有效匯率在這個期間升值了一八％。根據每一項可能的衡量指標，即使西班牙人向世界上其他國家舉借愈來愈多的貸款，它的資金成本卻大幅降低。

西班牙人並未試圖「拉進」資金──絕非如此。事實上，西班牙被大量流入該國銀行體系、債券市場與房地產的資金壓垮（西班牙房價歷經一九九〇年代整整十年的停滯後，在二〇〇一年至二〇〇七年間上漲一倍以上）。這些資金流入使西班牙人的購買力明顯上升，並超過所得的增加幅度。幾乎史無前例的債務與投資狂熱填補了這兩者（譯注：支出與所得）的差額。只要新資金持續流入，西班牙看似就能體驗到足以傲視歐洲的成長奇蹟。不過，當外國人停止將他們不需要的資金「推進」西班牙，西班牙人的支出被迫降至他們的所得水準以下。經常帳最後終於逆轉為高額的順差，但它付出了就業市場崩潰的慘痛代價。[21]

為什麼施比受有福：一八七〇年代的德意志帝國

西班牙經驗並不罕見，也相當有代表性。樂透頭彩得主中獎後的人生通常過得不怎麼如意，甚至不如不中獎。相似的，突如其來大量湧入的貨幣就像是注射古柯鹼，也會以類似的不健康方式，令人產生扭曲的行為。收受不請自來的金融流入的國家也會發生類似的狀況。鮮少社會能在吸收突然來自海外的大量資金後，不發生債務暴增、資產泡沫與經濟危機等惡果。那是實質購買力快速且意外提升後幾乎必然會發生的結果。一八七〇年代初期創立的新德意志帝國就是最顯明的例子之一：無論文化與制度有何差異，猶如中「樂透頭彩」的金融流入對資金收受國的影響都大致類似。

在歷史上的多數時間，德國一直是分裂為許多具備不同身分認同（identity）特性、政治形式與宗教傳統的小邦。到十九世紀時，德國的民族主義者開始懷抱統一的夢想。但若要統一，其中一個邦必須強迫其他邦服從共同的規定。在這當中，最顯而易見的候選領導邦是普魯士王國（kingdom of Prussia），它是後拿破崙時代德意志邦聯（German Confederation）中人口第二多的邦（奧地利王國的人口更多，但當地的日耳曼人比普魯士王國少很多）。於是，普魯士開始實現那些民族主義者的夢想；在它的挑釁下，一系列短期戰爭爆發，不過它也順利贏得那些戰爭——最初是一八六四年的對丹麥之戰，那場戰爭「解放」了什勒斯維希-霍爾斯坦（Schlewig-Holstein），接著是一八六六年的對奧地利之戰，那場戰爭讓普魯士得到併吞北德意志幾個敵國的藉口，並進而與幾個較溫馴的友邦聯手成立一個全新的北德意志邦聯（North German Confederation，譯注：又稱北日耳曼邦聯）。這些變化共同奠定了普魯士在歐洲的支配勢力。

一八六〇年代時，普魯士最大的對手是拿破崙．波拿巴的姪子所領導的法蘭西第二帝國（Second France Empire）。路易．拿破崙長期為膽結石所苦，且頗好女色，儘管他因這些問題而常犯策略性錯誤，卻又喜歡大放厥詞。由於他預見到普奧之間將發生衝突，所以他試圖在一八六五年與一八六六年先發制人，與兩個交戰國協商祕密條約，以便為法蘭西在萊茵蘭（Rhineland）取得額外的領土。詭計多端的普魯士總理俾斯麥利用這個資訊，（祕密）說服戰敗的南德意志邦經由戰後的一個共同防禦協定，與北德意志邦聯結盟。

不過，路易．拿破崙並未放棄追求更多領土，他還試圖向荷蘭購買盧森堡，接著又提議（這違反法國的條約承諾）併吞比利時。一八六八年，在西班牙共和主義者廢黜女王伊莎貝拉二世（Queen Isabella II）後，情勢突然變得一觸即發。到一八七〇年，共和主義者革命失敗，此時的西班牙需要一位新君主。對此，法國和普魯士各推舉了不同的人選。雖然西班牙從未認真考慮普魯士霍亨索倫王朝（Hohenzollern）的提議，普魯士的意見卻促使法國人對普魯士提出無理要求，最後更在那一年七月對普魯士宣戰。巴伐利亞（Bavaria）和其他位於南德意志的邦隨即宣示支持普魯士。在短短六星期之內，路易・拿破崙就在色當之戰（Battle of Sedan）後慘遭俘虜。法蘭西第三共和國在他被捕後繼續做困獸之鬥，但最終還是被迫屈服於普魯士這個強大的對手。

普魯士在這場戰爭中贏得了徹底的勝利。經過這一戰，普魯士向其他德意志邦（那些邦迅速加入普魯士所主導的新德意志帝國）與歐洲其他國家證明了它的實力。接下來的主要挑戰是思考如何暫緩與法國再爆發另一場征戰：當時法國人迫切渴望一雪前恥，更夢想收回德語區的亞爾薩斯—洛林（Alsace-Lorraine）；然而，普魯士還需要時間來建構它的新政治聯盟，何況經過近十年的征戰，它也非常需要一段休養生息的和平期。總之，德意志必須盡可能設法牽制法國，才有重獲安全的機會。對此，普魯士提出的解決方案是賠償金：只要法蘭西第三共和國支付五十億黃金法郎（這筆付款相當於法國一八七〇年的總經濟產出的四分之一）給德意志帝國，德軍就願意從他們占領的多數法國工業重鎮撤退。德國人打的如意算盤是，這項賠款負擔過重，足以阻礙法國重建，並確保兩國之間長達幾個世代的平靜。從德意志帝國的角度來看，這筆交易對德國經濟體系產生的移轉，大約等於三年的國內生產總額的五分之一。[22]

儘管這筆賠償金為數巨大，法國政府卻相對輕易就籌到這筆資金，德國政府在預定期限（一八七三年）到來前，便順利收到全部賠償金。德國人事後發現，法國儲蓄者有非常充沛的資源可利用——多年來，法國儲蓄者集體累積了許多海外資產，並利用那些資產所衍生的所得來支應法國的貿易逆差、黃金進口與購買額外外國資產等所需的資金。

戰爭結束後，法國停止進口黃金、轉為貿易順差，並停止投資海外，這種種發展釋出了數十億法郎可購買法國政府公債的資金。光是這筆資金就足夠應付一半的賠償金。剩餘的部分是以法國人出售外國資產後轉買國內債券、外國人對法國資產的需求（尤其是來自德國儲蓄者的需求）以及法國人出售黃金等管道所取得的資金來支應。出乎德國人意料的是，這個發展對法國並未產生危害。雖然法國經濟在戰後不久那段時間陷入痛苦掙扎，但新債務並未對它造成長期的阻礙，因為法國有能力輕鬆應付法國長期公債的利息支出。

根據金融史學家查爾斯．金德柏格（Charles Kindleberger）的說法，箇中原因之一是法國的賠償金使全球貨幣供給增加。隨著黃金從法國流入德國的銀行體系，德國的貨幣供給顯著增加，但法國的貨幣供給並未等量減少。法國政府為取得賠償金所需資金而發行的債務，創造了一個巨大、高變現性且極度可靠的債務工具，這項工具和貨幣非常類似。貨幣從法國被移轉到德國後，使全球類貨幣（moneylike）資產的供給突然大幅增加。[23]

但與直覺相反的是，這筆移轉最終卻對德國產生禍害。德國在那三年間每年各吸收了價值約八％ GDP的金融流入。其中很多資金被配置到軍事成本，包括償還當年為了在法國邊界興建新堡壘而舉借的債務，乃至成立退伍軍人退休基金等成本。這項支出使德國人的購買力提升，並進而透過進口的大幅增加，使貿易逆差擴大。在此同時，上漲的工資（舉個例子，德國魯爾區（Ruhr）煤礦工人的時薪在一八七一年至一八七三年間大漲了六〇％）與物價導致德國出口品在全球市場上變得沒有競爭力。於是，黃金又開始從普魯士銀行（Bank of Prussia）流回法蘭西銀行。無論如何，國際收支永遠保持平衡。

前述問題對對德國金融市場的傷害不亞於對德國貿易收支的損害。德國政府深知它不能立即將全部賠償金花費在基礎建設投資與軍事戰備上，因為那些專案個個曠日廢時。於是，它在等待期間將這些賠款投資到金融資產，包括德意志各邦發行的債券與鐵道債券。德意志議會議員（也是德意志銀行的共同創辦人之一）路德威・龐伯格（Ludwig Bamberger）曾就前述行徑可能對德國金融情勢造成的影響提出警告，他還建議政府將尚未花費的資金轉換為黃金或外國資產部位。

然而，他的建議未獲重視，德國忙著投入國內與國外的投資狂熱，結果，從法國流入的很多資金就這樣被白白浪費掉。經濟學家亞瑟．蒙洛（Arthur Monroe）寫道：政府的投資活動「在大約兩年內對德國市場釋出的資金總額，幾近德國總貨幣存量的三倍，且遠大於德意志所有邦的債務總和，包括因興建鐵道而發生的債務。」

本質上來說，德國經濟對法國金融流入所產生的反應，和歷史上在它之前和之後曾發生巨額金融流入的其他經濟體的反應並無不同。德國經濟在戰爭剛結束那段期間快速成長，平均每年成長率高達六％。然而，在一八七四年後，德國的經濟連續三年負成長。相似的，當時德國和奧地利境內也發生了一場短命的銀行業熱潮，不過，當賠償金流入告一段落，這一波熱潮也隨即崩潰。從一八七一年至一八七四年間，德國銀行鈔票的供給量每年成長超過一二％，但接下來幾年至一八七八年間，這項供給卻每年萎縮一〇％。

到一八七六年時，經濟情勢已非常危急，德國某個製造業聯盟開始催促政府實施保護關稅，以補貼因法國賠償金而發生的貿易條件變化對製造業造成的損害；德國政府最終在一八七九年實施這類關稅。當時德國各地的經濟學家與政治人物紛紛將本國經濟的崩潰歸咎於法國的賠償金。有些人，尤其是法國人，甚至因此認定柏林當局可能會把錢送回法國。[24]

納瓦羅的誤謬：為何雙邊流動會令人難以理解失衡的源頭

一八七〇年代的法／德經驗還隱含另一個重要的教誨：雖然黃金從法國流向德意志一事，最終使德意志轉為貿易逆差、法國轉為貿易順差，但法國與德意志**之間**的國與國雙邊貿易收支並未出現相符的對應變化。的確，德國人向世界各地進口更多商品，但它對世界各地的出口卻停滯。另一方面，法國向世界各地進口的商品減少，對各地的出口卻增加。法／德的雙邊金融流動確實是影響到法／德之間的貿易，但這些金融流動對法／德雙邊貿易收支所產生的效應並不顯著，比不上更廣泛的影響。大致上來說，順差與逆差的動態不能單純以雙邊貿易及金融關係來解釋。

這意味無論雙邊貿易數據表彰了什麼意義，入不敷出（支出大於所得）的國家並非導致其貿易夥伴發生整體經常帳逆差的元兇。舉個例子，美國對澳洲的長期高額雙邊順差，無法解釋澳洲何以發生整體經常帳逆差，因為澳洲人與美國人一樣都是長期入不敷出，只是正好澳洲從美國進口的商品與勞務多於它出口到美國的商品與勞務罷了，這不會改變這兩國處於相同基本處境的事實。美國透過它對澳洲的出口而賺到的錢，被用來消費來自中國的電子裝備或太陽能板，而中國則藉由對美國的出口所得，向澳洲購買煤炭與鐵礦砂。事實上，澳洲對中國的貿易順差足夠彌補澳洲對美國的貿易逆差，而且還綽綽有餘。但澳洲對中國的雙邊順差並不足以阻止它對世界上其他國家發生整體經常帳逆差，也不足以阻止中國對世界上其他國家發生巨額順差。真正重要的是全球關係。[25]

相似的，根據正式官方報告，美國對荷蘭與新加坡長期維持巨額的雙邊經常帳順差。我們已說明過，這個現象可能是企業避稅策略以及錯誤的美國商品出口報導方式（商品在轉運到其他地方以前，暫時放置在荷蘭與新加坡等主要世界港口，但那些商品卻因此被計為美國對那些港口所在國的出口）所共同造成。儘管美國對這兩個國家是呈現雙邊順差，荷蘭人與新加坡人的支出卻一向遠低於其所得——不管是以絕對水準比較或是以相對所得的水準來衡量。事實上，荷蘭和新加坡雙雙是當今全球失衡的最大貢獻者之一，所以，它們也是美國經常帳逆差的主要貢獻者。如果荷蘭人與新加坡人減少儲蓄，並多花一些錢購買他們從其他國家進口的商品與勞務，那麼，無論這兩國的新增消費是否會影響它們和美國之間的雙邊收支狀況，整個世界因他們增加進口品消費而產生的額外所得，最終還是會溢流為對美國出口品的新增需求。

相同的觀點也適用於金融帳。從金融帳的雙邊收支無法洞悉**哪些**國家的支出超過它們的所得。事實上，金融帳的雙邊收支和經常帳的雙邊收支無關。此外，一國的雙邊貿易關係沒有道理一定會呼應它的雙邊金融關係。舉個例子，購屋者鮮少直接從賣屋那一方取得不動產抵押貸款。德國的銀行業者對法國的銀行業者放款，法國的銀行業者進而對它們的希臘子公司放款，而那些希臘子公司再利用這些貸款所取得的資金，購買希臘政府為籌措採購德國製潛艇所需資金而發行的債券，所以，儘管雙邊金融流動是先從德國流向法國，再從法國流向希臘，但實際上為德國和希臘之間的貿易活動提供資金的是法國銀行業者的希臘子公司。另外，當民眾以匿名或經由租稅天堂等方式經由各地委託保管中心（custodial centers）購買金融資產，我們也很難判斷他們的國籍。（這和先前說明的雙邊貿易數據與外國投資盈餘等問題很類似）

川普的貿易顧問彼得．納瓦羅（Peter Navarro）是受過哈佛大學訓練的經濟學教授，他並不認同前述分析。納瓦羅認為雙邊貿易逆差攸關重大，而且他似乎也認定，從這些雙邊貿易收支便可推估對應的雙邊金融流動。舉個例子，他在二〇一七年的一篇《華爾街日報》專欄中寫道，中國對美國的雙邊貿易順差大有問題，因為這項順差讓中國有能力「（買光）美國的所有企業、技術、農地、食物鏈，並最終（控制）美國的多數國防—工業基地。」[26]

但實際上從數據可得知，美國人在二〇一五年年初至二〇一九年年初間，共投資了大約四百六十億美元到中國，而中國居民則出售了總額三千八百億美元的美國資產。換言之，有總額高達四千三百億美元的淨資金**從**美國流向中國。如果一如納瓦羅似乎認定的「雙邊金融流動會對應雙邊貿易流動」，那麼，在這段期間，美國理應對中國產生巨額的經常帳**順差**才對。但取而代之的是，美國對中國的雙邊**逆差**略高於一．五兆美元。即使官方數據因委託保管關係與祕密金融流動的緣故，而嚴重低估了那幾年中國人對美國的投資規模，但中國人對美國消費活動提供的直接財源，似乎還是不足以彌補美國對中國出口與進口之間的差額（譯注：即美國對中國的貿易逆差）。

幫忙彌補了這個資金缺口的可能是歐洲的儲蓄者。從二〇一五年年初至二〇一九年年初，流入美國的外國儲蓄金額和美國本國儲蓄透過金融帳流到世界其他經濟體的金額之間的差額（譯注：即美國的金融帳順差）共大約一．五兆美元。在同一期間，歐元區居民投資到美國的資金，大約比美國人投資到歐洲的資金多出九千七百六十億美元。換言之，大約有三分之二的美國金融帳順差來自歐洲地區的居民。然而，到目前為止，那些資金並未直接回流到歐洲：從二〇一五年年初至二〇一九年年初，美國對歐洲的雙邊經常帳逆差總額只有一千一百六十億美元。因此，有大約八千六百億美元的資金從歐洲流向美國，但這些資金又轉而被花費到中國與其他地方。

諷刺的是，就算納瓦羅揚棄他聚焦在雙邊收支的立場，轉而以全球視角來看待相關問題，他批判中國的立場應該會變得更堅定。由於中國居民對海外的投資金額高於非中國人對中國的投資，所以中國對世界上其他國家擁有經常帳順差。在此同時，因非美國人對美國的投資高於美國人的海外投資金額，所以美國對世界上其他地方呈現經常帳逆差。這些事實比雙邊關係更意義重大且更令人不得不關注。

納瓦羅的分析框架漏洞百出，而若將墨西哥（川普政府老是鎖定的目標之一）的狀況列入考慮，這個框架甚至造成更大的誤謬。美國對墨西哥的貿易長期維持非常大的逆差。美國人也付錢請墨西哥人到美國工作，而且居住在美國的很多民眾會匯款給住在墨西哥的親戚。將這些數字加起來，從二〇一五年年初至二〇一九年年初，美國對墨西哥的累計雙邊經常帳逆差大約是三千五百億美元。二〇一七年時，納瓦羅在前述《華爾街日報》的那一篇專欄文章裡宣稱，如果「美國成功在今年與墨西哥協商出一個雙邊貿易條件——即墨西哥同意向美國採購更多商品，以取代它目前向世界上其他國家購買的產品」，那麼「政府的數據將顯示美國的出口增加（且）貿易逆差降低。」[27]

這一番說法完全不足採信。如果正如納瓦羅所暗示的，墨西哥人為了採購更多美國的出口商品而減少購買其他國家的出口品，那麼，墨西哥人的總支出並不會改變。但即使墨西哥對美國的雙邊貿易順差縮減，美國對其他國家的貿易逆差卻會上升，因為其他國家對墨西哥的出口總額減少了，銷貨收入因而降低。在這個情況下，墨西哥對美貿易順差的減少金額，最多也只能和美國對其他國家的貿易逆差增加金額相互抵銷。而比較可能的結果是，納瓦羅的提案反而會使美國的整體經常帳逆差**增加**。想當然耳，墨西哥人有充分理由，例如品質與價格上的考量，向非美國生產商購買商品及勞務。如果他們被迫轉向美國供應商採購，可能不得不花更多錢才能買到和以往相同分量的滿足感。在那種情況下，墨西哥人可能反而寧可選擇縮減支出，增加儲蓄。

懲罰墨西哥的出口也可能會產生不良後果。如果墨西哥失去進入美國市場的機會，它對外國投資人而言將變得較不具投資吸引力，相對來說，美國製造業資產對外國投資人的吸引力會上升。結果就是全球金融流動從墨西哥轉移到美國，這將使美國人的購買力上升，但墨西哥的支出遭到壓抑。最後的淨影響將是美國對墨西哥的雙邊貿易逆差縮減，但代價是美國的整體貿易逆差擴大。

納瓦羅有所不知的是，墨西哥其實吸收了原本可能使美國貿易逆差擴大的全球過剩儲蓄與製成品。美國對墨西哥的雙邊經常帳逆差**不可能**是造成美國整體逆差的貢獻因子，因為墨西哥人和美國人一樣都入不敷出。畢竟以絕對數字來說，墨西哥的經常帳逆差規模在世界上也是數一數二，長期相當於該國ＧＤＰ的二％左右。墨西哥對美國的大規模貿易順差主要是地利之便使然，它正好位於世界上最大消費市場旁邊，所以，幾十年來，美國、歐洲和日本製造商在墨西哥興建工廠，生產各式各樣可運送到北方（譯注：美國）的零組件產品。事實上，美國從墨西哥進口的商品及勞務價值中，大約只有六〇%是真正來自墨西哥。[28]

墨西哥人只有一個方法可試著幫忙增加美國的總出口：提高墨西哥人自身的支出，並擴大他們的經常帳逆差。在這個情況下，墨西哥人最終將為世界上其他國家創造額外的所得，而其中某些國家最終將因所得的提升而增加對美國製商品與勞務的需求。但即使是這個方法都可能失敗，尤其如果順差國以儲蓄的形式將它們經由墨西哥的新增支出而獲得的意外之財保留下來，而不是用那些新增所得來支持額外的消費與資本投資（它們的額外消費與資本投資最終將流回美國）。在那個情境下，墨西哥人的額外投資只會使其他國家的經常帳順差擴大，而不會促使美國的逆差縮小。

這個策略可能對墨西哥帶來極端高的風險，因為它吸引外國儲蓄的能力大約落在美國和土耳其之間。如果墨西哥為了支持對美國出口商品的額外支出而被迫增加貸款，最後可能先發生一波短暫的熱潮，但隨之而來的將是一場危機。無論對美國或對墨西哥而言，一旦墨西哥爆發危機，墨西哥人勢必會縮減支出，而那造成的負面影響，將遠遠超過這個策略所可能衍生的任何短期利益。

如果納瓦羅真的想搞懂美國的貿易逆差在過去幾十年的發展，最好是聚焦在為何主要順差經濟體民眾的支出會長期低於他們的所得；另外，研究為何世界各地的儲蓄者長期偏好將超額的財富貯存在美國，以及這種行為對美國人的意義，應該也更能幫助他理解美國貿易逆差的成因。誠如我們將解釋的（我們會先從中國開始解釋），這和節約或揮霍的文化無關，而是和所得的分配與全球貨幣體系的結構息息相關。

第四章
從天安門到一帶一路：搞懂中國的順差

中國經濟已飛快成長四十年。這一波快速成長可溯源至一九七八年鄧小平及他的同僚取得共產黨的領導權後，當時他們以溫和改革路線取代毛澤東思想。歷經大約一個世紀的戰爭與高壓統治，中國人蟄伏已久的創業能量終於從此獲得釋放，並迅速蓬勃發展。那一波改革使中國人的生活水準在一九七八年改革開始後的約莫十年間顯著提升。不過，這也製造了許多棘手的政治問題，但為了維護一個不惜一切代價都要創造快速成長的新發展模型，那些政治問題遭到壓制。總之，那個新模型和中國獨特的政治模型共同造就了中國後續的快速成長，但也造成了中國的長期失衡。

中國政府是從一九九〇年代初期開始落實它獨特但如今世人已耳熟能詳的發展模型。一如幾個世紀前的英國人，勞工從鄉村遷移到城市，這局部是拜新機會所賜，局部則是由於地方政府為因應都會中心範圍的急遽擴張，而強行徵收或占用人民的土地，民眾因而不得不離鄉背井到都市發展。但這些新都會勞工的工資全面相對低於他們的商品及勞務產值，而這當中所衍生的巨大結餘，被用來作為有形資本投資的財源。在中國，投資的順位永遠比消費優先。

在此同時，一如十九世紀的美國人，中國也向外國企業做出高獲利保證與准入中國龐大國內市場等承諾，藉此吸引大量現代技術和專業知識。一如日本與南韓，中國透過國有的銀行體系，將家庭儲蓄導入當局所偏好的企業。另外，中國也和其他亞洲鄰國一樣，利用差別待遇式監理規定與道德勸說，偏袒所謂的國家隊，這些國家隊因此享受了非中國製造商難以享有的待遇。

多年來，雖然這個方法在中國境內製造了嚴重的環境污染，但它的成效似乎相當好。遺憾的是，中國的高儲蓄成長模型已不合時宜，且漸漸弊多於利，它正對中國與整個世界造成愈來愈棘手的後果。

理由是，唯有為了滿足尚未被滿足的消費需求而進行的投資才是有價值的投資，否則只是浪費與濫用資源，但資源理應做更好的部署。因此，如果投資的結果是過剩的產能與貧困的勞工，那麼，犧牲消費並將資金用於投資，即是自我傷害，二〇〇〇年代初期以後的中國便

圖四・一　理解中國的失衡（非金融部門債務總和約當GDP的比重）

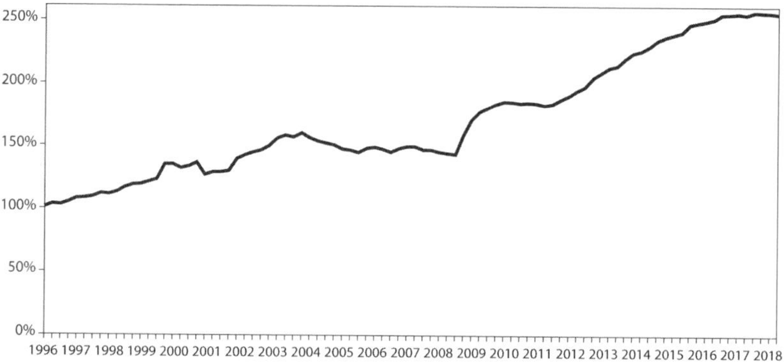

資料來源：國際清算銀行

落入這樣的處境。誠如時任中國總理的溫家寶在二○○七年三月所言：「中國經濟體系存在會引發不穩定、不平衡、不協調、與不可持續發展（譯注：指無法永續發展）的結構性問題。」[1]

在金融危機爆發以前，這個策略所造成的代價，實質上是經由中國持續上升的貿易順差與巨額金融流出等管道，被轉嫁到世界上的其他經濟體。二○○○年代中期，中國居民（多數附屬在中央政府之下）每年購買超過七千億美元的海外資產。這些流出資金被美國與其他富裕國家吸收，但那些國家也因此付出製造業產能萎縮與家庭債務增加等代價（我們稍後將更詳細解釋箇中機制）。

但在金融危機爆發期間，中國的主要出口市場（最值得一提的是美國）的需求崩減，這導致中國的經常帳順差劇烈萎縮，並逼得中國政府在「放任國內生產降低」（這會導致失業率上升）與「增加國內支出以提升國內需求」之間作抉擇。提升國內需求是明顯較理想的選項，不過，那可能意味更多的投資與更高的消費。

由於中國的投資水準已非常高且遭到大規模錯誤配置，故中央政府理應偏好訴諸消費的增加來因應前述問題。然而中國的大量制度限制（institutional constraints，我們將在這一章稍後篇幅更詳細討論這些限制）意味除非家庭舉債激增，否則中國消費的增長速度不可能達到當局的期望。不意外的，由於中國的領導班子已見識過美國家庭債務激增的後果（譯注：美國家庭債務過高是引發那一場金融危機的始作俑者之一），所以，他們並不想陷入和美國類似的處境。

也因如此，中國政府選擇聚焦在促進投資的相關作為。全球金融危機爆發時，中國採取的最直接回應是大規模增加基礎建設與住宅投資，以抵銷外國支出的急速縮減。但這個政策導致中國長期以來的失衡擴大，同時將失衡轉為國內的失衡。儘管當時中國經濟在經常帳順差減少的情況下順利維持成長，不過，它並非沒有付出代價：中國人的債務激增到幾乎史無前例的水準，而且那些沒有效率的投資連成本都無法回收。[2]

前述選擇可能帶來的威脅是：中國政府將再次試圖經由它的貿易順差與金融外流，把中國經濟模型的成本轉嫁給世界上的其他地方，因為它已無法繼續透過債務融資型投資活動來實現快速經濟成長。而要防止這個威脅發生，必須重新平衡中國經濟體系，使家庭消費成為優先於投資的考量。那意味中國必須徹底逆轉現有的購買力移轉機制，目前中國勞工與退休者的購買力被移轉給企業和政府。然而這項改革的激烈程度與政治困難度，一點也不亞於（或更甚於）鄧小平自一九七八年開始落實的改革。

令人遺憾的是，對中國來說，過去幾十年的選擇在政治上已變得根深蒂固，難以動搖。反民主的獨裁體制能輕鬆壓抑勞工的權利，並將購買力從消費者手中移轉給大企業，史達林就曾是箇中高手。問題是，政府長年主導下的所得高度集中，已製造了一群有權有勢的「既得利益者」（vested interests）——這是總理李克強偏好的用語——這一群人將激烈抗拒任何可能將購買力還給消費者的改革。唯有政府、民眾以及權貴階級之間形成全新的關係，調整過程才有成功的可能。[3]

雖然近幾年中國政府真心努力改善一般中國民眾的福祉，包括環境保護、金融改革與醫療保險的提供等，但這些努力遠遠不足以逆轉一九八九年以來的長期趨勢。對中國來說，最大的疑問是共產黨是否能基於中國民眾的利益徹底改革這個系統，但同時不失去它的政治獨占地位。不過，目前這個疑問迄今仍沒有答案。

要了解中國為何會陷入這個處境，並了解為何它那麼難以逆轉這個流程，必須先了解中國過去四十年的成長軌道。各方分析師們在試圖理解中國的經濟發展時常犯的錯誤之一，是將鄧小平展開歷史性改革後幾近四十年的漫長發展歷程，視為一個持續穩定成長的單一模型，並以鄧小平的成就來論斷中國決策流程的成敗。不過，若將這個時期想成是由四個截然不同階段組成的時期，對理解中國的經濟發展更有幫助，其中最後一個也是最困難的時期最近才剛展開。

第一階段：「改革與開放」

第一階段是在危機中展開。一九七〇年代末期，歷經幾十年的毛派政策統治，中國人的生產能力嚴重遭到箝制，以致即使人口大幅增加，整體經濟規模卻持續萎縮。當時的平均生活水準重挫到已開發國家的八%以下。更糟的是，這是發生在一九五〇年代至一九六〇年代嬰兒潮人口逐漸長大的期間。那一波嬰兒潮使一九七〇年代初期至二〇〇〇年代中期的勞動年齡人口約當總人口數的比例提高了約二〇個百分點。儘管這個人口結構變化事後成為中國非凡經濟成長的主要動能來源，但這個變化理應證明若中國繼續朝先前的發展途徑前進，將會發生多大的政治與社會災難。[4]

為防止經濟崩潰，中國經濟必須轉型——它必須設法消除此前幾十年間陸續發生且對經濟生產力造成巨大箝制的諸多不利因素。鄧小平的改革就是要實現這個目標，更重要的是，他的改革立竿見影，隨即收到良好的成效。在一九五〇年至一九七七年間，中國的每人實質產出平均每年只成長大約二．五%（相較之下，一樣剛從戰爭蹂躪下漸漸復原的日本，在那個時期的每人實質產出平均年增率卻達七%）。但一九七七年以後至二〇一〇年以後的那十年間，中國年度GDP成長率低於七%的年度只有一九八二年、一九九〇年和一九九一年，分別是成長五．二%、四．〇%以及三．八%。[5]

在鄧小平的「改革與開放」計畫領導下，中國政府放寬了壓制非計畫性經濟活動的法律規定，降低中央集權規劃的作用力並相對提高地方規劃的影響力，同時允許農民保留向政府出售最低配額後的多餘食物。當局揚棄「大推動」（big push）型投資專案與昂貴的軍事預算，轉而採納有利於國內消費的安步當車（go slow）法來發展經濟。新的地方性銀行大量設立，而地方銀行業者的爆發性成長，使信用的配置漸漸去中心化（decentralized），在短短三十年內，已有大約六〇%的新放款是受地方的省級機構控制。想當年在改革之初，地方機構根本無權承作放款。這些改革就像是解開了長年的枷鎖，讓經濟活動得以爆發性成長，並創造了巨大的財富。

鄧小平要解決的難題是如何在改革中國經濟僵化因襲特質的同時，又不破壞共產黨的規則，同時避免激起中國內部對其領導權的異議聲浪。由於他的改革必然會一步步削弱官僚系統箝制與指揮經濟活動的能力，所以，有權有勢的權貴階級幾乎從一開始就極度抗拒他的改革。所有為提高整體生產力而推動的自由化改革，幾乎一定會傷害到根深蒂固的既得利益團體，也因如此，歷史上的所有改革總是促使得利於現有經濟模型的權勢團體發起政治性對抗。

鄧小平的解決方案是採納讓許多舊權貴階級得以繼續掌權的漸進主義（gradualist）型經濟自由化。這意味計畫式經濟與剛起步的市場經濟之間的互動，勢將衍生難以預測的結果。有些物價受到管理，並由政府根據生產配額來訂價，但有些物價則獲准根據供給和需求狀況自由浮動。由於重工業被視為較具策略性的產業，所以這個產業的自由化腳步比農業及輕型製造業緩慢，而這樣的安排在農村與都會經濟體之間製造了許多不平衡。

其中一個後果是一九八〇年代末期的食物價格通貨膨脹快速上升，這導致城市的生活水準降低。一如經濟學家巴瑞·諾頓（Barry Naughton）所描述，這製造了「政府未能對都會區居民履行某種隱性社會契約（social compact）的感受」。隨著整個環境日益開放，中國各地很多勞工與學生為了表達他們的不滿，開口索求更大的政治權力及更多的參與機會，其中最著名的是發生在北京心臟地帶人民大會堂（中國最主要的立法與典禮中心）邊的天安門示威活動。雖然當時某些中國領導人對勞工與學生的訴求也心有戚戚焉，但共產黨卻在一九八九年六月四日以暴力鎮壓了那一場民主派運動。

鄧小平的對手認為這場民主派運動證明了他們的反鄧立場有理，因為在他們眼中，這場運動是自由化（liberalization）的徵兆。接下來兩年，正統共產黨人企圖推翻改革主義者的計畫。中國經濟成長在天安門事件發生後幾年迅速降至一九七八年以來最低點絕非偶然。不過，疲弱的經濟成長最終使反對派的奪權行動失利，並讓鄧小平及他在執政的常務委員會裡的盟友得到復興經濟自由化政策的機會。這一次，他採取更強硬的政治手段。但即使到一九九二年，反對陣營還是繼續頑強抵抗，鄧小平著名的南巡主要就是為了一舉擊潰揮之不去的權貴阻力而安排。[6]

第二階段：中國的發展模型

到這個階段，討論中國經濟成長模型才算有意義。一九八九年的武力鎮壓後，政府從單純消極設法消除限制經濟成長的因素，轉為更積極地落實可創造快速成長的新政策。由於政治端缺乏改革，故共產黨只能藉由引導生活水準大幅上升來贏得大眾對當局的支持與認可。然而，這些新政策卻也開始衍生多種失衡，其中最重要的失衡是一般中國家庭所得占全國所得的比重漸次降到極端低的水準。

這個發展並不意外。烏克蘭裔經濟學家亞歷山德・格申克隆（Alexander Gerschenkron）在他一九五一年的傑作〈從歷史視角觀察經濟退步〉（Economic Backwardness in Historical Perspective）中主張，在歷史上，開發中國家面臨兩種關鍵限制。第一，或許是因財產權不明確、法律系統不可信，以及金融及政治體系不穩定等緣故，這些國家無法產生足夠的國內儲蓄來支應本國投資活動所需的資金。第二，基於與前述多數相同的原因，民間部門未能一貫地將投資導入具生產力的專案。

格申克隆的結論是，政府的干預可能可以克服這類限制。根據格申克隆的說法，政府可從民間部門累積資源，再利用那些資源興建國家迫切需要的基礎建設及製造設施，從而加速經濟的發展。在這種情況下，家庭消費將被壓抑，如此才能讓投資活動增長。在實務上，這意味勞工與退休者會直接與間接遭到課稅，以補貼中央政府主導的投資活動——這個發展策略當然非常適合不需要對選民負責的獨裁政權。[7]

過去一個世紀以來，幾乎每一個由投資驅動的經濟成長奇蹟都是依照這個劇本演出。一九三〇年代，史達林領導下的蘇聯工業化進程便是採用格申克隆的模型。在一九五八年至一九六二年間的大躍進時期，儘管最後失敗了，中國的毛派主義者也意圖實現類似的成果（一九六

圖四・二　中國從一九八九年就開始失衡（GDP 占比）

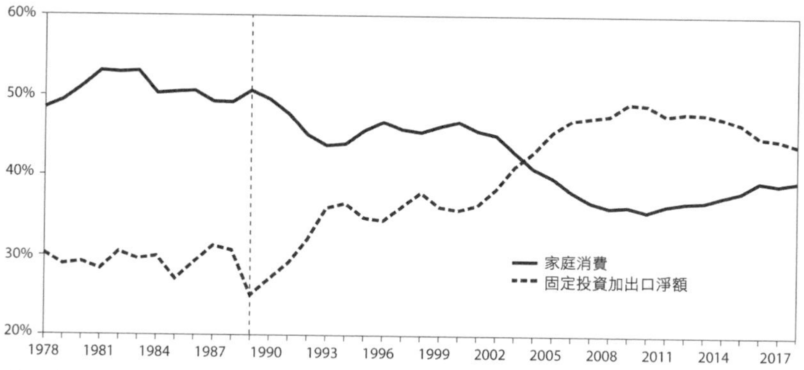

資料來源：中國國家統計局；馬修・克蘭恩的計算

〇年代至一九七〇年代，巴西軍事專制政權也嘗試使用這個模型，成果好壞參半）。日本是唯一在二次世界大戰後落實這個模型的主要民主國家。而在複製這個模型的所有國家當中，日本是最成功的一個，後來，軍事專制統治下的南韓也採納這個做法。

從一九九〇年代初期開始，陸續從這些國家的經驗記取教誨的中國政府為了補貼國內投資與外國消費，開始實施各式各樣機制來移轉一般中國民眾的消費力（spending power）。中國經濟的快速成長成功隱匿了中國勞工與退休者消費力遭到大規模移轉的事實。因為即使中國家庭消費占中國經濟產出的比重日益降低，家庭所得還是快速成長。至少在二〇〇八年以前，這對中國與其他經濟體之間的經濟關係產生了深遠的影響。在一九九〇年年代至二〇〇〇年代，中國人民消費占GDP比重的降低幅度遠比投資占GDP比重的增加幅度更大，於是，中國的多項內部移轉機制製造了一筆巨額的經常帳順差——到二〇〇七年至二〇〇八年，經常帳順差占中國全國產出的比重已達到一〇%左右。

中國政府使用的移轉機制之一是匯率。從一九八〇年代初期開始，中國官方便持續不斷地藉由管理匯率的政策引導人民幣對美元貶值，不過，那主要是因為舊的官方匯率高得不合理，因而限縮了政府管理金融外流的能力。一九九四年時，政府放棄這個政策，並以官方的力量壓低人民幣匯率，從五．八人民幣兌一美元貶值三分之一，至八．七人民幣兌一美元。到一九九五年年中，中國政府又設定了八．三人民幣兌一美元的硬性釘住（hard peg）匯率。接下來，當局一直嚴謹維持這個匯率，直至二〇〇五年年中。

這項政策造成人民幣的價值相對中國的經濟基本面而言逐漸被低估。中國一向採用與美元連結的匯率政策，即使美國（或世界上多數國家）的生產力成長率遠低於中國。於是，中國的出口對外國消費者而言變得愈來愈便宜，但在此同時，中國消費者以其勞力所得購買一切事物的能力卻遭到剝奪。這就是一種移轉（transfer），把中國消費者的財富移轉為中國製造活動的利潤——包括中國企業和美國、歐洲與日本企業合資的製造業。這項移轉足以解釋為何一九九三年還呈現經常帳逆差的中國，到二〇〇〇年代會累積那麼多的經常帳順差。到二〇〇五年中國開始允許人民幣兌美元緩慢升值時，中國的經常帳順差已達到GDP的六％。[8]

在採用匯率硬性釘住政策的那些年，中國人民銀行被迫花費數兆美元的資金來維持偏低的人民幣匯率，而到二〇〇五年以後，為了限制人民幣的升值幅度，它又耗費了不少資金在外匯交易上。箇中原因是每一個國家的經常帳與金融帳必須平衡，所得的流進（或流出）必須與儲蓄的流出（或流進）相等。中國的貿易順差非常龐大且持續成長，而當這類情況存在，中國儲蓄者的金融流出理應也會非常龐大且持續增加。然而，中國政府基於維持政治與金融穩定等理由，限制中國人將資金匯到海外。所以，實際上中國民間部門根本沒有金融外流的情事發生。在此同時，外國人則迫切渴望投資中國。結果，（民間的）金融帳非但未能抵銷經常帳，兩者反而互相強化。

通常匯率的自動調整會阻止這樣的情況發生。如果人民幣升值，外國投資人應該較無力負擔中國的資產，而人民幣升值也理應經由提高中國消費占GDP的比重，使中國的出口降低、進口增加，同時使儲蓄占GDP的比重降低。箇中的運作原理非常重要，有必要深入了解。幾乎所有家庭都是直接或間接的淨進口者，所以，較強勢的匯率能使家庭受惠。持續升值的人民幣實質上等於是強行將所得從製造部門移轉給家庭，而這項移轉能使家庭所得相對全國所得提高，同時使家庭消費相對國內生產的水準上升，或是使儲蓄相對投資的水準降低（這兩者是一體兩面）。

這些動力的交互作用理應使金融帳和經常帳互相抵銷。而中國人民銀行為了防止這個結果發生（譯注：防止金融外流），不得不製造一股正好能彌補中國民間部門金融帳和中國經常帳之差額的抵銷性金融流出。舉個例子，從一九九八年年初至二〇〇八年年底，中國累積的經常帳順差金額大約略低於一．四兆美元。若剔除中國人民銀行的干預，中國也擁有價值五千億美元的累積金融帳**順差**。抵銷條件是中國外匯準備（foreign reserves，譯注：即慣稱的外匯存底）的成長，正好在那段時間，中國的外匯準備增加了一．九兆美元，而那些資產就代表著中國家庭被移轉給中國出口製造業老闆的一．九兆美元財富。

蓄意操縱匯率，使匯率低於其基本價值的作為，理應不會對貿易收支造成極長期的影響，甚至完全不會有影響。因為照理說，當世界各國對中國出口的需求增強，中國的生產活動將會明顯增長，而中國生產活動的成長，理應使本國的工資及物價上漲，尤其當勞工強力要求因外國商品的高成本而獲得補貼時，本國工資與物價的上漲壓力會更大。中國工資的上漲理應使中國出口商品與勞務的成本（這是外國消費者必須負擔的成本）提高，並使中國消費者需要負擔的進口品成本降低。在那個情況下，無論外匯交易商的匯率報價高低，人民幣的實質價值都理應上升，從而抵銷中國人民銀行干預經常帳收支的行動所帶來的影響。換言之，通貨膨脹理應

圖四・三　中國經常帳順差在它的匯率低估之際，持續累積（人民幣的實質貿易加權價值，一九九八年一月＝一〇〇）。

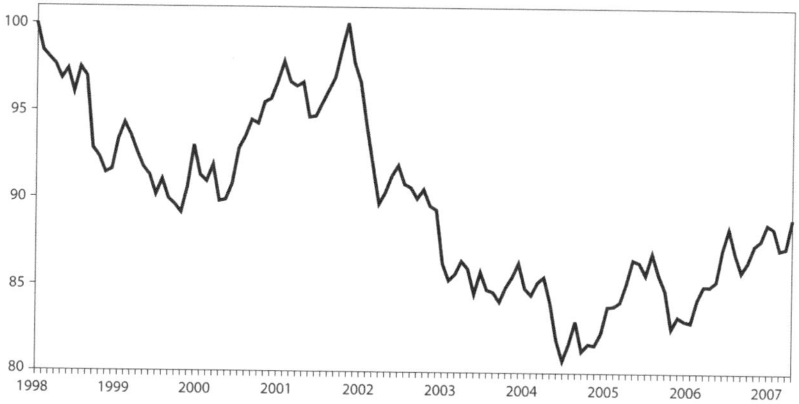

資料來源：國際清算銀行；馬修・克蘭恩的計算

能抵銷中央銀行購買外匯準備的行為對所得分配的初始影響。

然而，根據國際清算銀行的估計，一九九八年至二〇〇七年年底，中國調整通貨膨脹後的匯率貶值了大約二〇%。根據這個衡量指標，人民幣直到二〇一一年才穩定地高於它在一九九八年的水準。[9]

當然，通貨膨脹是衡量消費者物價的指標之一，而當時的中國政府早已決心全力壓抑消費，以支持額外的投資及出口。在這個時期，中國為了實現這個目標而實施的許多其他對策對巨額貿易順差的貢獻，甚至大於匯率操縱手段對貿易順差的貢獻。

其中很多對策是和監理有關。中國的財產權長年遭到漠視，地方政府因而得以向中國家庭徵收大量價值不斐的土地，再進而將那些土地轉賣給地產開發商。中央政府對地方黨委會提出的獎勵系統更助長了地方政府徵收土地的風氣。不僅如此，那些獎勵措施經常將公告的產出成長數值列為「重中之重」的首要之務，因此也使地方政府為吸引企業投資而罔顧污染和環境惡化等問題。中國一般民眾的財富與健康遭到剝奪，而權貴階級則從中受惠。一般民眾的生活水準成長幅度遠遜於中國的國內生產成長。從一九九八年年底至二〇一〇年年底，中國家庭消費的GDP占比降低了十五個百分點。到二〇一八年時，中國家庭的消費依舊低於中國總產出的四〇%——這項比率明顯低於世界上其他每一個主要經濟體。[10]

就壓抑消費的機制來說，一般人最不理解的機制之一是金融壓抑（financial repression），但這也是壓抑消費的最重要機制（然而顯而易見的是，過去幾年逐漸廢除的金融壓抑措施卻只局部逆轉中國國內的失衡）。中國人可用的儲蓄方法不多，除了在國營銀行存款，幾乎沒有其他儲蓄方法可使用。那些存款的利率被人為設定在非常低的水準，尤其若相對經濟成長而言，存款利率更是低得離譜。中國放款利率也遠低於市場機制下的正常放款利率，不過放款與存款之間的利差倒是還高到足以為銀行業者帶來保障利潤。中國的貸款活動受監理機關所限，信用被導向受偏袒的貸款人，這些貸款人的融資成本非常低，但缺乏良好政治關係的一般儲蓄者與貸款人的利益卻在這個過程中遭到犧牲。

換言之，金融體系製造了一股巨大且永續的移轉，將中國民眾的財富移轉給大型製造商、基礎建設開發商、房地產開發商與省級與地方政府。從二〇〇〇年起至二〇一三年前後的利率自由化展開前，每年的這項移轉大約價值中國年度GDP的五%。由於掌握特權的實體能取得便宜的資本，所以他們理所當然地展開大規模的投資狂熱，而這些實體在瘋狂投資的同時，通常幾乎不在乎投資專案的品質。[11]

中國政府也利用中國歷史人物秦檜所謂的「較低人權之比較利益」，成功壓制消費以補貼投資。政府的作法讓企業老闆在工資與福利的談判上占有顯著的優勢。在中國，勞動組織和敵對型工會是非法的。有意協助改善勞動條件的人，不論是律師或學生，經常被以危害社會秩序的名義逮捕。監獄裡的政治犯清一色是被民間製造業公司（從鞋類製造到電子組裝等）欠薪或薪資給付過低的勞工。[12]

中國政府也將罔顧勞工保障的獨特態度，延伸應用到數以億計從鄉村遷移到都市的農民工身上。拜中國的戶口制度所賜，這些勞工實質上等於是被自己的國家視為非法移民。在毛派主政時代，戶口制度的原意是要勞工留在家鄉務農，但後來這個制度卻限制了中國人搬遷到出生地以外落戶的權利。

地方政府拒絕強制執行阻止農村移民到都市就業的法律規定，因為這麼做對商業有利。然而，這些勞工還是永遠活在被驅逐的威脅當中，尤其是在最大且最富裕的城市工作的勞工，而由於被驅逐的威脅如影隨形，使勞工養成相對順從的習性。這一切的一切造成中國非金融企業勞工的工資僅相當於勞工產值的四〇%。對照之下，在其他多數國家，勞力約當企業附加價值（corporate value added）的比率接近七〇%。

中國的戶口制度還發揮了某種累退稅（regressive tax）的功能。無論勞工居住在何處，依規定都必須向國家社會安全系統繳費，舉凡醫療、教育、退休與其他津貼，都是由這個系統給付。然而，只有居住在正式戶籍登記地的中國人才有資格領取這些津貼。這樣的規劃使政府得以縮減對數以億個貧窮中國人的社福支出給付，即使這些窮人平常得繳稅支持相對有錢的地方政府。即使沒有諸如此類的扭曲政策，中國的官方租稅系統也是一種累退型租稅系統。經由個人所得稅系統課徵到的稅金僅相當於GDP的一%，相較之下，消費稅與社會安全稅稅金共約當GDP的一四%。這最終產生一個反常的邪惡結果：低所得者通常必須應付比富豪更高的稅率。[13]

犧牲勞工與儲蓄者利益來補貼生產的作法，產生了壓抑消費的必然結果，並迫使中國的儲蓄率上升到有史以來最高的水準。這並不是因為這些移轉促使家庭儲蓄上升，而是因為這些移轉將所得從較高消費的家庭（譯注：窮人）移轉給經濟體系裡較低消費（譯注：富人）的部門。這些儲蓄成了中央政府主導的大型基礎建設及製造產能投資計畫的財源。當一切順順利利，這個模型就是一個強大的發展模型，即使存在巨大的直接與隱藏租稅和移轉，它還是能成就極快速的經濟成長，生活水準也能隨之顯著提升，一如中國先前顯而易見的成績。

這個流程也改造了北京中央政府和中國權貴階級之間的關係。由於中央主管機關匯集全國的資源，並將這些資源配置給受偏袒的專案，一批不成正比地受惠於這些經濟成長政策的強大新利益團體快速崛起。這個新團體快速崛起的主要原因是，他們是中國藉由限制家庭所得與消費成長來補貼投資的種種對策的直接受益者。這個團體強力支持政府的政策，並為了完成北京當局設定的目標而積極競爭，因為愈成功的人將獲得愈多以間接補貼型式提供的獎勵，因此，「取得異常廉價信用的能力」迅速成為中國最寶貴的資產。

第三階段：從高投資到過度投資

任何一個不均衡的成長模型遲早會達到效率上的極限。中國經濟成長的第三階段是從一九九〇年代末期展開。一如既往，拜生產力提升、高度投資與鄉村勞工繼續流向都市等因素所賜，中國的根本經濟潛力繼續飛快擴展。然而，不同於早前幾個時期，中國此時的產出成長率已遠遠超過它的經濟潛力。直到二〇〇八年前後，這兩者之間的差異透過持續增加的貿易順差而被海外吸收。而在全球金融危機爆發後，中國政府為解決海外市場對中國製成品的需求崩潰的問題，更積極擴大國內投資。然而，由於具獲利能力的新投資專案並未相應增加，所以，政府積極擴大國內投資的作為，只是造成國內債務負擔無謂激增罷了。

要了解為何會發生這樣的狀況，有必要先理解「中國（譯注：官方）GDP成長目標」的重要性。而要了解為何中國GDP成長目標很重要，則必須了解做為系統產出（system output）的GDP成長與作為系統投入（system input）的GDP成長有何差異。在多數經濟體，GDP是衡量家庭、企業與政府產出的指標之一（這些經濟部門的支出規模多多少少都受到某種限制）。各國的官方統計人員會衡量前述各部門經濟活動的重要變化，並以GDP在一段期間內的擴張或萎縮金額，來報導那些變化。

不過，中國並不是採用這個作法。在中國，GDP成長對整個系統而言是一種投入。中國政府會在每一年的年初設定當年度預訂要達成的GDP成長目標，並提出要多少金額的成長才能實現國家的各項社會及政治目標，當然，「維持低失業率」是那些社會與政治目標之一。確切來說，為了實現這個GDP成長目標，中國當局會調整標準的經濟限制，使地方政府得以創造足夠的經濟活動，再搭配民間與房地產部門的經濟活動，共同拼湊出這個成長目標。

這個模式創造了強大但危險的誘因。中國的省級與地方政府控制了銀行體系的多數信用創造活動，而中國的銀行業者鮮少針對無力償債者的專案貸款提列減損。在這個情況下，若想要達成整體經濟成長目標，官員們只消要求國營銀行放款給他們偏好的企業，再由這些企業在必要時盡可能投資大量基礎建設、製造活動或房地產即可。沒有人會在乎那些投資是否值得，因為他們一心一意只想著支出的數量是否能創造足夠實現中央政府各項目標的GDP公告數字。

至少到一九九〇年代中期，這個誘因系統都沒有對中國造成明顯的問題，因為當時中國確實還非常缺乏基礎建設與製造產能。在那個時期，唯一可能對生產性投資構成重要限制的因素是儲蓄的成長速度。到那時為止，幾乎所有投資都能獲得遠高於相關投資成本的生產力提升利益。在那些情境下，最好的金融體系就是能最快速擴張的金融體系，而那必然也意味最好的金融體系是在選擇專案時最不會差別對待不同專案的金融體系——只要是符合黨的基本政治目標的專案都能得到融資，這就是中國當時的金融體系。這樣的金融體系稱不上經驗老到又稱職的資金管理人，而是極度善於取得中國國內激增的儲蓄（拜政府監理規定所賜），並卯力為每一個想像得到的投資專案提供廉價貸款的金融體系。

中國經濟體系和多數其他經濟體系之間的兩個主要差異，使中國的地方政府得以精準達到官方每一季與每一年的經濟成長目標。第一個差異是，地方政府不受硬性的預算約束所限，換言之，地方政府無須擔憂償債能力的問題，能投入幾乎無限金額到各式各樣不具生產力的經濟活動。而地方政府的確也有能力這麼做，因為銀行體系的多數信用創造就是受地方政府控制。第二個差異是，由於那些貸款獲得直接或間接的擔保，所以就算銀行的貸款對象（專案）無力償債，銀行業者也無須提列放款減損。在這種情況下，銀行業者當然也竭盡所能地提供大量新信用，讓地方政府有財源可為了實現GDP成長目標而大肆進行各式各樣的活動。

然而，到一九九〇年代末期，經過多年異常快速的投資成長，中國各地已愈來愈難找到明顯值得投資的生產性專案。於是，中國銀行體系根深蒂固的缺陷成了一個嚴重的局限因素。來自家庭儲蓄（像禁臠般被控制著）的廉價信用，被用來補貼許多無法創造足夠經濟附加價值的專案，換言之，那些專案連實際投資成本都無法回收。就這樣，中國終於達到投資的飽和點，一旦超過這個飽和點，投資熱潮將變得愈來愈沒有效益。

這聽起來或許有點令人意外，畢竟中國到目前為止還是一個低所得國家，而且，在不久前的一九九〇年代末期，它也還非常貧窮——當時中國的人均GDP和宏都拉斯與辛巴威大致相當。根據二〇一二年匯豐全球研究公司（HSBC Global Research）經濟學家的估計，中國每位勞工的資本存量（capital stock）總價值大約只有美國的六％。他們從這項研究歸納出的結論是：「中國必須增加投資，而非減少投資。」這些經濟學家毫無保留地假設中國應該盡可能從事最多的投資，直到它的資本深化（capital deepening）程度達到世界上多數先進國家的水準時為止。[14]

然而，相較於匯豐全球研究公司的前述結論，假設每一個國家都因國內制度的不同而有各自最適投資水準會更有幫助；何況拿富裕國家的人均投資水準來和貧窮國家的人均投資水準做比較，實在也沒有意義可言。唯有在低徵收風險、金融市場穩定、監理規定不流於唐突、契約能獲得履行，且遊戲規則不可能突然意外改變等特定社會與制度脈絡下，才有道理從事高風險的長期投資方案。擁有這些條件的國家自然比缺乏這些條件的國家更有能力吸收更高的人均投資水準。

因此，當一國的政府對人民當責（accountable）且受法律與強大文明社會所約束，它的資本存量應該會比其他國度高很多。對照之下，高貪污率、監理法規曖昧不清且法律規定流於武斷等問題，自然會對生產性投資構成阻礙。另外，技術因素也很重要。美國處理破產案件的系統較為寬容——這套系統的重點是要讓貸款人能有一個新的開始，相較於較保守的歐洲社會，美國的破產處理系統協助促進了創新的創業文化。相似的，專利的處理方式與員工在本國境內跳槽及搬遷的難易度，也會顯著影響一個社會的繁榮度。連無法量化的文化特質，像是對教育的重視程度乃至民眾信任外人的整體意願，都會對一國的最適有形投資水準產生極大的影響。[15]

換言之，並非所有經濟體都能有效地吸收相等金額的投資。貧窮的社會之所以貧窮，是因為那些社會的制度阻礙它們以更有效的方式吸收投資和勞動力，並不是因為它們缺乏建築物、機械和其他形式的有形資本，而貧窮使它們通常缺乏資本。

但真正為有形資本短缺所苦的社會只是例外的少數，而非常態。那些社會通常是正從天然災害或戰爭中復原的國家，例如一九四〇年代與一九五〇年代的歐洲、日本和韓國。另外，先進社會也會被有形資本短缺所苦，但這樣的個案較罕見（不過也值得注意），例如十九世紀的澳洲、加拿大和美國，當時這些國家在生育率過高與移民大增的綜合影響下，人口快速成長，因而發生資本短缺的問題。最罕見的例外是國內制度正快速轉型並使其最適投資水準大幅上升的社會，其中最好的例子是放棄共產主義後的中歐與東歐，不過，即使是那些國家的投資率都遠低於中國。此外，那些國家在兩次世界大戰爆發與被共產黨占領前早已是相對繁榮的國家。

中國究竟屬於哪一種？鄧小平和他的同僚在一九七八年掌權並展開經濟改革的流程後，中國顯然經歷了一次意義非凡的變遷。這些改革正好發生在中國一個世紀以來，首度得以長期享受國內與國際和平的時候。這一切的一切本應使中國的最適有形資本水準提高。然而，這些變

圖四．四　中國需要更多生產力成長（潛在生產力估計，一九八〇年＝一〇〇）

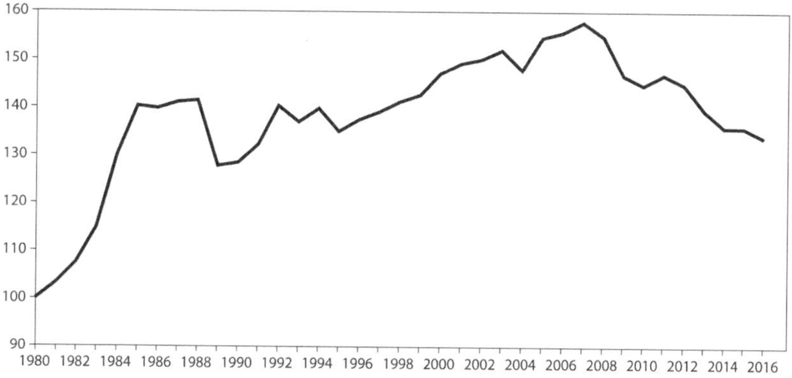

資料來源：伍曉鷹

化的意義不可能大到足以證明中國過去二十年大幅增加的投資是合理的。事實上，經濟學家伍曉鷹（Harry X. Wu）估計，自一九九〇年代初期至今，中國的潛在生產力並沒有上升。產出的增加單純是因為中國使用了更多機器與勞工來生產更多商品。由此便可理解為何若不仰賴外國需求、不大幅增加國內債務，中國經濟就無力成長。[16]

對中國來說，令人遺憾的是當地金融體系的設計，依舊是以盡可能快速擴大國內投資為目的，完全不考慮個別投資案的經濟效益是否合理。當地的基礎建設或製造產能投資的成本得到大量的隱性與公然補貼（利用移轉自家庭的財富），因此，中國根本沒有機制可約束或甚至揪出未有效利用的投資。在中國，任何能以看似有理的說詞自稱能滿足中央政府發展目標的人，絕對能取得廉價的信用。隨著這些既得利益者繼續貸款並濫建，他們的政治力量變得愈來愈壯大，並愈來愈堅定維護他們取得低成本貸款並進一步促進成長的管道。中國的政治生態扭曲了它的經濟，而它的經濟又反過來進一步更嚴重地扭曲它的政治生態。

要逆轉這些失衡將是非常大的挑戰。早在中國經濟體系因普遍性投資錯誤配置而受害的情況變得顯而易見之際，中國就理應修正這種以投資為領頭羊的成長模型；如果當初它選擇這麼做，結果應該會比現在好很多，而若中國真的選擇修正那個模型，它將成為歷史上獨一無二的個案。不過取而代之的，獲益於那種成長模型的既得利益者通常會想盡辦法耽擱重要的調整，中國的既得利益者也不例外。一如歷史上的每一個前例，中國的必要調整遭到長期延宕，債務也演變成嚴重的問題。中國不是例外。溫家寶總理雖早在二〇〇七年就承認改革與重新平衡需求的時機已到，但失衡的情況卻持續惡化，直到二〇一一年至二〇一二年都未見改善。

然而，近幾年中國中央政府終於開始朝正確的方向前進，著手處理這些問題。到目前為止，中央政府雷厲風行地限制信用成長，希望盡可能藉此降低投資支出。就整體信用成長而言，中國人民銀行偏好的衡量指標稱為「社會融資規模」（aggregate financing to the real economy）。在繁榮時期，整體信用的年度成長率遠超過二〇%。到二〇一六年，這項成長率降至一五%，而到二〇一八年，總信用成長率已低於一〇%。相似的，固定資產投資成長率從二〇〇五年至二〇一〇年間的每年成長大約二六%，降至二〇一五年的一〇%，乃至二〇一八年的六%。[17]

這是如假包換的進展，不過，目前中國的債務成長率卻還是繼續超過中國舉債能力（debt capacity）的成長率。即使到今日，政府還是為了維持國內支出水準而盲目地在偏遠的沼澤地興建地鐵站，並沒有為了提高家庭所得以及為小型企業創造更好的誘因而展開政策調整。中國政府的做法已對世界上其他國家構成一個挑戰。[18]

中國的失衡是否將再次震撼全世界

根據中國官方公布的數字，它的年度經常帳順差在二〇〇八年達到四千兩百億美元的高峰後便開始萎縮，到二〇一九年上半年，換算成年率的中國經常帳順差已降到大約一千九百億美元。無論是以絕對數字或相對中國經濟規模而言，中國的主要失衡之一似乎已經解決。不過，更詳細檢視就會發現，中國的外部再平衡進程非常脆弱，且隨時有逆轉的可能。勞工與退休者的財富持續遭到移轉，並導致中國的消費繼續受壓抑。一旦投資支出減緩但家庭支出卻未出現抵銷性的對應增加，中國的順差將再次擴大，這將對世界上其他經濟體造成損傷。

圖四·五　中國的過剩供給（中國的製成品貿易順差相對世界上其他地方的GDP）

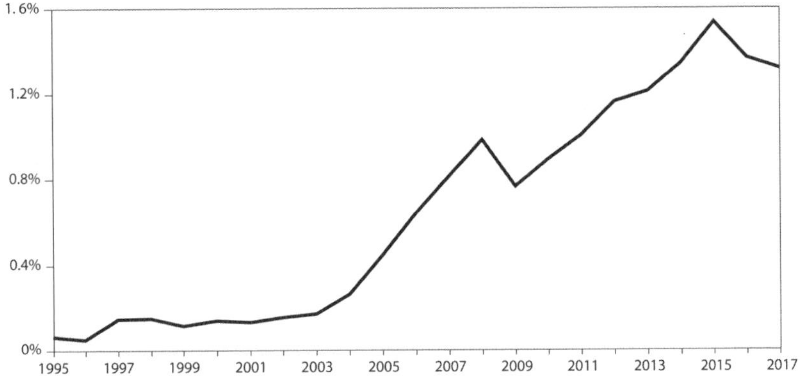

資料來源：國際貨幣基金；中國海關；布萊德·賽瑟（Brad Setser）

首先要注意的是，無論是就絕對數字或相對世界上其他經濟體的經濟產出而言，中國的製成品貿易順差已遠比二〇〇八年時高。換言之，中國的超額生產所造成的過剩供給非但沒有減少，反而進一步惡化，而中國的貿易夥伴吸收這些過剩供給的負擔也變得更加沉重。從這個視角來看，所謂的再平衡根本沒有發生。

令人意外的是，這是發生在中國製造業出口對中國經濟的貢獻已漸漸式微的時刻。在二〇〇七年至二〇〇八年間，中國的製造業出口大約達到GDP的三〇%，但目前這個數字降到只剩一八%。這個現象的局部解釋是，中國產出約當的全球產出的整體占比持續上升，所以中國貿易帳與經常帳收支的變化對中國國內經濟的意義與對其他國家的意義大不相同。

圖四．六　中國已採納某種進口替代策略（〔import substitution〕，中國人基於國內用途而花費在製成品進口的金額相對GDP的比重）

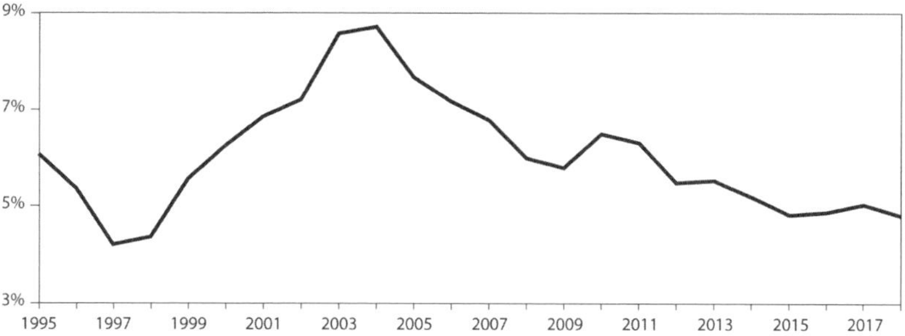

資料來源：國際貨幣基金、中國海關與布萊德．賽瑟

然而更重要的原因和中國對進口製成品的支出變化有關。一如所有國家，中國進口製成品的原因有兩個：一是利用進口的零組件製成品來生產最終成品，而這些成品最後將出口到其他國家，二是進口製成品來滿足國內投資與消費的需要。目前這兩種進口對中國的重要性都日益降低，這導致製成品進口總額約當中國GDP的比重，從二〇〇四年的二三%，降至目前的一〇%以下。這可局部解釋為何中國二〇一九年年中的整體貿易順差看起來絲毫未受美國的關稅影響。[19]

部分原因則是中國企業不再需要為了出口最終成品而進口那麼多零組件，因為中國國內的供應商漸漸有能力提供那些零組件。在二〇〇〇年代初期，中國的先進製成品出口值有三分之二來自海外，但如今中國先進製成品的價值多數來自中國本地的勞動力與資本。如今的中國勞工早已不是單純從事零組件組裝（將別處製造的先進零件組裝在一起）作業的低階勞工。在此同時，中國的國內產能也已非常能滿足國內的需要：最終製成品進口值約當中國GDP的比重，已從二〇〇四年的九％降至目前的五％以下。「二〇二五中國製造」的行動計畫明顯旨在加速這個進口替代流程。

進口替代的成功，局部是拜中國政府全面鼓勵中國企業以國內生產取代外國生產的政策所賜，只不過，這使中國消費者的成本增加。中國自二〇〇一年加入世界貿易組織以來，就小心翼翼地信守它對WTO的承諾，並遵從WTO裁判的決定。但中國經濟體系基本上可能和凡事依規定行事的貿易體系不相容，因為中國向來以黨領政，這個模式使政府掌握了支配企業的巨大力量。多數中國企業一開始就內設共產黨的小組組織，即使是非中國企業在中國設立的子公司也不例外。很多大型企業的高階主管（包括政府未掌握直接所有權的企業）都是共產黨黨員，理由很簡單——黨員的身分讓他們更容易獲得晉升與支持，但他們也因此不得不遵守黨的紀律。

即使是非黨員的高階主管，通常也會努力以北京當局的所有優先考量為重。法律學術界人士柯爾提斯．米爾豪特（Curtis J. Milhaupt）與鄭文通（Wentong Zheng）「發現百大民間企業中有九十五家、十大網路公司有八家公司的創辦人或實質控制者，目前或過去曾是中央或地方黨政組織（如人民大會和人民政治協商會議）的成員之一。」監理機關可就任何和那些高階主管有關的主題要求他們接受約談，而這樣的情事也確實屢見不鮮。中國的金融體系受國營實體支配，這讓黨掌握更大的獎懲力量，積極促進黨的目標的企業將獲得獎勵，而不願意配合黨的企業則會受到懲罰。米爾豪特與鄭文通提到，民間企業「在商業判斷上經常受政府任意干預的影響，幾乎沒有自主權可言」，因為「政府對民間企業行使巨大的法外（extra-legal）控制權」。[20]

正因如此，這個體系幾乎不用關稅也能將國內需求導向國內生產。政府可能經由直接命令的方式，要求企業高階主管採用中國供應商、捨棄外國供應商。這些工具讓中國政府得以進行一種現代版的李斯特國家系統，在這個「顯性關稅已被視為過時」的時代，那是非常合適的國家系統。這些作為的結果是：不同於其他國家，自二〇〇〇年代中期開始，進口對中國已愈來愈不重要。

我們可輕易拿中國的製造業貿易數據和表彰其他國家實際經濟活動的公告數字進行比較。但中國的整體經常帳順差數字並不適用相同的邏輯。根據官方公告數字，中國對其他國家的旅遊服務出口趨向停滯，但中國官方公告的旅遊服務進口數字，卻從二〇一二年的一千零二十億美元暴增到二〇一八年的二千七百七十億美元。雖然目前在海外消費的中國學生與中國遊客確實比幾年前多很多，但他們增加的消費遠遠低於官方數字所示的變化。紐約聯邦準備銀行經濟學家在二〇一九年提出的一份分析斷定，中國的國際收支數據高估了實際的旅遊服務貿易逆差

圖四．七　大逃亡（離開中國的資金，計算單位：每年，十億美元）

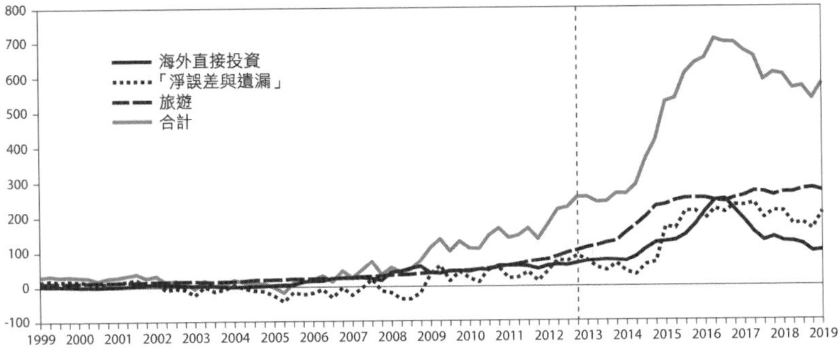

資料來源：中國國家外匯局，馬修．克蘭恩的計算

數字，「二〇一八年大約誇大了八百五十億美元。」

這個現象最可能的解釋是，很多被計為旅遊的支出其實是某種形式的資金外逃。就經濟意義來說，中國人到美國購買人壽保險或住宅（或將高價珠寶兌換成美元），並不等同於去度假與購買紀念品。旅遊支出的遽增是發生在習近平的反貪腐運動展開之後，箇中原因不言自明。旅遊支出的遽增也和中國的其他資本外逃指標有著明顯的關聯性，尤其是經常帳與金融帳之間的統計差異，也就是所謂的淨誤差與遺漏（net errors and omissions）。在二〇一五年至二〇一六年間，這類流出的年度金額達到七千億美元的高峰。[21]

中國政府以引導匯率貶值、拋售外匯準備與調整國內貨幣政策框架等所組成的綜合對策來調和這些流出。然而事實證明，那些對策依舊不足，也因如此，中國政府在二〇一六年至二〇一七年間漸進式地緊縮資本匯出控制。從那時開始，很多過去特別積極以公司名義在國內貸款再轉而購買海外資產的中國企業高階主管陸續被逮捕，也有很多企業高階主管最終在一些不尋常的情境下死於非命。[22]

這些數據顯示中國的外部再平衡進程並不像表面數字所顯示的那麼順利。儘管如此，中國人對進口原物料商品的支出確實增加了，尤其是黃豆、奶製品與肉類，而且中國人確實花比較多錢在海外旅遊與留學的用途。這對中國有利，也對世界有利。然而，由於中國債務過高與投資過度等所留下的遺毒甚深，所以中國到目前為止所實現的進展還是太脆弱。而且，雖然緊縮信用是中國內部再平衡的必要手段，但這最終也可能造成危害：在各種互補性改革措施還未成功達到提升家庭所得與刺激國內消費的目標以前，投資活動便已先被扼殺。若發生那樣的狀況，將產生國內需求遭到壓抑的淨影響。

那將進而產生兩個選項。首先，國內生產有可能呼應國內需求的降低而減少。在那個情況下，總所得將因實質薪資減少與失業率顯著上升的綜合影響而降低。中國的政治系統可能承受不了那種社會動盪的衝擊，就算承受得了，政府也沒有興趣冒險承擔這個後果。因此，較可能的結果是國內生產降幅將低於國內需求降幅，而那意味中國的貿易順差將因進口相對出口減少而進一步擴大。舉個例子，中國政府可能選擇引導人民幣貶值，或尋找其他方式將這個調整所造成的負擔轉嫁給世界上其他地方。不管具體的機制將是什麼，超額生產所造成的全球過剩供給都將惡化。從這個視角來看，中國的「中國製造二〇二五」行動計畫可視為一個旨在限制進口以便為即將降低的國內投資做準備的先發制人對策。

相似的，我們最好將中國政府對一帶一路倡議的決心理解為中國為管理其內部再平衡進程的利弊得失而想出的方法，而不是旨在爭奪領土或軍事基地的某種謀略。還記得嗎？在二〇〇八年之前，中國政府將購買力及商品出口給美國人和歐洲人，藉此應付本國產能過剩問題。當時的中國囤積了數兆美元的美國與歐洲金融資產，換言之，它為其他國家日益增加的債務提供財源，並因此避免了國內債務持續上升的命運。然而，等到美國與歐洲的貸款人達到其舉債能力上限，那個做法再也無以為繼。於是，中國政府改弦易轍，轉而鼓勵額外的國內投資，但這個對策也不是沒有代價——中國國內債務大增。誠如我們所見，事後證明這個做法一樣非長久之計，也因如此，中國政府已再次改變路線。過去幾年間，中國政府改弦易轍，將抑制國內信用成長與限制國內投資列為首要之務，只有少數情況例外。

因此，一帶一路的真正前途在於它將創造東南亞、南亞、非洲、中東、東歐與拉丁美洲等地對中國製成品與建設服務出口的新需求。中國的銀行業者將放款給外國政府，而那些外國政府將委託中國企業為它們國家興建港口、鐵道、電網、火力發電廠、電信網路等。到目前為止，一帶一路確實成功創造了海外對中國企業與中國勞工的需求。不過，中國並非沒有為此付出代價：中國經由一帶一路，把中國國內發展模型的很多缺陷出口到世界上其他國家。中國的放款人沒有對那些外國貸款人進行實地審查的積極誘因，因此，接受一帶一路的國家已對中國的銀行業者造成巨額的呆帳。另外，中國企業向來對它們的專案所造成的環保衝擊漠不關心。遲鈍的政治與文化敏感度已導致中國企業和東道國之間發生許多摩擦。即使那些問題都能一一克服，一帶一路國家的整體潛在市場（addressable market）也遠比北美和歐洲小。因此，中國妄想利用一帶一路來取代它失去的傳統出口市場（譯注：北美與歐洲）的如意算盤，實在不切實際到令人難以想像。[23]

這一切的一切都會顯著牽動中國經濟受當前貿易戰影響的程度。只要中國還擁有舉債能力，且中國政府願意使用這個能力，那麼，不管貿易戰的戰況有多麼險惡，中國對外公告的GDP成長率，這個用來衡量經濟活動，但不考慮這些經濟活動是否能增加財富的指標，就不會受貿易戰影響。然而，只要中國人無法自由進入出口市場，中國經濟的永續成長能力將受到影響，因為一旦如此，政府將可能為了因應這個問題而盲目鼓勵增加借貸，以支應愈來愈沒有效益的投資活動或是家庭債務所需的資金。這雖會使中國表面上對出口的依賴度降低，實際上卻會使中國經濟變得更容易受貿易戰傷害。截至目前為止，中國回應美國關稅的方式是提高它的進口替代、引導人民幣貶值以及（溫和）加速國內信用成長，其中包括家庭債務。[24]

第四階段：一九七八年的精神

到最後，北京當局勢必得在三個棘手的選項中做出抉擇：債務增加、失業升高，或是財富從權貴階級手上被移轉給一般家庭。更棘手的是，中國將必須在貿易順差承受巨大壓力的時刻管理這些取捨，因為這將使債務或失業上升的壓力增加。不管中國外部發生什麼情況，只要中國的銀行業者有能力繼續為額外的投資支出提供財源，中國政府還是能繼續推高經濟成長。然而，總有一天，中國將不再有能力以國內債務來換取較低的失業率，二〇一三年過後暴增的民間金融流出便是一個警訊。不管中國政府是否有蓄意操縱，中國的信用成長（以及隨著信用成長而來的投資成長）都將持續趨緩。

中國某些省分應該已經感受到相關的後果。中國經濟學家陳瑋、陳希路、謝長泰與宋錚在二〇一九年發現，中國各地（尤其是遼寧、內蒙古和天津）的官員從二〇〇八年起，便全面誇大各自轄區內發生的資本投資金額。他們捨棄以便宜的信用來刺激支出的標準作法，寧可說謊編造數字。這幾位經濟學家提到，「這三省的地方領導人近來在打擊貪腐的政策下遭到逮捕，而官方對這些領導人的指控之一是他們誇大了地方的GDP。」這項發展所隱含的正面寓意是，中國經濟朝消費再平衡發展的進程，有可能比官方數字所顯示的更顯著。不過，這當中也蘊藏不利的訊息：中國的債務可能已接近國民所得的三〇〇%，而不是官方所報導的二五〇%，這意味過去的投資品質必定比我們先前認定的更糟糕。而那進而又意味中國可能比想像中更接近它的舉債能力上限。[25]

中國政府面臨的挑戰是如何努力避免這個必然的結果導致GDP崩跌與失業遽增。無論如何，唯一的永續解決方案是經由提高國內消費來降低整個經濟體系對投資支出的依賴。那意味中國必須激烈調整財富與所得的分配，讓中國家庭買得起他們生產的東西。中國必須返還中國勞工與退休者被剝奪的一切，它必須秉持鄧小平的精神，徹底落實第二輪的自由化改革。

然而，一九八〇年代的改革和當今迫切需要推動的改革至少有一個重大的差異。雖然這兩套改革都應該能使實質生產力成長大幅改善，但中國接下來的調整絕對不可能再造鄧小平改革後立即實現的那種驚人高GDP成長率。箇中原因和債務有關，這應該顯而易見。鄧小平展開他的改革時，中國的債務水準遠低於今日，所以當他清除了導致中國人不願意從事高生產力活動的制度限制與扭曲誘因後，生產力隨即提升，並立刻以較高經濟成長的形式展現出改革的成果。

但高債務水準從三個重要的面向改變了較高生產力的行為的影響：

- 首先，高債務水準製造了一個不確定性：違約與還款的成本將如何分配的不確定性。雖然企業融資領域早已熟知如何處理這個問題，但傳統總體經濟學領域卻未對此有過著墨。重點是，當整個經濟體系債臺高築，這個體系裡的每一分子都會為了迴避承擔呆帳成本而改變他們的行為，其中，富豪會試著將資金匯到海外，企業則會縮減投資，工人變得不願意合作，而中產階級儲蓄者則會將資金撤出銀行體系，轉而購買硬資產（hard assets）等等，而各色人等的行為變化勢必會一步步損傷到經濟成長。中國的債務水準已經非常高，所以前述的很多財務困頓流程早已展開。在正式針對債務提列減損以前，旨在釋放生產力的改革不僅無法提高財富創造數量，反而會使財富創造數量縮減。
- 在過去，中國的省級政府是藉由超貸（貸款活動超過經濟體系的實際成長能量）的方式來達成他們的GDP目標。若他們無法以那麼低廉的代價舉債，GDP成長率理應遠低於表面公布的數字。這代表一旦債務水準趨於穩定，經濟成長率將大幅趨緩。此外，中國的債務水準已高到中國不得不將減債列為第一要務，光是穩定債務已經不夠。唯有經濟體系裡的所有資源（包括勞動力）都充分且有效率地得到使用，債務的增加或減少才會以成長率的變化呈現在我們眼前。債務曾是過去促進中國成長動能的要素之一，但如今它必須轉向，那意味GDP成長率將變得更加緩慢。

- 最後，由於中國銀行體系並未認列放款活動所造成的經濟損失，所以中國的GDP因呆帳金額而嚴重被誇大。除非一項投資所支持的未來消費與生產活動足夠證明因該項投資而花費的成本是合理的，否則它就不是值得進行的投資。由此可見，這項投資的融資貸款利率必須夠低，它才是值得的投資。中國的很多投資案未能達到那個標準：那些投資非但無法提升長期的經濟成長率，反而會導致金融體系的呆帳增加，並間接使長期經濟成長率降低（而除非進一步藉由剝削勞工與退休者來進一步補貼那些投資案，否則那些呆帳將無法回收）。然而，這些呆帳和不良投資案件的成本最終將被攤提到整個調整期，因此，這些成本必然會導致中國未來公告的GDP降低，而降低的金額將等於過去公告GDP被誇大的金額。

中國需要改革一事，已在當地凝聚了相當廣泛的共識，二〇一三年十月的中國共產黨三中全會就提供了至少部分的改革藍圖。中國已在很多領域創造了重要的進展，包括利率自由化、環境保護、醫療保險，以及一胎化政策。家庭消費相對總生產甚至也開始上升，只不過，家庭消費約當中國經濟產出的占比，還是遠低於二〇〇〇年代初期的水準。下一個重要的步驟將是如何把巨額的財富與所得，從權貴階級（尤其是中國省級與地方政府以及眾多國營實體）手中。移轉給家庭。這意味中國必須進行土地改革、戶口制度改革、租稅改革、民營化、工會合法化以及其他對策，好讓家庭所得在GDP成長率大幅降低之際繼續快速成長。[26]

此時此刻，有關中國的失衡，唯一的安全預測是：未來十年或二十年，中國的失衡將會被逆轉，那意味未來家庭所得的成長速度將大幅超越GDP成長。不過，這個結果可透過很多管道發生。漸進式的財富移轉將使中國人的生活水準在投資活動成長趨近於零或甚至轉為負成長的情況下繼續維持快速成長。未來中國家庭的所得與消費可能會達到每年五至六％的亮麗成長，而平均GDP成長率則將趨緩為三至四％。

然而如果反對前述移轉的意見逼迫中國政府以信用成長來取代改革，中國就有可能達到舉債能力上限。一旦陷入那樣的危險情境，經濟成長將更劇烈趨緩，甚至可能萎縮。但就算是這樣，中國的再平衡進程還是不會停止，因為屆時家庭所得的降低幅度將遠比GDP降幅小。美國在一九二九至一九三三年間的再平衡期間，總生產降低大約二六％，但家庭消費只下降一八％。對中國來說，相對較好的參考模型是一九九〇年以後的日本。當時日本政府的債務遽增，GDP成長降至趨近於零，但拜家庭儲蓄逐漸降低所賜，家庭消費穩定維持略低於二％

的成長。[27]

重點是，不管採用什麼方法，中國一定會再平衡它的經濟體系——所謂物極必反，所有的失衡最終都會自我逆轉。但具體的再平衡途徑將取決於政治體系如何與幾個無法並存的約束條件周旋。隨著中國的經濟繼續趨緩，北京中央政府將必須和中國各個不同權貴團體建立一種全新的關係。中國將會打造一些新機構來決定這個世紀後續時間的中國經濟本質。那個新關係與這些新機構將以什麼面貌出現，但憑個人猜想。最好的結果是權貴分子的所得被移轉給一般家庭：這個再平衡作業基本上應該能使中國不再那麼需要強迫世界其他地方來填補它不足的國內需求。

然而，有一件事是確定的。伴隨每一個經濟成長奇蹟之後發生的調整，其過程每每顛覆一般人的期望，尤其是看起來最顯而易見且廣獲認同的調整，而且那些調整所衍生的經濟困境，總是遠甚於最悲觀者的預測。所以，無論中國後續的調整將發生什麼事，悲觀預測那類艱困情境將重演還是比較妥當一些。

第五章
柏林圍牆的倒塌與「黑零政策」：了解德國的順差

一九八九年六月，就在中國共產黨為了宣示其威權而以暴力鎮壓民主派運動之際，與中國距離四千多英里遠的中歐與東歐，卻發生了一連串截然不同的事件。到那一年年底，超過一億位民眾獲得解放，自此擺脫了共產主義政權與蘇聯的控制，並融入西歐資本主義經濟體系，最後更徹底改造了德國的社會與政治生態——而德國的改變又對整個歐洲乃至全世界產生了極深遠的影響。

雖然前共產主義集團眾多國家和較富裕的西歐鄰國整合在一起後，最終獲益良多，但事實證明，很多東德與西德民眾在剛統一後那段時間經歷了非常嚴重的創傷。因為儘管最高位階勞工的所得迅速增加，多數其他德國人卻面臨工資立即縮水的命運，民眾的貧窮與不安全感上升，尤其是就業中的德國人。國民所得從勞工手中被轉移給資本的所有權人。為高薪資所得者減稅、遺產稅不夠高，以及縮減社會津貼等政策，加劇了前述衝擊。這種種問題產生了一個綜合影響：德國民眾的購買力被轉移給「支出遠低於所得」的實體，即有錢的家庭和他們控制的企業。儘管德國採行的路線和中國截然不同，它最終的處境卻意外和中國非常類似：富豪在階級戰中勝出，但其他所有人都被犧牲。

一如中國，德國因此無力吸收它生產的所有商品與勞務，並衍生了必須流向某處的結餘。在二〇〇八年以前，德國的超額儲蓄（**excess savings**）是流向歐洲其他國家的貸款人，而這些儲蓄的流出，多半是以德國銀行業者對其他國家銀行業者放款的形式發生。有錢的德國人將超額儲蓄輸出給德國的歐洲貿易夥伴，從而強迫西班牙、希臘、義大利和其他國家的民眾舉借他們實際上還不起的債務。到最後所有人才猛然發現，債權人或債務人皆因那樣的發展而兩敗俱傷，其中，債權人因不良資產而虧損了數千億歐元，而債務人則從那時開始就陷入歐洲現代史上前所未見的高失業惡夢。

由於德國的多項政策選擇導致國內支出變得更積弱不振，因此自二〇〇八年起，德國人的淨金融流出便未曾間斷。其中最重要的一項政策選擇是德國政府狂熱般地反對公共舉債行為，而這樣的態度便體現在「債務減速機制」（**debt brake**，德文為 *Schuldenbremse*）上。愈來愈強烈的「財政正確」（fiscal rectitude，譯注：即追求財政清明）傾向，不僅抵銷了此前幾年德國民間部門就國內不平等情勢展開的緩步再平衡歷程，甚至使不平等進一步惡化。在此同時，隨著德國政府熱切強迫鄰國實行它的經濟模型，德國的龐大順差也進而轉化為更加巨大的歐洲順差。

歐洲共產主義的末路

革命最先是從波蘭展開。一九八〇年時，格但斯克造船廠（Gdansk Shipyard）的工人組成一個名為團結工會（Solidarity）的獨立工會。一如中國，波蘭的共產主義政府認為所有獨立的群眾運動都有可能威脅到黨的壟斷勢力，於是，它在一九八一年實施戒嚴（martial law）。不過，和中國不同的是，波蘭的鎮壓手段失敗了。一九八八年，一波波罷工潮和愈來愈得人心且廣獲民眾支持的團結工會，逼得波蘭政府放下身段，展開協商。一九八九年四月五日，圓桌協議（Round Table Agreement）賦與獨立工會合法地位，並排定了允許團結工會參選的自由選舉時程，這讓團結工會有機會在選戰中和波蘭統一工人黨（Polish United Workers' Party）及它的盟友一爭高下。

波蘭在一九八九年六月四日舉辦了一九二八年以後的第一場立法機關自由選舉，那天正好是中國軍隊在天安門以武力鎮壓民主派運動的日子，這堪稱歷史上最大的巧合之一。即使六五%的眾議院（Sejm，即下議院）席次是保留給現任議員，團結工會還是在那一場選戰中占盡上風，它不僅拿下眾議院的全部改選（三五%）席次，而且只差一席就囊括剛成立的參議院的全部席次。到那年八月，團結工會成功說服原本支持波蘭統一工人黨的某些小型附庸黨派倒戈，並在總理塔德烏什·馬佐維耶茨基（Tadeusz Mazowiecki）的領導下，共同組成波蘭的第一個民主政府。這個新政權旋即推翻波蘭的獨裁體制，並以「震盪療法」（shock therapy）口號改革整個經濟體系。[1]

然而，匈牙利才是打破共產主義對東歐的把持力量的決定性功臣。相較於蘇維埃集團（Soviet bloc）其他成員，匈牙利的共產黨本就相對開明，它賦與獨立工會合法化的地位，也允許某種形式的市場活動和西方旅遊活動。儘管如此，一九八〇年代的匈牙利也和其他鄰國一樣，被相同的經濟動力所苦。當時由於來自蘇聯的補貼縮減，加上它必須償還一九七〇年代舉借的美元計價債務（當時美元極度強勢），所以，匈牙利政府的預算極度吃緊。

基於意識型態與縮減成本的雙重考量，匈牙利人在一九八八年決定停止監視匈牙利和奧地利的邊界（電子信號系統需要使用從西方國家進口的零件，而當時匈牙利的強勢貨幣（hard currency，又稱硬通貨，即保值的貨幣）極度匱乏）。於是，能自由到其他共產國家旅遊（但不能到西方國家）的東德人，遂開始經由匈牙利逃往奧地利，再轉進西德。匈牙利人逐步拆除邊界後，更在一九八九年九月十日正式宣布將不再幫助史塔西（Stasi，東德國家安全部，是促使東德人出走的元兇）追捕與遣返東德人。不過，在一九九〇年五月以前，匈牙利政府還是受共產黨人（後來更名為「社會主義黨人」）控制，但共產黨在自由議會選舉中落敗後便和平交出政權。[2]

大規模的海外移民潮迅速撼動了東德的專制政權。匈牙利開放它與奧地利之間的邊界後，東德政府的最初反應是禁止東德人到匈牙利旅遊，這旋即引發了每個星期一的抗議活動，那些抗議一次比一次激烈。此外，最初的制裁行動也未能阻止東德人借道捷克斯洛伐克（Czechoslovakia）逃往匈牙利。因此，東德政權在一九八九年十月關閉它和這個鄰國兼表面上的盟友之間的邊界。長期把持東德且向來批判蘇維埃與匈牙利人過於軟弱的獨裁者埃里希·昂納克（Erich Honecker）下令軍隊與史塔西鎮壓預訂在十月九日當天舉辦的抗議活動。但他並未如願，取而代之的，軍隊與史塔西拒絕開火，並轉而支持另一名較不殘暴的共產主義者，昂納克因此被迫出走。

昂納克遭到驅逐，助長了更多示威抗議行動，每次參與示威活動的人數更是日益增加，最後更達到近五十萬人之譜。到十一月一日，東德人決定撤除他們和捷克斯洛伐克之間的邊界管制，幾天後，捷克也撤除它和西德之間的邊界。到那個時點，東德政府才終於體察到，這與放手讓東德人直接進出西柏林無異。撤除捷克邊界的政策調整於一九八九年十一月九日正式宣布，吸引了數十萬位準移民聚集在柏林圍牆的東側。當天軍隊再次拒絕開火，圍牆也終於被突破。到那年十二月，執政的德國統一社會黨（Socialist Unity Party of Germany）開始和反對分子協商，並正式放棄馬克思—列寧主義（Marxist-Leninism）。

中歐與東歐革命成功的主要因素是蘇聯缺乏干預的資源與意願。一九五六年（匈牙利）、一九六八年（捷克斯洛伐克）與一九七九年（阿富汗）時，蘇聯幾度為了保護附庸國的傀儡政權而入侵那些國家，但不同的是，到一九八〇年代時，蘇聯人並沒有這麼做。從蘇聯的金融財富變化，便約略可理解為何他們不出手干預。當時儘管蘇聯和歐洲與美國之間處於冷戰衝突狀態，它還是相當仰賴來自歐洲與美國的進口穀物（蘇聯是以出口能源以及少部分的黃金儲備所獲得的強勢貨幣來支付進口穀物的費用）。一九六〇年代時，石油與天然氣價格相對小麥價格上漲五〇％以上。到一九七〇年代，能源價格相對小麥價格更是上漲了四倍。這使蘇聯的國際購買力顯著提升，也讓他們有能力侵犯其他國家、修補共產主義體系的內部缺陷，並使政府勇於向西方國家的銀行業者舉借高額的美元計價債券，以便應付額外的進口費用。

然而，自一九八〇年至一九八八年，石油價格相對小麥價格與美元重挫了三分之二，金價也崩跌。這導致蘇聯人愈來愈難以維持他們在西方的軍事姿態、愈來愈難以負擔參與阿富汗戰爭的成本，也愈來愈難以正常履行它在一九七〇年代大肆舉借的外國債務。此時若要應付任何額外的支出，都需要對國內進行殘酷的擠壓。在蘇聯，當局的確有可能為了支持軍事而壓低生活水準，畢竟史達林就曾這麼做，但這需要對國內展開大規模鎮壓，而在一九八五年躋身黨領導地位的米哈伊爾．戈巴契夫（Mikhail Gorbachev）並沒有興趣這麼做，或許他也沒有能力這麼做。取而代之的，戈巴契夫的優先考量是採取軟化版的專制政權，同時修復蘇聯和西方國家之間的關係，而這樣的態度賦與了中歐和東歐民眾一面希望之窗。[3]

德國的重建

當柏林圍牆在一九八九年十一月倒塌，一般人並沒有料想到兩德會那麼快速統一。一般咸認，最大的障礙和外交有關：德國的分裂使旨在正式終結二次世界大戰的和平條約未能落實，然而，統一後的德國必須建立「一個足以實現這項宗旨的政府」，與原同盟國協商和解方案。除此之外，當時很多西德人並不願意支付統一的成本，因為東德的生活水準還不到西德的一半。要達到兩德生活水準近乎平價（parity）的程度，將是一個巨大的挑戰，恐怕需要好幾個世代才能完成。[4]

不僅如此，某些東德人也想維持獨立的身分認同與政治文化。於是，當時執政的統一社會黨迅速自行更名為民主社會主義黨（Party of Democratic Socialism，簡稱民社黨），並承諾秉持較溫和的左派主義。當時的民社黨領袖是一位改革派人士，他反對統一社會黨前輩所秉持的專制鎮壓文化。為取得東德統治權的合法性，民社黨的幾位領導級人物滿心期待能在自由選舉中獲得良好的表現。

不過，實際上的發展並未如他們所願。十一月二十八日當天，也就是柏林圍牆倒塌後不到三週，西德總理海爾穆．柯爾（Helmut Kohl）向聯邦議院（Bundestag）提出一份「十點計畫」，這項計畫旨在進一步整合西德與東德。最重要的是第五點，當中表明，若東德願意成為一個民主國家，西德已做好「以打造聯邦政府為目標，在兩德之間發展同盟結構」的準備。儘管美國人迅速表態支持柯爾這個促進統一的計畫，英國人、法國人和蘇聯人卻不怎麼滿意。因為雖然歷經了幾十年的和平，他們對德國的民族主義傾向依舊憂心忡忡。然而，考量到當時東德內部的改變，他們最終也幾乎無計可施。

那些內部變化部分是受財務相關的問題所激化。一如東方陣營（Eastern bloc）的其他國家，東德背負了太多它根本無力清償的外幣債務，尤其是在東德民眾持續移居外國的情況下。更糟的是，東德需要仰賴持續不斷的融資活動才能應付出口與進口之間的失衡。西德雖提議援助，但除非東德採行激烈的改革，否則西德不會輕易出手相助（這聽起來很耳熟）。誠如柯爾的說法，「唯有在接受援助後展開經濟體系的根本改革，援助才是有效的。」西德的納稅人並不願意把錢虛擲在「穩定已風雨飄搖的情勢」的用途上。因此，為了取得進口必需品所需的資金，東德勢必得改變。[5]

後來東德確實推動各項改革。政治體系的迅速自由化，促成了東德有史以來第一場（卻也是最後一場）自由選舉，那場選舉在一九九〇年三月十八日舉辦。拜柯爾與西德政府的積極支持所賜，中間偏右的德國同盟（Alliance for Germany）贏得幾乎半數的議會席次。曾在選戰期間提出快速統一計畫的洛塔・德梅基耶（Lothar de Maziere）成了東德的新總理（但也在那一年年底因被控為史塔西提供情報而退出政壇）。至於民社黨，則僅僅獲得大約六分之一的普選票，其餘的選票都流向其他反對黨。選後德國同盟、社會民主黨（Social Democrats，簡稱社民黨）以及自由黨（Liberals）共同組成一個國家團結聯盟，並立即就統一條件與西德展開正式談判，同時與二戰時代的同盟國列強協商二次世界大戰的和解方案。到一九九〇年十月三日當天，東德正式走入歷史，所有組成東德的憲法邦都被正式納入擴編後的聯邦共和國（Federal

Republic，即西德）。[6]

經濟過渡期甚至比政治端的變遷更快展開。一九九〇年六月十七日當天，西德接手剛成立不久的「託管局」（Treuhandanstalt），這個機構的業務是管理東德大約一萬兩千家公營企業，並負責推動這些企業的民營化。這些企業合計共雇用了大約四百萬人。德國聯邦銀行（Bundesbank，譯注：德國央行）、西德幾家最大型的商業銀行業者與工業企業，以及其他西歐企業都派員參與這個託管局。他們最初是希望能藉由西方管理專業人士的協助，讓東德的多數產業獲得永續經營的財務能力。

根據計畫，出售資產的利潤理應足夠應付託管局的業務所需，並為在企業重組過程中失業的民眾提供援助。到六月底，兩德已廢除所有雙邊移民、貿易與投資障礙。

七月一日當天，西德馬克取代了東德馬克。儘管工資、退休金和其他契約將溯及既往，兩德匯率的取捨還是引起激烈的辯論。在柏林圍牆倒塌前，黑市的匯率原已接近一〇：一，只不過，經濟學家認為差異如此懸殊的匯率主要是東德人對特定西方消費品（東德對這些消費品課徵非常重的稅賦）的熱烈需求所致。德國聯邦銀行認為二：一的匯率能防止西德的通貨膨脹無謂上升，同時也能保護東德的產業。然而，柯爾卻認為基於許多政治理由與多數目的，有必要採納一東德馬克兌換一西德馬克的決策。

這個決定部分也是為了阻止東德民眾大量遷移到西德。從柏林圍牆倒塌後，已有大約五十萬民德國人跨越邊界來到西德，想當然耳，接下來必然有更多人會到來。這些東德人通常比較年輕，且教育程度高於繼續留在東德的民眾。如果年輕人持續離開東德，將對當地的經濟造成傷害。而一旦匯率訂得太低，勢必會加劇這股移民趨勢，因為在當時，「如果西德馬克不來，就換我們去投奔它。」已成了東德相當風行的口號。

然而，若匯率訂得太高，則可能壓垮東德經濟，到最後還是會逼得失業的東德人到西德找工作。為制止那股潛在的人流，西德將它的社會安全體系與租稅系統延伸適用到東德。採納這項政策的理由之一是希望由聯邦政府出資的寬大失業津貼、提早退休補貼、政府退休金、醫療與其他社福支出等，能夠消除東德人搬到西德的欲望。這些福利最終成了將所得移轉給聯邦共和國各個新成員（邦）的主要工具。事後因這個社會安全體系的永續性而起的諸多辯論，隱約透露出西德人不樂意支持東德失業勞工的態度。

當時，德國經濟學家彼得·伯芬格（Peter Bofinger）極力主張採納一：一的兌換匯率，並提出一個令人無法反駁的辯護意見。東德勞工的工資遠低於西德勞工，而德國聯邦銀行主張採二：一兌換比率的理由是，該行的分析假設東德雇主不會向聯邦社會安全體系提撥款項。在計入那些提撥款後，一：一匯率下的勞動成本落差已相當接近兩地的勞工生產力差異，剩餘的缺口只要透過「未來的工資談判」便能弭平。誠如伯芬格的說法，「（德國貨幣同盟）成立後，東德人的實質所得以及東、西德的實質所得差異一開始將幾乎維持不變，即東德的實質淨所得大約比西德低五〇％。」此外，若選擇任何其他匯率，「將使東德流向西德的勞工劇烈增加」因為東德的生活水準將會崩落一半以上。[7]

不過，問題出在兩德統一後那些「未來的工資談判」，許多工資談判的過程問題叢生。西德各地的工會為防止雇主將工廠搬到東德，有意促成東德積極加薪，他們希望在一九九〇年代中期達到兩德工資平價的目標。東德人當然樂意接受這個訴求，因為企業賺不賺錢根本不甘他們的事，畢竟他們無從參與利潤的分享，而且，他們也假設透過託管局負責處理相關事務的西德企業高階主管做事自有分寸。在此同時，那些企業高階主管也非常樂於犧牲東德的產業來迎合西德工會的要求，因為這麼做能讓他們在祖國市場贏得好名聲，而且橫豎政府最終將介入承擔所有成本。到一九九一年時，這些訴求導致東德的勞動成本大幅上升，若以時薪除以每小時產出來衡量，東德的勞動成本已比西德的勞動成本高五〇％以上。

東德在兩德剛統一後的不合理工資調漲，使當地的工業型企業注定面臨重整的嚴酷命運。當時美國經濟學家判定「在組成工會後，『能生存下去』的企業所雇用的勞動力，僅占總勞動力的八％，而『生存下去』的定義是指營業收入足夠支付短期變動成本。」於是，一九八九年年底至一九九一年年初，東德的製造業產出重挫了三分之二。到一九九二年時，德國統一後的失業勞工幾乎有一半是剛被納入聯邦的東德民眾，儘管當時那些東德邦的人口僅占德國總人口的一九%。諷刺的是，高工資政策原本旨在防止東德民眾西移，但因這個政策而造成的失業，卻又促成了西移風潮：到一九九四年，已有整整六%的東德人口到西德。[8]

這對託管局造成很多問題。最初對東德資產的「錢景」寄予厚望的人很快就失望了，因為事實清楚顯示，多數東德資產僅具備廢棄價值（scrap value）。前述的民營化計畫非但未能產生營業收入，反而讓政府賠上幾千億西德馬克。西德當然不願意永無止盡地支付補貼，所以，它對託管局施壓，要求它盡快出售資產，而在這股壓力之下，託管局經常不得不賤價出售那些資產。到一九九五年時，託管局持有的企業幾乎全數被出售殆盡，沒賣掉的也被分配給各個不同的機關，而未實現損失則由聯邦政府正式吸收。此時東德已大約有一半的勞工在西德人或外國人持有的企業任職，另外，大約二〇%是在統一後才成立的企業工作（剩餘的多數人早就失業）。[9]

結果，很多東德勞工養成依賴救濟品的習性，也有很多東德勞工在原雇主重整後被迫轉職從事較低薪的工作。有些人（女性不成比例地居多）搬到西德，而沒有西移的人（不成比例地以低學歷男性為主）則因缺乏就業機會以及無法找到結婚對象而變得愈來愈憤世嫉俗。在此同時，根據經濟學家的估計，到二〇〇〇年代初期，西德的生活水準因兩德統一而（比不統一）降低了大約八%。[10]

儘管衍生前述巨大代價，統一大致上還算成功。前東德持續因獲得國內其他地方的移轉與其他因素的支持，目前當地的生活水準幾乎完全趕上西德，其中尤以平均壽命最為明顯。和北義大利及南義大利、英國北部與英國南部，或是美國前南部邦聯與美國其他地方等地的所得落差相比，東德與西德之間剩餘的所得落差已是微乎其微。失業率大幅降低。從一九九〇年代初期開始，東德的製造產出增加一倍以上。較低的生活成本更吸引許多藝術家和其他人士從西德移民到東德的某些城市。[11]

歐洲病夫

統一的代價最初並不是顯而易見，尤其對西德而言。事實上，兩德統一後的初始效應是一波支出熱潮：從一九八九年年初至一九九一年年初，西德經濟平均每年成長五·七%。然而，那是一波短命的成長。從一九九一年年初至一九九七年年底，統一後的德國平均每年經濟僅成長僅一·三%。那是一九五〇年代以來最糟且最漫長的低速成長期。

圖五・一　大崩潰（德國建築業活動，一九九一年一月＝一〇〇）

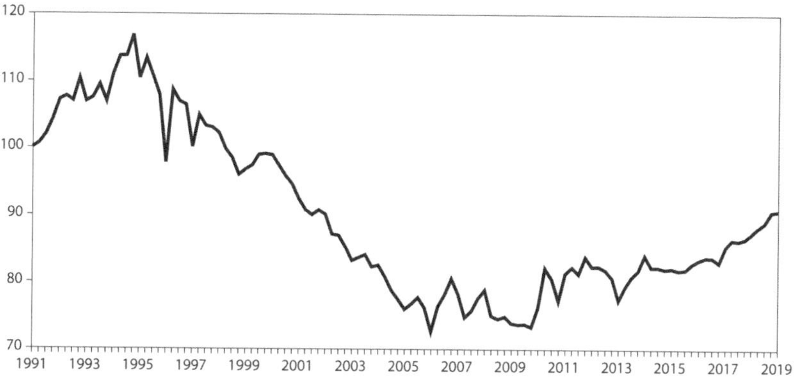

資料來源：德國聯邦銀行；馬修・克蘭恩的計算

這段期間經濟表現令人失望的原因有幾個，其中最顯而易見的理由是政府的撙節立場。德國的通貨膨脹從一九八〇年代中期的每年大約一・五％上升到一九九〇年代初期的約略五％，這局部是統一後的短暫繁榮所造成。通貨膨脹的走高促使德國聯邦銀行將貼現率從一九八七年底的二・五％提高到一九九二年年中的接近九％——達到德國在一九四八年成立這家戰後中央銀行以來最高的貼現率水準。繼貨幣緊縮政策之後，財政政策也迅速趨於撙節。德國政府一絲不苟地遵從在《馬斯垂克條約》（*Maastricht Treaty*，一九九二年簽訂）中所立下的承諾，努力防止預算赤字失控，所以，它在一九九二年至一九九八年間積極刪減了近二〇％的基礎建設投資與維護支出。

撙節立場雖有效抑制通貨膨脹，卻付出了經濟成長減速的代價。高利率與緊縮的預算對建築部門造成特別沉重的壓力。建築活動在一九九四年達到高峰後，連續不間斷地下滑超過十年。從一九九〇年代初期至一九九七年，德國的整體投資支出幾乎只有持平。表現相對較亮麗的領域是消費支出，在那個時期，平均每年的消費支出成長率大約比通貨膨脹高二%。然而，那或許是拜家庭儲蓄率大幅降低所賜。[12]

東歐的解放令人憂喜參半，同時也加劇了德國國內投資的下降趨勢。對德國的工業型企業來說，東歐高達一億人的新顧客著實令人振奮，不過，他們的自由也意味將有數千萬名低成本勞工隨時聽候德國差遣，其中很多人會說流利的德語。在二〇〇〇年時，典型德國製造業勞工的工資大約是典型斯洛伐克製造業勞工的九倍。這個巨大的勞動成本差異，遠遠超過這兩國的勞工生產力差異。面對這樣的變化，德國企業開始將就業機會與生產活動遷移到中歐與東歐。歐盟在一九九七年同意展開德國東方各鄰國（與賽浦路斯）加入歐洲聯盟的流程後，緊張局勢變得更一觸即發。其中多數東歐國家是二〇〇四年加入歐盟，保加利亞和羅馬尼亞則到二〇〇七年才獲准加盟。成為歐盟成員國後，那些國家和德國製造業供應鏈的其他環節之間的貿易或投資障礙也從此消失。[13]

雖然近三十年間，德國境內製造的汽車數量幾乎沒有增加，但目前德國汽車製造商的汽車生產總數，已較兩德統一後不久時增加一倍以上。一九九二年時，德國企業在德國境內生產的小客車大約是四百九十萬輛，在德國境外生產的數量則大約是兩百萬輛。到二〇〇〇年時，德國企業的小客車生產量已達到一千萬輛，增產的部分幾乎全部來自那些企業設在其他國家的工廠。德國境內的產量僅小幅成長到五百一十萬輛。到二〇一七年時，德國企業的小客車生產量共大約是一千六百五十萬輛，其中一千零八百萬輛是在德國境外生產。

儘管那些汽車製造商的部分額外產量來自美國、墨西哥和中國，但多數還是在中歐與東歐生產。二〇一七年時，德國車廠在捷克、匈牙利、波蘭、羅馬尼亞、斯洛伐克與斯洛維尼亞的工廠，生產了大約四百一十萬輛小客車與商用車。這些數字還短報了外包的規模，因為這些數字並未計入用來組裝成品車的進口零件。如今德國汽車的大約一半產值來自進口零組件。[14]

遷廠的威脅使德國雇主掌握了壓制國內工資水準的利器：如果德國的工會對雇主施壓，要求雇主提高工資，企業乾脆就把就業機會和工廠遷移到位於數百英里外的東歐國家。在一九九一年至二〇〇〇年間，前西德製造業勞工扣除通貨膨脹後的工資中值（median）僅成長五%。這些發展意味工會對德國勞工的助力已明顯沒落，所以，早在一九九〇年代，工會會員數量就已遽減了三分之一。在此同時，整個產業的集體協商力量遭到所謂的除外條款（opening clauses）稀釋，因為這項條款讓地方工會代表可選擇依照個別公司預設的條件來協商。到一九九〇年代末期，多數繼續參加德國工會的勞工都已適用這些較寬鬆的勞資契約條件。

當然，工會的優先考量是保住就業機會，因此難免得在加薪方面有所讓步。儘管如此委曲求全，它們還是失敗了：在一九九三年至一九九七年間，德國製造業雇用人數減少一五%，西德的失業率則穩定從一九九一年的大約五%上升到一九九七年年底的近一〇%。整個德國流失了三百萬個全職就業機會，但新增的兼職就業機會只有一百萬個。在此同時，多數勞工眼睜睜看著實質工資降低，一九九〇年代期間，實質工資只是逐步降低，但到二〇〇〇年代，實質工資降幅顯著加劇。這對德國男性來說尤其煎熬，因為擁有全職就業機會的德國男性不成比例地低，而且失業人口主要是男性。由於就業人數減少、全職轉為兼職，以及工資缺乏成長等因素的共同影響，一九九五年至二〇一一年的十餘年間，德國勞工的實質酬勞與津貼收入幾乎沒有成長。[15]

大約就在此時，德國與國際評論家開始為德國封上「歐洲病夫」的臭名。這個臭名不是令人失望，而是令人驚恐。一九九七年四月二十六日，特立獨行的德國總統羅曼・赫佐格（**Roman Herzog**）發表了一篇不尋常的演說，他在演說中警告德國人有在「巨大的全球競賽」中落敗的危險。冷戰的結束、亞洲的快速現代化，以及來自美國的新先進技術等，意味「世界市場正重新分裂，二十一世紀的繁榮展望亦將不同於過往。」根據赫佐格的說法，問題的癥結在於德國人仍舊懷抱著「政府資源取之不盡的迷思」，因此「對政府的要求太多。」德國人依賴政府成性，並因此變得懶惰、沒有創造力且害怕改變。

根據赫佐格的看法，解決方案是「一套適用於未來的社會契約。」他說，這將需要改革「多年來累積的全部應得社會權益——沒錯，我是指全部。」在赫佐格眼中，商業去管制化、失業津貼刪減、較低租稅與較低工資，都是確保德國國家存亡的必要改革。誠如他所言，「整個世界正持續前進，它不會停下來等德國趕上。」赫佐格的演說就像是一篇預告，後續發展和他的觀點幾乎如出一轍。令人意外的是，落實這項計畫的竟是聯邦共和國有史以來立場最左傾的政府。[16]

德國在一九九八年舉辦聯邦選舉，這對社民黨來說是一個絕佳時機。從一九八二年起，德國向來是由基督教民主聯盟（Christian Democratic Union）、基督教社會聯盟（Christian Social Union）以及自由民主黨（Free Democratic Party）組成的聯合政府共同執政，這個聯合政府的立場是中間偏右。柯爾連續擔任十六年的總理，是現代史上在位最久的民主國家領袖之一。在德國歷史上，只有俾斯麥的總理任期比柯爾更長。然而，一九九〇年代的經濟災難導致柯爾動輒遭到左派分子的攻擊。當時，基督教民主聯盟、基督教社會聯盟與自由民主黨所組成的聯合政府，早就因一九九四年聯邦選舉的結果而頭痛不已——那場選舉導致他們在聯邦議會的席次從六〇%的絕對多數，減少到勉強過半。

到一九九八年，情勢進一步惡化。社民黨領袖格哈德．施若德（Gerhard Schroder）為柯爾冠上「失業總理」的名號。這一招在選戰中奏效：社民黨創下了一九七二年以來最優異的表現。社民黨與其盟友綠黨（Green Party）所代表的中間偏左聯盟，共同拿下超過五一％的聯邦議會席次。中間偏右的黨派只贏得四三％的席次，剩餘的席次則被前東德共產黨的接班人拿下。[17]

這一場選舉正好是在德國國內投資活動開始短暫復甦後舉辦。一九九七年至二〇〇〇年間，機械與設備投資每年成長一〇％，大約是此前三年的成長率的三倍以上。建築業景氣逐漸緩慢降低的趨勢也在一九九八年至二〇〇〇年間暫時打住。民間的淨固定投資成長五〇％，而拜家庭儲蓄率再次降低等原因所賜，消費支出加速成長。這些因素共同造就了德國自統一後最長的內需成長期。影響所及，經過多年的停滯，一九九七年年底至二〇〇〇年中，德國共增加了兩百萬個就業機會。而隨著經濟終於開始成長，赫佐格那一番訴求激烈改革的意見，似乎也變得比較不是那麼攸關重大。[18]

遺憾的是，一九九〇年代末期的榮景其實是受德國版的科技泡沫所驅動。在大西洋另一端，美國企業也同時展開了一波強度不相上下的科技狂熱。位於法蘭克福的德意志交易所（Deutsche Borse）在一九九七年開辦了堪稱歐洲那斯達克（Nasdaq）的「新市場」（Neuer

Markt）。這個新交易所將成為時尚高成長型企業的交易中心。在泡沫逐漸生成那段期間，新市場掛牌股份的表現極端優異，漲幅甚至達到那斯達克一〇〇指數的四倍之多。新市場在二〇〇〇年三月創下最高點，當時該交易所掛牌企業的總市值接近兩千三百四十億歐元，雖然以美國的標準來說，這個金額只能算是小兒科，但相對整個德國股票市場而言卻相當大。

由於基本面評價過於高估，加上商業週期反轉，情勢一觸即發。最後，這個泡沫終於在幾場醜聞（包括內線交易、操縱股價以及捏造盈餘等醜聞）爆發後不久破滅。到二〇〇二年，新市場掛牌企業的總市值衰減了九五%。於是，德意志交易所宣布將在那年九月關閉這個交易所。[19]

股票市場的不理性行為因一波貸款熱潮而變得更加狂妄。一九九七年年初至二〇〇一年年底，德國非金融企業的債務增加了二五%。這些企業的經常帳逆差約當經濟規模的比重，從一九九八年的二%暴增到二〇〇〇年的七%。遺憾的是，當時的所有投資機會都不足以證明那種過分舉債的行為是合理的。在泡沫破滅後，由於企業盈餘展望非常慘澹，銀行與金融市場當然不願意繼續為德國商業投資與德國企業現金流量之間的巨大差額提供財源。於是，企業被迫償還債務。到二〇〇五年年底，德國企業界的貸款金額與債券發行面值共縮減了接近四%，直到二〇〇七年，債務水準才終於再次超越前高水準。[20]

這對經濟產生了實質的影響。在泡沫逐漸生成之際，德國企業的投資活動蓬勃發展。但在泡沫破滅後，投資隨即崩跌。在科技榮景時期暫時打住的漫長建築業不景氣趨勢，在二〇〇〇年代復仇般地捲土重來：二〇〇〇年中至二〇〇六年的谷底，建築活動大幅降低二三%。而從二〇〇〇年中至二〇〇五年的谷底，整體資本支出降低了一二%。扣除折舊的商業投資更減少超過六〇%。兩百萬名全職就業機會因此消失，勞工的工時則減少五%。整體就業雖維持相對穩定，但那其實是大量勞工由全職工作轉為兼職工作所造成的假象。

在此同時，每小時平均薪酬與津貼成長幅度也追不上通貨膨脹，最後的結果就是實質家庭所得持續降低。不過，和一九九〇年代不同的是，個人儲蓄率並未相應降低。事實上，德國家庭儲蓄率反而上升超過一個百分點，並造成二〇〇一年至二〇〇五年間的消費完全沒有成長。[21]

在先前幾次經濟衰退期，德國政府理應可藉由降低利率、減稅與提高公共支出等手段，抵銷投資與家庭支出大幅降低所造成的衝擊。但二〇〇〇年代時，德國政府卻因歐元區成員國的身分而無法採行這些手段。一九九九年一月一日正式啟用的共同通貨，意味每個成員國必須採納單一貨幣政策。新成立的歐洲中央銀行（European Central Bank，簡稱ＥＣＢ）必須根據對整個歐元區有意義的方式來設定利率，不能只考慮特定國家的利益。儘管德國是這個貨幣集團的最大單一成員，它低迷的景氣卻和其他國家的欣欣向榮呈現鮮明的對比，其中經濟表現最熱絡的是西班牙。

因此，當時普遍適合多數歐洲國家的貨幣政策，對德國來說卻太過緊縮（但對西班牙而言又太過寬鬆）。在二〇〇一年至二〇〇四年間，儘管經濟趨緩，德國的實質利率竟大約和一九九八年至二〇〇〇年間的短暫繁榮期一樣高。施若德反覆呼籲降低利率，但沒有人把他的懇求當一回事。時任ＥＣＢ總裁的維姆．德伊森伯格（Wim Duisenberg）在二〇〇一年四月的一場記者會上被問到施若德對ＥＣＢ施壓，希望採較寬鬆政策一事時，他挖苦地說：「我有聽沒有到。」[22]

在此同時，由於《馬斯垂克條約》（1992）與後續的《穩定暨成長協定》（*Stability and Growth Pact*, 1997）設定了預算上限，因此各國政府經由舉債來刺激支出的空間受到限制。從二〇〇一年起，德國的聯邦、邦與地方政府開始集體緊縮它們的預算（相對經濟情勢而言），但這些作為還是不足以將赤字壓低到預設上限以內。不僅如此，政府又因高債務利率（這些債務是一九九〇年代初期為了統一相關的支出而舉借）的遺毒而遭受進一步的箝制。舊債務與歐洲財政規則的交互影響，實質上使德國政府無法舉借更多債務來因應二〇〇〇年代初期的嚴重經濟衰退。諷刺的是，這些嚴苛的規則是多年前應德國協商人員的要求而設定。[23]

圖五・二　德國的順差是內需疲弱的產物（國內生產與國內消費及投資支出之比較，二〇〇〇年一月＝一〇〇）

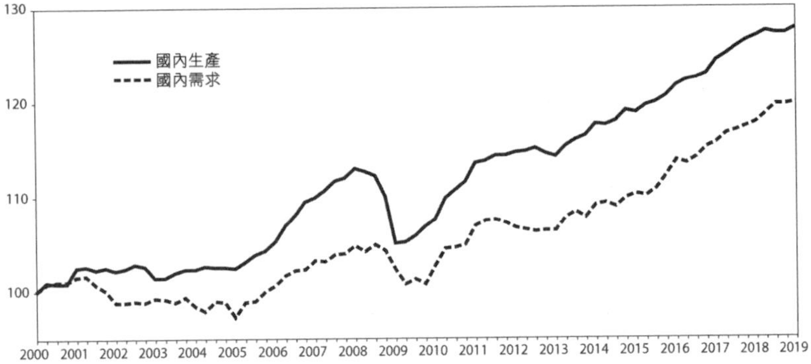

資料來源：歐洲聯盟統計局，馬修・克蘭恩的計算

德國的貿易與經常帳順差源自它長期疲弱的內需。從二〇〇〇年年底的高峰至二〇〇四年的谷底，實質國內需求降低了大約三％。總消費及投資支出直到二〇〇六年年底才終於回到先前的水準。德國的經濟成長率相對低於世界上其他經濟體，這意味外國人對德國出口品的支出成長幅度，大於德國人對進口品的支出成長。

這個現象的結果就是經常帳收支的大規模轉向。在整個一九九〇年代，德國居民的支出略微超過所得：家庭結餘金額僅大約相當於GDP的四％，但這項結餘被企業與政府赤字抵銷，企業與政府赤字分別約相當於GDP的二・五％。不過，到二〇〇四年，德國的經常帳收支翻轉為大約相當於GDP的五％的順差，這是企業部門大幅縮減工資與資本支出、家庭儲蓄率溫和上升，以及極度緊縮的財政政策等因素所共同造成。

德國的順差和出口競爭力的關係並不是很密切：二〇〇四年，德國出口占世界出口的比重和一九九八年相當，而在二〇〇〇年代，德國在歐洲內部貿易的占比也上升不到一個百分點。捷克、荷蘭與波蘭的經濟規模比德國小得多，但這些國家在歐洲市場的貿易占比上升幅度卻和德國差不多。此外，這個時期德國實質出口價值的成長幅度，遠低於德國呈現經常帳逆差的時期。從一九九四年至二〇〇〇年，德國商品出口量平均每年成長大約九％。但從二〇〇一年至二〇〇四年，每年的商品出口只成長四％。

德國轉為貿易順差的主要理由是：德國的商品進口量成長率縮減程度遠超過出口成長率的減緩程度。儘管有通貨膨脹和油價上漲等因素影響，但二〇〇四年德國人對進口商品與勞務的歐元支出金額還比二〇〇〇年更低。在那個情況下，順差與淨金融流出是必然的結果。德國經濟在二〇〇〇年代初期開始復甦後，它的順差還是居高不下，原因就在於德國選擇了壓抑國內支出以及將所得重分配給富豪等政策。[24]

「議程二〇一〇」與哈茨改革方案

施若德曾在一九九八年表示，如果到二〇〇二年的下一場大選時，德國還有超過三百五十萬人失業，他就沒有資格連任。本著當時的精神，施若德領導的政府主要採行積極降稅的經濟政策，期許能藉此鼓勵額外的勞動與投資。最高個人所得稅稅率從五三％降至四二％，企業利潤稅的平均有效稅率也從大約五二％降至三九％。意義最重大的改革或許是廢除企業持有其他公司股份滿一年以上的資本利得稅。（先前的企業撤資〔divestments〕稅為五三％）。不過，儘管中產階級德國人的租稅也見降低，但富豪才是這些對策的主要受益者。

更糟的是，這些對策並不足以改善德國作為投資目的地的吸引力，也不足以提振國內支出。到二〇〇一年年底，失業人口還是超過三百八十萬人，而且還持續增加。科技泡沫的破滅、ECB的緊縮貨幣政策，以及嚴苛的預算規則等，直接導致失業人口增加，不過，當時執政的紅綠聯盟（Red-Green coalition，譯注：即社民黨與綠黨組成的中間偏左政治聯盟）卻對這些問題完全無能為力。但無論如何，在二〇〇二年的下一場聯邦選舉到來前，必須設法降低失業數字才行。[25]

由於負責為失業人口安排就業機會的聯邦機關爆發一個醜聞，施若德終於找到藉口插手，他在二〇〇二年二月任命一個專家委員會，為提升就業水準提供政策建議。長期擔任福斯汽車（Volkswagen）人力資源部門首長且與施若德交好多年的彼得・哈茨（Peter Hartz）被指派為該委員會的主席。施若德在出任總理前是下薩克森邦（Lower Saxony）的首席部長，一九九三年，哈茨與德國金屬工業工會（IG Metall）協商並成功保住三萬個就業機會（交換條件是縮短每週的工作天，從五天縮減為四天）時，施若德正好擔任福斯汽車的董事。「以較低工資換取較多就業人口」是整個一九九〇年代司空見慣的妥協手法。最終，這個作法在後來所謂的哈茨改革（Hartz Reforms）中被制度化。

哈茨委員會在二〇〇二年八月正式提交報告。報告中提出許多和促進現有津貼系統效率（例如將對窮人的福利支出和失業保險結合在一起）以及改善政府就業仲介服務等有關的建議。這個委員會也建議放寬民眾可從事之工作業別的監理規定，納入臨時工與自由業契約。然而，這篇報告最深遠的影響是攻擊德國的福利國政策，想必羅曼・赫佐格應該對那些批判心有戚戚焉。哈茨和他的同僚主張，很多人選擇繼續失業或提早退休的原因，在於政府發給他們的失業或提早退休給付，比許多他們去從事時下可找到的就業機會（低工資）的工資更高。哈茨提議的解決方案是縮減津貼水準，同時縮短可領取津貼的期間。由於失業者將因此被迫出門謀職，所以，失業率理應會降低。德國在統一後積極將福利國政策擴大適用到東德，最終因此付出了昂貴的代價，所以，那些福利政策很快就被推翻。[26]

就在那篇報告正式提交後不久的九月二十二日，德國經歷了該國現代史上最膠著的一場聯邦選舉。幾份報紙誤報基督教民主聯盟／基督教社會聯盟贏了這場選戰，但隔天早上的計票結果卻顯示他們以微小的差距落敗。施若德的個人魅力、他對那一年夏天襲擊東德的五百年罕見大洪患的有效回應，以及紅綠聯合政府堅定反對伊拉克戰爭（德國民眾並不支持這場戰爭）的立場等，抵銷了民眾對經濟的普遍不滿。

此外，對反對哈茨計畫的人來說，中間偏右聯盟也不是可行的選項。社會民主黨在西德的選舉失利，它的綠黨聯盟夥伴也一樣，不過，在東德的選戰，它搶下原屬民社黨的選票。由於德國採用融合直接選舉及比例代表制的混合系統，使紅綠聯盟政府最終成功以極小差距的領先，取得聯邦議會的多數席次，並再次執政，不過，中間偏右聯盟的席次也增加了六個百分點。（民社黨則只剩兩個議會席次，其餘全部拱手讓人。）[27]

儘管這場選舉過後，施若德所屬陣營的選民代表減少，施若德卻還是感覺他對所謂的「議程二〇一〇」（**Agenda 2010**）改革計畫有種義不容辭的責任，並堅定繼續推動這項改革。他在二〇〇三年三月十四日一場對聯邦議會的演說中提出他的論述。這場演說是在伊拉克戰爭爆發前發表，演說內容將國內改革的必要性與防範中東發生衝突的急迫性連結在一起。施若德堅稱，為了維持獨立的外交政策，德國必須「變得愈來愈有彈性」並「推動內部轉型。」雖然他批評「叢林法則」與「完全不重視社會層面的市場動力」時的態度，聽起來有點像個守舊的社會民主分子，但他的計畫與修辭幾乎卻和羅曼．赫佐格在此前六年大聲疾呼的建議一模一樣。福利國需要「重整。」應重「個人責任」而輕集體準備金（collective provision），且「不能允許任何人靠消耗社會資源而活著。」「現代化」是必要的。

議程二〇一〇涵蓋很多環節，包括醫療體系的重大變革，以及新型勞動契約的導入等，其中影響最深遠的是縮減社會津貼以降低租稅負擔的建議。誠如施若德對同僚所言，支付這些津貼的成本「已使當前年輕世代的負擔超載」而「工商業從業人員又期待我們降低租稅負擔。」依照所謂哈茨第四階段改革（Hartz IV），未滿五十五歲的德國人領取失業保險津貼的期間最長是十二個月，十二個月後將停止發放（先前是三十二個月）。在此同時，因新就業機會的工資較低而拒絕接受就業安排的德國人將失去他們的福利。另外，退休年齡也將提高。[28]

這項改革當然極度不孚眾望。施若德在三月發表演說後，社民黨幾乎立即面臨內部的反叛，反對陣營的領袖是年輕時的安德莉亞．納勒斯（Andrea Nahles），她在二〇一八年成了該黨黨魁。二〇〇四年夏天，這項法案在德國上議院通過後，引發了一連串的大規模示威抗議活動，但那些抗議活動並未能阻止這項新法律在二〇〇五年一月一日正式生效。儘管受影響的弱勢團體激烈反對這項法律，但多數德國人卻支持這些變革。不過，對紅綠聯合政府來說，最大的問題在於這些多數派天生就隸屬中間偏右陣營。

相反的，曾在二〇〇二年大力支持社民黨的東德人則感覺遭到背叛。像天一樣高的失業率讓東德人擔憂自己隨時可能遭到蠻橫裁員。後來，連位於舊西德工業重鎮的社民黨基地也開始出現反抗行動。哈茨第四階段改革的推動，意味德國人一旦失業，幾乎立即就會面臨所得嚴重縮減的命運，這導致在景氣循環型產業（cyclical industries）擔任要職的德國人驚恐不已。在一九九八年擔任施若德政府的財政部長的奧斯卡·拉方丹（Oskar Lafontaine）因而退出社民黨，轉任西德另一左翼黨派（勞動和社會公平黨，WASG）的黨魁，並與東德的民社黨結盟。[29]

二〇〇五年五月二十二日當天，社民黨在選戰中失去了它從一九六六年以來就連續執政的北萊因—西發利亞（North Rhine–Westphalia）。由於紅綠聯盟喪失這個邦的德國上議院選票，因此，在二〇〇六年年底預訂舉辦的下一場聯邦選舉到來前，它將難以通過任何重大的議案。為因應這個窘境，施若德策動在二〇〇五年九月提前大選。為了號召支持群眾，社民黨積極呼籲對高所得德國人課徵一項新的附加稅，並實施德國的有史以來首見的最低工資。另一方面，勞動和社會公平黨／民社黨聯盟，即所謂的左派黨（Die Linke）誓言提高遺產稅、提高福利支出與廢除哈茨第四階段改革計畫（他們稱之為「合法裁定的貧窮」）。在此同時，有點諷刺的是，彼得・哈茨因幾項性與賄賂醜聞在七月被公諸於世，而被迫不光彩地離開福斯汽車。類似的諷刺事件在歷史上時有所見。[30]

接下來，中間偏左與中間偏右聯盟的部分選票流向左派黨，這使左派黨贏得聯邦議會的九%席次。幾乎有四分之一的前東德選民在二〇〇五年支持左派黨，比它在二〇〇二年的一五%支持度上升。更驚人的是，左派黨在前西德（不含柏林）也贏得了五%選民的支持，相較之下，二〇〇二年時，只有一%的西德人把票投給民社黨。地方英雄拉方丹的群眾支持度是左派黨在薩爾蘭邦（Saarland）獲得超過一八%選票的原因之一——在德國煤炭與鋼鐵產業外移以前，薩爾蘭邦曾是這些產業的中心。回顧二〇〇二年時，民社黨在薩爾蘭邦獲得的選票還不到二%。即使是在繁榮且保守的南部邦，如巴登—符騰堡邦（Baden-Wurttemberg）與巴伐利亞邦（Bavaria），左派黨都贏得了超過三%的選票。

強硬左派分子的優異表現造成一場政治僵局。當時紅綠聯盟和中間偏右聯盟都未取得聯邦議會的控制權與多數席次。理論上來說，左派黨理應加入全新的紅—紅—綠聯盟，並因此得以將後續的經濟復甦歸功於這個聯盟，不過，由於雙方的仇恨過深，使彼此的合作破局。施若德必須下台。問題是誰將取代他成為總理。最初中間偏右聯盟試圖說服綠黨加入他們，成為較大的團體，若綠黨加入，就能將社民黨連同左派黨一起貶為反對黨。

經過多年，德國的左派分子或許已克服彼此之間的歧見，無論如何，綠黨並沒有興趣加入中間偏右立場的政府。剩下的唯一選項（除非重新選舉，但沒有人想那麼大費周章）是由基督教民主聯盟／基督教社會聯盟與社民黨組成的大聯盟。即使左派政黨贏得了多數的選票與多數的聯邦議會席次，但最後卻是由基督教民主聯盟的安琪拉·梅克爾（Angela Merkel）總理來領導政府。雖然這個大聯盟並未進一步縮減德國的津貼系統，但也確保了議程二〇一〇與哈茨第四階段改革計畫的繼續推行。[31]

就其本身而言，哈茨第四階段改革計畫的影響經常被誇大。德國工資成長微薄與投資不足等問題，並非福利縮減所造成，而是德國權貴階級在一九九〇年代期間的選擇所造成。某些從傳統社會安全系統以外管道取得福利的德國人受惠於這些變革，但儘管如此，紅綠聯盟的政策還是導致德國原已相當疲弱的國內支出進一步惡化，德國的經常帳順差也隨之上升。根據經濟學家克里斯提恩·歐登達爾（Christian Odendahl）的說法，哈茨第四階段改革計畫「將一個無限期保護生活水準的系統轉變成一個暫時保護生活水準的系統，接著所得大幅降低，各項附加條件也變得非常嚴苛。」[32]

這項法律最直接的影響是貧窮率持續上升，尤其是就職中的德國人。在開始有相關數據

圖五‧三　德國的就業「奇蹟」（就業人口與工時，一九九一年一月＝一〇〇）

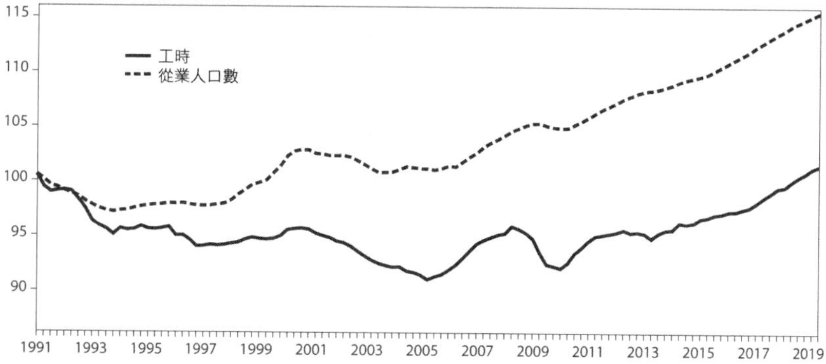

資料來源：德國聯邦統計局，馬修‧克蘭恩的計算

的二〇〇五年，只有五％的德國勞工有陷入貧窮的風險。但到二〇一五年，那類勞工的占比增加一倍，達到一〇％，這是勞工被迫轉向低薪兼職工作所致。自一九九〇年代中期以來，德國淨增加的就業機會中，有超過一半是自雇型與兼職勞工。全職就業人口連續十年降低，目前仍低於一九九五年的水準。如今德國幾乎有三〇％的就業機會是兼職型就業機會，目前這項比率大約是一九九年年代初期的一倍。前述發展導致原本理應提早退休的勞工不得不繼續留在職場上，勉為其難地接受那類兼職就業機會。一九九〇年代時，五十五歲至六十四歲的德國人當中，只有不到四〇％的人有工作，但自二〇〇三年以來，那個比率持續上升，目前已高於七〇％。

在逼不得已的情況下，德國人還是能找到工

作。不過，那些就業機會的工資非常低，所以，勞工的生活變得比領救濟金時還糟。二〇〇五年，有二五%的德國人宣稱他們無力應付突如其來的意外費用，但短短一年後，即哈茨第四階段改革計畫開始實施後，這個比率上升到四一%。即使到二〇一七年，還是有超過三〇%的德國人感覺自己沒有能力應付意料外的費用。在二〇〇八年金融危機爆發前夕，感受到「嚴重物質匱乏」的德國人占總人口的比率，遠比奧地利、法國、荷蘭與西班牙高。總之，德國的就業人口雖增加，幸福感並未同步改善。[33]

德國經濟研究協會總裁馬塞爾・弗萊奇爾（Marcel Fratzscher）認為，「議程二〇一〇」的衝擊比其他任何政策來得更大。他認為那個政策的實施，成了「德國經濟體系與社會」的心理「轉捩點……反映在雇主、雇主協會與工會的行動上。」從這個視角來看，施若德在三月十四日那一場演說中最攸關重大的內容，應該是他警告工會千萬不要堅持「固執己見、缺乏彈性」與「自以為是」的勞動契約的那段內容。[34]

當局雖未在施若德提出這一番勸誡的同時展開任何立法，勞工與企業老闆卻一點就通。一九九〇年代期間，獲得加薪的勞工愈來愈少，且加薪幅度並不顯著。在二〇〇〇年代，德國企業之所以增加雇用人數，是因為勞工接受了實質薪資縮減。二〇〇一年至二〇〇七年間，扣除通貨膨脹影響後的時薪與津貼共降低近五%。在計入租稅、社會津貼與通貨膨脹的影響後，一般德國家庭到二〇一三年的所得還比一九九九年的水準略低。[35]

「分配之爭」與德國的超額儲蓄

有錢的德國人在統一後至全球金融危機之間的日子就順遂得多。這都是拜企業與政府的選擇所賜，那些選擇產生了購買力重分配的累積影響，將購買力從最可能將所得花費在商品與勞務的人手中，轉移給最可能囤積金融資產的人。

首先，德國權貴階級努力追求國際競爭力的行為，導致勞工與資本所有權人之間的平衡大幅改變。一九九〇年代中期，非金融企業創造的淨附加價值（net value added）中，大約有二五%是流向股東、債權人與房地產所有權人，剩餘的淨附加價值全部流向勞工。但從一九九〇年代末期開始，這些分配比例開始出現變化。到二〇〇七年時，資本分到的比例上升到三六%，勞工分到的比例則相對降低了十二個百分點。在那一年，德國聯邦銀行在它的一份研究中直言「整體工業部門承受了尤其巨大的國際競爭壓力，但它的固定資產報酬率卻較一九九〇年代明顯提高。」在二〇〇〇年至二〇〇七年間，新增的德國國民所得中，有大約三分之二來自資本所得的快速成長，而非員工薪酬的增加。

圖五・四　德國的階級戰（德國非金融企業的淨營運結餘相當於淨附加價值的比重）

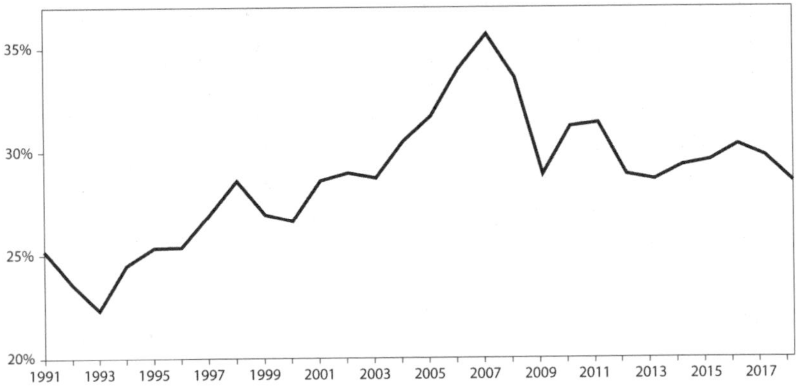

資料來源：德國聯邦統計局，馬修・克蘭恩的計算

根據德國聯邦銀行的說法，有兩項因素對這個現象的影響特別深遠。第一，「工資增長減速以及非核心薪酬的減少，重新調整了勞動力的薪酬結構。」第二，企業已將「需要使用低技術勞動力的生產活動轉移到（工資）成本結構較有利的外國。」換言之，德國企業藉由犧牲德國勞工來提高它們自家的獲利能力，具體的作法是削減國內薪酬與資本投資、將工作外包給低成本承包商，以及將各項業務轉移到海外進行。

不過，由於勞工也是顧客，所以，當經濟體系的工資全面縮減，企業的利潤通常無法因裁減工資而增加。不過，德國企業僥倖逃過這個困境，因為它們可以繞過奄奄一息的德國國內市場，向外國人銷售它們的產品。從一九九一年至一九九九年，德國企業部門的平均經常帳逆差大約相當於GDP的二%，因為當時企業需要外部融資來彌補投資需求與營業活動現金流量之間的差額。然而從二〇〇〇年代初期開始，德國企業成了永遠的儲蓄者，並持續創造超過約當二%的GDP的順差。永續不斷的出口收入與較低的國內支出結合在一起，自然而然共同促使全國儲蓄率上升，並使經常帳順差增加。[36]

理論上，對既有工作又擁有資產的人來說，所得由從勞動所得轉為資本所得，並沒有明顯的差異。然而，實務上，德國的財富（乃至資本所得）極端集中。所以，所得的前述移轉可謂攸關重大。平均來說，德國人比歐洲其他所有國家的民眾富裕。平均而言，德國人比義大利人富裕五〇%，比一般西班牙民眾有錢一倍。然而，由於德國的財富分配極端不平均，所以，德國家庭的財富中值其實低於西班牙家庭，且大約只和希臘或波蘭家庭的財富中值相當。根據歐洲央行的一份完整調查，以絕對數字來說，較低所得德國人的淨財富（net wealth）比愛沙尼亞與匈牙利的低所得者還要少。很多德國人不是沒有資產，就是債務高於資產。

最有錢的德國富豪持有的資產類型導致財富分配的扭曲進一步惡化。只有一〇%的德國家庭直接持有上市公司的股份，且只有一三%的家庭持有共同基金（而這兩個族群之間的重疊性可能很高）。最重要的是，德國有九〇%的企業是掌握在一〇%德國家庭手上的家族企業——

這些家族企業的現金流量占整體企業現金流量的一半以上。這些企業代代相傳，因為只要下一代接手後，繼續維持七年的就業機會，接手者多半能免除遺產稅。[37]

這產生一個非常惡質的結果：在德國，當繼承遺產的規模達到一千萬歐元以上時，有效遺產稅稅率大約只有一%，但十萬至二十萬歐元遺產的遺產稅率卻大約要一四%。二〇一六年的修法雖稍稍調整了免稅額，但基本的不平等並未改變。

德國的財富不平等向來很嚴重，但從一九九〇年代中期開始，財富不平等程度變得更加極端。就某種程度來說，這是所得不平等的自然後果，因為財富是由所得累積而來。但政策選擇也是造成這個惡果的因素之一。普魯士從一八九〇年代開始對淨財富課稅，而整個德國也從一九二〇年代開始課徵這項稅賦。然而，德國的憲法法庭在一九九五年宣布這項作業不合法。於是，這項稅賦在一九九七年正式遭到廢除。這項變革除了使少數會受淨財富稅（wealth tax）影響的德國人的財富立即增加，也提高了儲蓄的有效報酬率。這鼓勵最高所得的德國人減少支出，以便囤積更多儲蓄。根據某人估計，這項租稅變革使德國人的家庭儲蓄率（較實施這項變革前）提高了幾個百分點。

憲法法庭是基於淨財富稅不公平（因為它以不同於其他類型資產的課稅方式來處理住宅房地產相關租稅）的合理顧慮而做出這項裁定。但這項政策一樣是偏袒有錢的少數人。不同於其他很多國家，德國的房地產稅並不是根據房地產的市場價值來計算；而是以一九六四年（前西德）或一九三五年（前東德）的鑑價來計稅。這樣的政策導致德國的房地產稅支出遠低於其他國家，如美國。

這產生了累退的效果，因為只有四四％的德國家庭擁有他們的主要居所，就這項比率而言，德國在富裕國家中吊車尾。此外，在德國，擁有住宅的人遠比租屋的絕大大多數德國人富裕。根據德國聯邦銀行的統計，背負住宅抵押貸款的屋主的淨財富中值，大約是租屋者財富中值的十四倍。然而，多數德國屋主並不需要負擔住宅抵押貸款，所以，這類無住宅抵押貸款的家庭的淨財富中值，大約是租屋家庭的二十六倍以上。家庭財富差距如此巨大的原因之一是，三分之一的德國屋主擁有多棟出租給其他人的住宅房地產。另外，德國的屋主也較可能正好是德國眾多家族企業之一的老闆。最近一份研究顯示，德國愈來愈高的租金，系統化地將所得從低所得民眾手中移轉給高所得的民眾，這和其他國家的情況不同。[38]

不僅如此，同樣是勞工，勞工與勞工之間的不平等也惡化，局部原因是工會的持續弱化。一九九一年至二〇〇〇年間，工會會員數減少了三分之一，而二〇〇〇年至二〇一〇年間，工會成員數又進一步降低二五％。這個趨勢和受集體談判保障的德國勞工數占比大幅降低密切相關：一九九〇年代中期，有高達八〇％以上的德國勞工受集體談判保障，但如今只有不到四五%的勞工享有集體談判協議的保障。經濟學家估計，「如果目前全體工資分配的工會保障率和一九九五年相同，德國二〇〇八年的工資理應會比較高，不過，差異最大的將是位於工資分配底層的勞工。」

由於經由個別企業的「勞資會議」（works councils）協商而來的特製化協議（bespoke agreements）取代了全產業的集體議價談判，所以，工會成員之間的不平等甚至也惡化。所得分配層級較高的勞工的實質工資繼續成長，但位於所得分配下半段的勞工卻面臨所得降低的厄運。根據一份研究，這造成一個綜合結果：「德國所得分配前十分之一人口的所得集中度，甚至高於一八七一年至一九一三年的工業化時期。」[39]

德國的所得集中度已高到足以壓抑德國家庭的支出。德國聯邦銀行在二〇〇七年估計，個人儲蓄率自二〇〇〇年起的總增幅中，有超過四分之一可歸因於所得分配的變化。德國聯邦銀行說明：「所得分配的變化是朝傾向於存更多錢的人偏移。」一如其他國家的窮人，貧窮的德國人存不了任何所得，因為他們光是要維持儉樸的生活水準，就得花光手上的每一歐元收入。相較之下，富裕的德國人則和世界各國的富豪一樣，擁有遠高於一般人的儲蓄率，某些人甚至將超過四〇%的所得用於儲蓄。德國聯邦銀行提到的所得分配變化，主要可歸因於市場工資的變化，但紅綠政府聯盟降低租稅與降低福利支出的政策也難辭其咎，因為這些政策加劇了所得

圖五·五 「分配之爭」（原文為*Verteilungskampf*，英譯the Distribution Struggle，德國國民所得流向所得最高十分之一人口的比重）

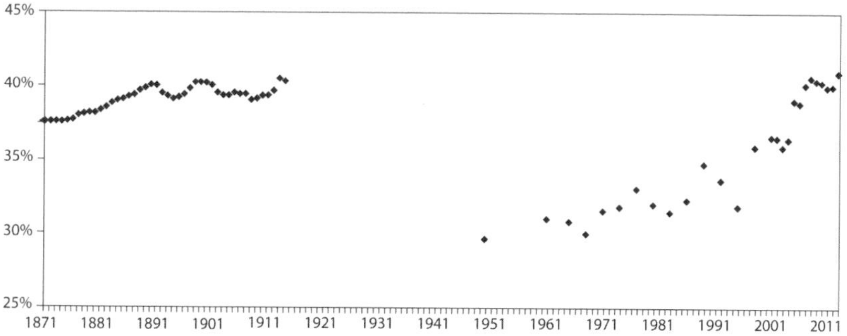

資料來源：夏洛特·巴特爾（Charlotte Bartels）經由世界不平等資料庫（*World Inequality Database*）取得

分配的變化。

德國聯邦銀行也找出了二〇〇〇年起，實質家庭消費「格外」且「極度積弱不振」的另外兩個解釋，追根究底，這兩者都和德國商業權貴階級的偏好有關。首先，自一九九〇年代起，勞工的所得停滯，這是德國企業為因應「新興經濟體與轉型國家（transition country，譯注：由中央計畫體制轉為市場體制的國家，如東歐國家）的競爭」而採行的「果斷反制措施」，而這些作為某種程度上說服了一般德國人相信，為了保障將來更高的生活水準，他們必須在今日增加儲蓄。第二，隨著「家庭愈來愈敏銳地體察到公共社會安全體系所承受的壓力」，儲蓄率因而上升。換言之，過去一段時間，由於德國人意識到未來的政府退休津貼將會縮減，故秉持防患未然的心態，補償性地提高儲蓄率。德國聯邦銀行委婉地提到，就經濟層面來說，「當期退休金應得權益的永久修正」相當於典型家庭淨值（net worth）的大幅縮減。而當一般家庭遇到這種「（預料中）的財富折損」時，就會產生為了提高儲蓄「而犧牲當期的消費。」的理性反應。[40]

德國內需疲弱如何引發歐元危機

若德國和世界上其他經濟體之間沒有貿易與金融上的連結關係，它不可能發生前述轉變。如果德國是一個封閉的經濟體，它死氣沉沉的商業投資、緊縮的政府預算與持續降低的工資，理應促使國內支出降低，並導致企業利潤增長幅度受限，而生產與所得的成長理當也不會高於支出成長，這就是凱因斯的真知灼見：「節約悖論」（paradox of thrift）。在那種情況下，國民儲蓄理應不會改變，德國也理應不會有貿易順差，而且德國疲弱的內需也理應不會對其他國家造成影響。

然而，德國終究不是一個封閉的經濟體。在二〇〇八年以前，德國勞工與資本的產值有超過四分之一是出口到國外，主要是德國的歐洲鄰國。德國的企業將產品與勞務出售給其他國家的顧客，並因此得以規避本國市場停滯所帶來的負面影響。由於成本（工資）維持穩定，出口收入又隨著國際經濟成長而上升，德國企業的利潤因而大幅提高。德國人的支出不足使當地產生了大量的結餘所得（surplus income，即可支配所得），這些結餘所得被用來囤積海外金融資產，而這個行為進一步支撐了外國人對德國出口品的需求，同時使企業獲利能力繼續提高。所以，德國愈來愈不平等的所得分配，實質上是將德國勞工的購買力轉移給世界各地的消費者。IMF的歐洲部（European Department）在二〇一九年七月針對德國發表的國家報告（Country Report）發現，德國經常帳收支的變化和德國人所得流向最富裕家庭的占比之間，存在著近乎完美的關係。[41]

這個流程取決於其他國家的民眾是否願意經由入不敷出並以債務支應其收／支差異等方式，吸收德國的金融流出，因為在德國產生順差的同時，其他經濟體必須產生逆差。在金融危機爆發前，那意味富裕的德國人與他們控制的企業經由囤積數兆歐元海外金融資產，為歐洲鄰國的支出提供財源。

從二〇〇二年年初至二〇〇八年年底金融危機剛展開之際，德國居民的總支出比他們的總所得低七千零二十億歐元。這項累積經常帳順差和一筆不相上下的淨金融帳流出相互呼應：在那段期間，德國居民購買了略高於二．七兆歐元的海外資產，而外國人僅購買價值約二．〇兆歐元的德國資產。在前述總跨國資金流動中，對企業與工廠的直接投資僅占一五％，那也僅相當於德國整體順差金額的二二%。

德國在危機爆發前的經常帳順差（以及世界上其他經濟體的對應逆差）被德國的銀行業者回收再利用到海外市場。在德國累計二・七兆歐元的金融流出當中，有略高於一・六兆歐元的資金和德國境內銀行業者購買海外債券與承作海外貸款等活動有關。而在二〇〇二年一月至二〇〇八年九月間，那些銀行只向外國人募得低於九千億歐元的資金，德國儲蓄者的淨流出則為七千三百九十億歐元。換言之，光是銀行業者的流出金額就超過德國的總淨金融流出。銀行業者為了調和「德國國內疲弱的信用需求」與「德國更多的儲蓄」，唯的一途徑就是進行大規模的海外放款。

在同一期間，儘管德國家庭與企業也購買海外資產，卻也向外國人籌募相當多資金，因此，這兩個部門的淨金融流出總額還不到四千億歐元。在那筆順差中，只有一千五百億歐元可歸因於德國非金融企業在德國以外進行的生產性產能投資。在此同時，德國政府出售了部分海外資產，並藉由向其他國家儲蓄者出售債券的方式，舉借了三千七百萬歐元的債務。那幾項流入在抵銷國內民間部門的淨流出後還有剩餘。[42]

德國的銀行信用通常是透過其他國家的本國銀行業者在海外流動，而不是經由直接對外國貸款人放貸的方式。二〇〇二年開年時，德國的銀行業者對外國非銀行實體的未清償放款金額大約是四千九百億歐元，對外國銀行實體的未清償放款金額則大約是五千億歐元。在二〇〇八年十月的高峰水準，德國銀行業者對外國非金融部門提供的信用金額已成長到八千六百億歐元（增加大約三千七百億歐元），而對外國銀行業者的信用更是暴增到一．三兆歐元以上（增加約八千五百億歐元）。短短不到六年內，德國對外國人的總放款金額增加超過一倍，其中七〇%的增長來自對外國銀行業者的放款。

以經營國際業務為主的德國大型銀行業者如德意志銀行、德勒斯登銀行（Dresdner）與德國商業銀行（Commerzbank）並不是促成這個泡沫的主要源頭：在二〇〇二年初年至二〇〇八年十月間，德國銀行業的海外放款總成長金額，只有三一%屬於大型銀行的放款。德國國有的邦立銀行（Landesbanken）的影響，遠比那些大型銀行顯著得多，尤其是在二〇〇五年以後，因為從那時開始，政府不再為它們的債務提供擔保。政府先前提供的債務擔保就像是一種補貼，讓那些邦立銀行的集資成本降低，並使它們更願意放款給德國的中小型家族工業公司。然而，失去政府的這項支持後，這些邦立銀行認為不值得為了放款給安全的貸款人而大費周章，因為這類貸款人的利率偏低。而為了開展業務，儘管這些邦立銀行極度缺乏海外投資經驗，它們還是決定到海外搜尋機會。在二〇〇五年一月至二〇〇八年十月間，德國銀行業對外國人的總放款成長中，有整整四六%可歸因於各邦立銀行不分青紅皂白的積極擴張。[43]

雖然德國銀行業者是美國不動產抵押貸款熱潮的主要參與者，它們從事那些活動的資金主要其實是來自美國，而非德國的儲蓄者，換言之，這些資金並不在國際收支的淨流量之列。對照之下，德國是直接透過德國的銀行業者，為歐洲鄰國的經常帳逆差提供財源。德國銀行業者的新增淨海外放款幾乎全部是歐元計價的放款，其中多數應該是屬於德國銀行業者對三個國家大幅增加的放款：愛爾蘭、義大利與西班牙。但不僅德國銀行業者為那些國家提供財源，荷蘭、法國和瑞士對那些國家的放款也非常高，只不過，德國銀行業者確實向來是歐洲那些「危機國家」的最大放款人，尤其是對西班牙。[44]

發生在其他經濟體的舉債熱潮和這一波放款熱潮相互輝映，尤其是通貨膨脹成長率較高但利率水準卻向德國利率趨近的那些國家。舉個例子，二〇〇二年，西班牙銀行業者對世界其他國家的債務大約是三千億歐元，但到二〇〇八年年中，西班牙的海外債務已高達八千億歐元。其他西班牙企業與西班牙家庭也過度使用外國債務，在二〇〇二年年初，這些西班牙人（譯注：非銀行實體）對其他經濟體的債務合計大約是一千六百億歐元，但到二〇〇八年中，它們的外債已達到六千五百億歐元。換言之，在短短六年內，世界各經濟體（務實來說，主要是來自歐元區的其他成員國）流入西班牙民間部門的信用高達一兆歐元以上。（在榮景期，西班牙政府對外國人的債務並沒有上升，這也使西班牙政府外債約當ＧＤＰ的比重大幅降低。）

西班牙對外舉債金額和西班牙人在世界各地收購的債權金額相去甚遠：從二〇〇二年年初至二〇〇八年年中，西班牙居民只取得三千八百億歐元的外國流動資產。這導致西班牙人積欠世界各經濟體的淨債務，從二〇〇二年的大約兩千五百億歐元暴增到危機爆發前夕的九千億歐元。[45]

這些債務被用來支應西班牙人的支出（遠高於他們的所得）。從二〇〇一年年初至二〇〇七年年底，西班牙的消費與投資合計共比西班牙的產出多成長三〇%。西班牙國內需求與國內生產之間愈來愈大的差異，必須藉由進口來彌補，而這導致西班牙的貿易逆差從大約GDP的二%擴增到六%。問題並不是出在競爭力：在整個二〇〇〇年代，西班牙的出口數量亦步亦趨地跟著西班牙的GDP同步成長，而在那個期間，西班牙在歐洲內部貿易的占比也相當穩定。問題出在西班牙的進口數量成長了兩倍以上。[46]

西班牙並非特例。以義大利來說，總外債從一兆歐元增加到一．九兆歐元，幾乎增加一倍。而葡萄牙的外債則從大約一千六百億歐元增加到三千四百億歐元。希臘對外國人的債務則從二〇〇一年的大約一千億歐元，增加到二〇〇八年年中的三千三百億歐元，為原來的三倍多。最極端的個案是愛爾蘭。愛爾蘭居民，尤其是愛爾蘭大到荒謬的銀行業者所積欠外國人的債務，從大約四千五百億歐元激增四倍，達到一．八兆歐元。斯洛維尼亞的外債也激增到原來的四倍，而波羅的海國家在同一時期的外債，更普遍增加四倍以上，只不過，波羅的海國家一開始的債務規模比前述國家小得多。合計在二〇〇一年至二〇〇八年間，整個歐元區的危機國家共額外舉借了接近四兆歐元的外債。在同一時期，這些國家的總經常帳逆差從不到GDP的二％，激增到超過GDP的七％。[47]

鮮少（甚至從未有過）一個社會能在那麼短的時間內舉借那麼多債務，而且還那麼有效地把那麼巨額的錢花光。雖然這場債務狂歡的確為某些值得進行的專案（例如西班牙的高速鐵路網與希臘的雅典地鐵系統改良專案）提供了財源，但其中很多債務被浪費在一些沒有意義的「蚊子建設」上，例如西班牙的唐吉訶德機場（Don Quijote Airport），這座機場在二〇〇九年啟用，當初興建這座機場的用意是希望每年接待一千萬名旅客，問題是它距離馬德里或西班牙其他所有令人嚮往的景點都相當遙遠，車程動輒超過兩小時。另外，以愛爾蘭來說，很多資金被用來興建啟用不久就被廢棄的高爾夫球場，當地優美的鄉間景觀更因此失色不少。[48]

進口激增與不符經濟效益的投資狂熱是順差國（尤其是德國）大量資金流入危機國後必然會發生的後遺症。支出潮和文化特質、氣候或天主教徒與新教徒（Protestant）之間的差異無關。一如德國本身在一八七〇年代的經驗所示，意外獲得的廉價資金會在所有地方造成相同的反應。房地產評價的飆升與股價的大漲，會使民眾感覺自己變得比較富裕，這種心態會鼓勵他們把更多當期收入花掉。在此同時，充斥大量海外流入資金的銀行業者則必須努力增加放款，而它們是以降低放款標準的方式來達到這個目的。某些國家（例如希臘）的政府也善加利用這個機會舉借便宜的貸款，不過，這只是更大規模的民間債務熱潮所衍生的附帶影響。導致危機爆發前的歐洲發生嚴重失衡的那些選擇當然不能完全歸咎於德國居民，不過，德國人的消費不足與投資不足，確實是造成失衡的最重要根本因素。

危機國家既然是歐元區的成員國，當然無法在熱潮期間提高利率。另外，那些國家也無法透過貨幣貶值與中央銀行購債等手段來管理後續的經濟衰退。由於那些國家缺乏管理商業週期的標準工具，才會陷入那種岌岌可危的動盪局面。有些人認為，西班牙和其他危機國理應在二〇〇八年以前藉由增稅與降低政府支出等手段，緩解這場危機的衝擊。從這個視角來說，財政結餘理應能抵銷民間部門的逆差，使整體經常帳收支達到平衡，並補償民間行為的變化。但經濟學家菲利普・馬汀（Philippe Martin）與湯瑪斯・菲利朋（Thomas Philippon）估計，即使那種策略能在不助長家庭與企業舉債狂熱的情況下奏效，卻「需要降低（政府）債務，而我們認為那不切實際。」[49]

從二〇〇八年開始，德國銀行業者便轉趨節制，縮減接近八千億歐元的外國貸款組合。其中超過一半的金額可歸因於邦立銀行的縮減放款——它們對外國人的放款縮減到二〇〇一年的

圖五・六　德國人的海外投資狀況（部門別累積淨金融流出，計算單位：十億歐元）

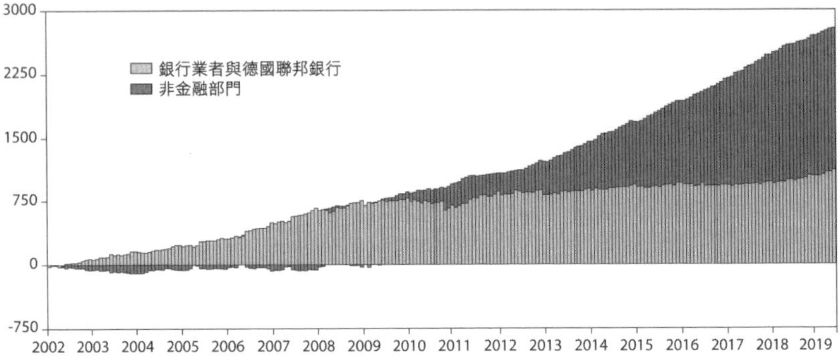

資料來源：德國聯邦銀行；馬修・克蘭恩的計算

水準，只剩二千七百四十億歐元。但這並未對德國的順差造成影響，原因有三個。首先，德國大約有六千億歐元的銀行資產實質上已轉移到公共部門的資產負債表——透過歐洲央行「第二代標靶」系統（Target2 system），以及德國政府對歐元集團其他國家的貸款人承作的貸款。

第二個原因是，德國家庭與非銀行企業原本是透過銀行業者投資海外，後來轉變為透過債券基金、壽險公司與退休金計畫投資海外，不過，它們的基本儲蓄與支出型態並未改變。最後一個原因是，世界上其他經濟體不再購買德國的資產。德國政府與德國聯邦銀行向外國儲蓄者買回近三千五百億歐元的債務，但又幾乎沒有對國內儲蓄發行新債券，在此同時，德國銀行業者則縮減它們的外國負債達金額五千兩百億以上。[50]

當時的德國人抱持一個約定成俗的觀點：這場危機是鄰近國家那些放蕩不羈的貸款人所造成，換言之，他們並不認為德國放款人的輕率放款態度，才是引爆危機的重要原因，也不認為德國經濟體系的結構性不平等（最終造成德國的超額儲蓄乃至其他國家的入不敷出）是危機的重要導因。這種盲目的觀點自然促使德國的當權分子建議鄰國應效法德國。德國《明鏡》（*Der Spiegel*）新聞雜誌將德國政府的這種特有姿態稱為「教育帝國主義」（pedagogical imperialism）——德國政府認定歐洲其他國家理應以德國為榜樣，採納以哈茨第四階段改革計畫為特色的方案，也就是即縮減福利；另外，最重要的是，其他國家應效法德國，經由憲法來實踐財政約束的承諾。[51]

債務減速機制：德國的財政緊箍咒

從一九六九年至二〇一〇年，德國基本法（Basic Law）第一一五條規定，政府舉債上限不得超過政府的投資支出，不過，它允許政府在經濟「不安」時期舉借額外的債務。在這場危機爆發前夕，德國政治人物通過這項條文的一項修訂，這項修訂條文的施行造成了決定性的影響。他們以一個名為「債務減速機制」（即白話的債務煞車）的新憲法舉債上限，包含了聯邦、邦與自治市層級的舉債規模，來取代先前的金科玉律。這絕非高瞻遠矚的妥協，而是一個巨大的錯誤，它嚴重壓縮了德國基礎建設投資，並對民間部門的購買力造成無謂的損傷。然而，德國的政治階級卻深信他們找到了穩定總體經濟的祕密，所以堅持將這項機制輸出到歐洲其他國家。

追根究柢，債務煞車源自於二〇〇五年年底組成大聯合政府的兩個政黨（原本敵對）之間的一個笨拙折衷方案。基督教民主聯盟／基督教社會聯盟—社民黨政府因缺乏足夠的選民授權而難以有所作為，更糟的是，它感覺被前後包夾，進退兩難。慷慨的福利國政策、人口成長停滯的老年化社會，以及微乎其微的生產力成長等，導致愈來愈多預算被用於退休金、失業津貼、醫療與債務清償等。到二〇〇〇年代初期，光是社會安全體系與利息等支出，就耗掉一半的聯邦預算。另外還有二五%的預算被用於長期失業津貼與聯邦文官的薪資。

馬克斯・普朗克學會（Max Planck Institute for the Study of Societies）理事沃夫岡・史崔克（Wolfgang Streeck）概述了當時的局面：「財務承諾與法律責任的長期堆積」已「剝奪了公共政策上的自由揮灑空間。」因缺乏「創造不同局面的施政機會」，德國民選官員只好退而求其次地選擇以「舞台技巧」來維持「表面的自由政治選擇」。史崔克認為，相關的問題可溯源至兩德的統一（國家的統一導致「政府收入慢性不足」）與社會安全體系的需求日益增加。這些因素導致聯邦政府被迫以一般稅收乃至預算赤字（預算赤字的影響更深遠）來彌補勞工提撥款收入與法定津貼支出之間日益擴大的差額。最後的結果就是看似無限期增加的政府債務——從一九八〇年代相當於GDP的四〇%以下，上升到二〇〇〇年代中期的幾近七〇%。

史崔克並未就他發現的問題推薦任何解決方案，不過，愈來愈多人共同認定支出必須刪減，且主張應設定永久改變公共債務發展軌跡的新規則。構成德國中間偏右派且較富裕的西南部居民深受這個共識吸引，因為長期為東德重建支出買單的他們，早已經感到無比厭倦，所以，他們認為財政節約是限制其財富進一步被移轉的機會之一。[52]

就在聯合政府從二〇〇五年年底開始執政後不久，社民黨籍的財政部長佩爾・史坦布律克（Peer Steinbruck）便負責主導一項永久解方案的研擬。他察覺先前的金科玉律（譯注：即政府投資支出為舉債上限）有幾個問題，包括缺乏可確保法遵（compliance）的強制執行機制，以及未計入社會安全體系中無財源的承諾所造成的隱含債務。最糟糕的是，根據德國財政部稍後發佈的一份官方研究報告，「現有規定對商業週期的回應不對稱。」具體來說，德國政府並未以「在週期性成長或榮景期」維持財政結餘並償債的必要作為，來補償為回應經濟衰退期而採取的彈性作為。儘管當時的德國幾乎有二十年未曾經歷過週期性的經濟成長或熱潮，「不對稱」依舊被視為舊一一五條規定的「重大設計缺陷」。

因這些思維而產生的債務煞車機制，要求德國政府的所有組成要素，包括「聯邦、邦、地方主管機關與社會安全基金——包括其預算外（off-budget）實體」，平均每年都必須達到總預算平衡。這個規定比舊有的規則嚴苛許多，因為它未將基礎建設投資排除在外，也不允許政府使用出售資產的收入來支付額外的支出。

新的規定雖提供了一點回應週期性景氣狀況的彈性，但幅度並不大：「在債務煞車的機制下，唯一穩定經濟體系的通常可用政策選項，是允許自動穩定器雙向運作。」但即使是這項彈性都相當有限，因為一旦德國政府擴大現有的自動穩定器，就會違反債務規則。另外，這項規定雖也允許政府產生較大的預算赤字「來因應天然災害與例外緊急事件所需」，這項權限卻必須通過聯邦議會的特殊投票後才能動用，而且還必須搭配實施旨在償還那些額外債務的「連帶攤銷計畫」。

如果債務煞車規定早一點生效，德國的財政政策理應會更加緊縮。IMF認為，若將商業週期的狀態列入考量，德國政府從一九九三年至二〇一〇年間的預算赤字，相當一致地維持在全國產出的二%至三%左右。因此，實施債務煞車後，理應必須採取結合增稅與降低支出的綜合措施，而每年增稅與降低支出的金額理應相當於GDP的幾個百分點。德國財政部估計，如果政府在二〇〇〇年至二〇〇八年間受債務煞車所約束，那麼，到二〇〇九年，舉債金額理應只有五百五十億歐元。但現實的情況是，那段期間的支出超過稅收約兩千四百億歐元。顯然財政部的分析並不打算解釋限制政府舉債金額會對德國家庭與企業造成什麼影響，更別說那份分析會對世界其他經濟體產生什麼影響了。[53]

即使是在債務煞車規定生效前，德國在意識型態與憲法方面對財政節約的承諾，就已對一般德國民眾造成了持久的傷害。除了強制實施前述的福利縮減措施外，德國的聯邦、邦與地方政府都為了緊縮預算而削減基礎建設投資與維護支出。從一九九八年起，政府的資本支出甚至不夠維護現有的基礎建設，因為扣除折舊以後的支出一直維持負值。[54]

根據弗萊奇爾的說法，箇中緣由在於「債務煞車使政府的誘因發生了根本上的改變。」在經濟低迷時期，稅收會降低，但強制性的福利計畫支出會上升。雖然債務煞車理應為預算提供一點彈性，使經濟體系順利度過這些週期，但殘酷的現實是，政府（尤其是地方政府）會為了維持教師薪資乃至失業津貼等林林總總的支出而「被迫縮減公共投資專案。」更糟的是，長年的低成長「鼓勵很多地方與邦政府縮減落實公共投資專案所需的幕僚與專業人力。」[55]

這一切導致的結果：光是德國各地的自治市就積壓了大約一千六百億應進行而未進行的投資。德國有大約一半的道路與橋樑需要維修。舉個例子，在萊因河所經之處，橫跨科隆（Cologne）與杜賽爾多夫（Dusseldorf）的李夫庫森納橋（Leverkusen Bridge）在二〇一二年禁止卡車通行，因為據判定，開放重型車輛通行將對這座橋樑造成安全上的疑慮。於是，卡車被迫重新安排路線，途中必須借道其他高速公路與村莊，這導致交通速度緩慢，通勤者飽受塞車之苦，而且也導致空氣污染惡化。

經濟學家估計，若換算成金額，這些成本比修護這座橋樑的成本高出好幾倍。由於必要維修作業遭到延宕，李夫庫森橋嚴重退化，最後不得不重建。新橋要等到二〇二〇年才會開通。另外，同樣是在萊因河所經之處，橫跨杜伊斯堡（Duisburg）附近的A四〇橋（A40 Bridge）也因安全上的疑慮而反覆禁止卡車通行。德國境內這類需要緊急維修或最終需要徹底重建的橋樑就有數千座，以上所述只是其中兩例。[56]

德國的網際網路連線也是出了名的龜速。只有不到三％的德國人口能以每秒至少一〇〇兆位元（megabit）的速度存取寬頻網路，而且只有一％的德國人是光纖網路用戶，這和義大利相當，但遠比葡萄牙、西班牙與東歐來的差。就行動寬頻網路存取而言，德國的排名也非常糟，大約和土耳其差不多，遠低於波蘭或西班牙。[57]

二〇一五年一月十三日當天，德國財政部長得意洋洋地宣布，經過多年的抑制支出與繁重稅賦，二〇一四年一整年，德國終於「不再需要舉借新債務」。這是財政部長沃夫岡・蕭伯樂（Wolfgang Schauble）一直以來所追尋的榮耀：**零財政赤字**（schwarze Null），也就是「黑零」

（black zero）。預算已達到平衡，除了尚未清償的二．二兆歐元債務，德國政府無須再增加舉債。從那時開始，即使德國的基礎建設繼續崩壞，預算結餘卻愈來愈多。目前德國的預算結餘大約相當於GDP的二%。政策漸進式緊縮的程度甚至超過債務煞車的要求。在二〇一一年至二〇一五年間，德國政府的舉債金額比規定的上限少一千四百二十億歐元，而且還繼續經由投資不足與過度課稅等手段來擠壓民間部門。[58]

德國官員表示，政府竭盡所能趁現在多存一點錢，是為了因應人口快速老化與人口徹底負成長等未來問題而做準備。這的確是一個合理的前提，但不能作為他們實施這些政策的藉口。德國政府正為了償債而努力削減基礎建設投資、教育支出和民間部門的可支配所得，問題是，這些債務的實質利率遠低於零；除非德國經濟體系的期望投資報酬率是非常大的負數，否則這樣的政策毫無理由施行。[59]

德國政府採行這種政策路線的原因反倒是違背邏輯，可能和意識型態較有關。蕭伯樂對「黑零」的迷戀簡直到了令人匪夷所思的程度，以致於他在二〇一七年聯邦選舉後退休時，財政部的全體職員穿上黑色服裝，圍成一個大圓圈向他道別。儘管其他所有經濟體的民眾都因黑零政策而受苦，但一般德國人絕對是受害最深的一群。這或許有助於解釋為何德國傳統掌權黨派的選民支持度會日益低迷，尤其是社民黨。[60]

儘管德國經濟模型的問題顯而易見，梅克爾政府與多數德國大眾卻還是相信，這個模型是幫助德國順利度過金融危機且未承受其他歐洲鄰國家那種苦難的根本要素。二〇一〇年五月，德國為首的歐洲人承諾以「財政整頓」（fiscal consolidation）來解決歐元危機，並斷言穩定暨成長協定（Stability and Growth Pact）不足以保證「法遵」。二〇一二年時，整個歐元區同意接受《歐洲經濟暨貨幣聯盟穩定與協調治理公約》（*Treaty on Stability, Coordination, and Governance in the Economic and Monetary Union*），也就是所謂的歐洲財政協定（European Fiscal Compact）。這項公約實質上等於強制歐洲其他國家採納德國的債務煞車機制。目前整個歐元區的政府理應都處於預算平衡或結餘的狀態，幾乎沒有例外。依照規定，那些政府在執行「他們的公共債務發行計畫」前，必須先取得其他歐洲國家的同意，未能遵守這個約定的國家將遭到制裁。[61]

從某個視角來看，這些公約已實現了既定的目標。目前整個歐元區的預算赤字總和已低於GDP的一%，且逼近零，影響所及，當前的預算赤字比金融危機爆發前更低，當時歐洲經濟處於榮景期，那意味目前的財政政策相對商業情勢而言是極端緊縮的。歐元區內有許多國家目前都坐擁高額的預算結餘，包括德國、希臘、愛爾蘭、立陶宛、盧森堡、馬爾他、荷蘭與斯洛維尼亞。整個歐元區的合併總公共債務相對GDP的比重降低了七%，目前已達到二〇一

○年以來最低水準。以德國來說，公共債務大幅縮減了二十一個百分點，達二○○二年以來最低水準。一旦被趕鴨子上架，德國的鄰國一樣有能力複製它所號稱的成就。遺憾的是，對這些國家與對世界上其他經濟體來說，要達到那個目標，就必須採納德國的病態手段：壓抑消費、政府撙節、不保障就業、投資不足與不公平惡化。[62]

整個歐洲變成一個大德國

在危機爆發前幾年，歐洲地區居民的支出大約與其所得相抵。這個貨幣聯盟的整體經常帳收支大約是零，因為成員國之間的巨大內部分歧或多或少會彼此抵銷：例如德國和荷蘭的順差被西班牙與希臘的逆差抵銷。延伸來說，歐元區的整體政府赤字與民間部門結餘也彼此抵銷。總之，當時歐洲人對整體的全球需求沒有加分，也沒有減分。

但從二○○八年開始爆發的民間債務危機，逼得整個歐陸的家庭和企業開始大幅改變支出型態。即使是在歐元危機中全身而退的荷蘭，都不得不應付家庭部門債臺高築與房市泡沫破滅的有毒綜合情境。這導致歐元區的民間部門結餘相對GDP的比重，長期比二○○八年以前的水準高大約五個百分點。最初民間行為的轉變和總財政赤字的增加相互呼應，彼此抵銷。當時各國政府在家庭與企業不願（或沒有能力）支出之際，藉由政府舉債來填補其中的缺口，這使歐洲的整體經常帳得以在危機爆發後那幾年間維持平衡。

但由於ECB未能在歐元區各國政府遭受投機攻擊、隨後面臨主權危機與廣泛採納財政撙節時，出面為這些國家政府提供支持，故前述情勢從二〇一一年至二〇一二年左右開始轉變。各國政府被迫自力救濟地將預算赤字刪減至零，在這個情況下，世界上其他經濟體只好被迫彌補這個差額。儘管外部需求並不是特別強勁，但外部需求的成長性至少遠高於歐洲內部的消費及投資成長。這產生了一個必然的結果：貿易與經常帳順差，從德國在二〇〇〇年代的經驗便可見一斑。[63]

這是受歐元危機國的國內變化所驅動，而目前多數危機國的貿易及經常帳多半已轉為順差。一如二〇〇〇年代的德國，對外收支狀況的轉變多半是因國內支出劇烈收縮所致，而非出口績效有任何改善。這導致世人付出了巨大的代價。在二〇〇八年至二〇一六年間，危機國的總經常帳收支從大約占GDP的六．五％的逆差，轉為相當於一％的GDP的順差。在同一期間，西班牙的實質國內消費與投資支出大幅降低了一一％，義大利與葡萄牙各減少九％，賽浦路斯降低一四％，斯洛維尼亞也減少一三％。最極端的個案是希臘，它的國內消費與投資崩跌了三分之一。（愛爾蘭的經驗或許也很類似，但拜跨國企業利潤轉移活動所賜，愛爾蘭在危機過後的數據幾乎毫無參考價值可言。）

從那時開始，各危機國的國內支出略微回升，並使它們的總經常帳順差等量降低。然而千萬不要誇大這些變化的重要性。二〇一九年時，義大利的實質消費與投資還比二〇〇八年的水準低八％，而斯洛維尼亞與西班牙的國內需求也仍比危機前的水準低大約五％。賽浦路斯與葡萄牙的狀況稍微好一點，但這兩國依舊比此前十年貧窮，至於希臘則仍處於經濟蕭條狀態。[64]

逆差國集體轉變為順差國，但基於各種不同的原因，歐洲現有順差國（最主要是德國與荷蘭）的支出相對其生產而言卻未增加。換言之，歐洲內部並未發生再平衡的進程。取而代之，世界上其他經濟體，主要包括非洲、中東、印度、印尼與拉丁美洲的新興市場以及英國和美國，最終都經由愈來愈多的貿易逆差與更多的債務，被迫吸收前述狀況所造成的金融流出。歐洲人決定藉由擠壓國內支出的方式來逼迫危機國調整，這已導致整個歐元區相對世界上其他地區產生巨巨額的外部順差，目前歐元區的順差大約等於其GDP的四％。

不意外的，採納德國經濟政策的歐洲國家同樣發生了不平等愈來愈惡化的狀況，一般公民的購買力也明顯降低。加值稅（Value-added tax）稅率提高了數個百分點，而企業所得稅與富人稅稅率卻降低。誠如經濟學家佐特・達瓦斯（Zsolt Darvas）所言，「義大利與西班牙富豪的損失非常有限（他們的所得甚至增加），但較低所得的義大利人與西班牙人卻損失慘重。」順

圖五・七　歐元氾濫（euroglut）的誕生（各國對歐元區不含愛爾蘭的經常帳收支的貢獻）

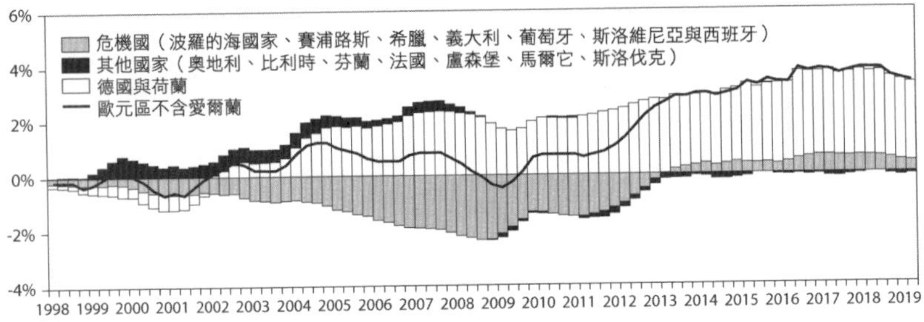

資料來源：歐洲聯盟統計局；馬修・克蘭恩的計算

差國所得不平等的惡化，局部導因於他們希望透過降低工資來提升競爭力。經過一波大型信用熱潮與崩潰，歐洲的逆差國最終被迫複製德國的方法，最終損害了一般公民的利益。[65]

在我們撰寫本書之際，誤食競爭力與平衡預算糖衣毒藥的歐洲，依舊致力於仰賴外國支出，拯救它擺脫目前的困境。即使德國民間部門已試驗性地開始朝提高勞動力占比與提高工資等方向促進再平衡，德國政府卻還是致力於追求預算結餘。（德國政府雖聲稱它正努力提高公共支出，但我們不必太過認真看待這樣的聲明，因為現有的基礎建設還是會繼續損耗。）歐元區的其他國家，包括歐元危機的受害者以及緊張的旁觀者，都因決心避免重蹈覆轍而更加無謂地緊縮預算，因為各國政府寧可永久壓抑國內需求，也不願冒險成為第二個希臘。[66]

儘管對小型開放式經濟體（如葡萄牙）而言，這或許是合理的作法，但對整個歐元區來說，這並不是長治久安的策略。作為世界第二大經濟體，歐元區的規模過大，若它執意強迫其他經濟體承受歐元區內部扭曲所造成的後果，勢必會造成更嚴重的全球失衡。到最後，美國勢必重新成為全球需求的終極來源。

第六章
美國例外：過分沉重的負擔與長久以來的逆差

幾十年來，美國一直是世界上最不可或缺的支出國。習慣借錢維持入不敷出的生活的美國人，長期迎合國民儲蓄過高且支出過少的國家。由於這個事實由來已久，所以我們很容易淡忘這有多麼令人感到不可思議。

從很多方面來說，美國人過去幾十年的經歷和德國這幾十年的經歷大同小異。在這兩個國家，勞工之間的不平等都嚴重惡化，所得的分配也從勞動力被轉移給資本。自科技泡沫破滅後，這兩個國家的國內企業投資與就業也都明顯降低。德國企業尋求在中歐與東歐雇用廉價勞工，而美國企業則將就業機會轉移到墨西哥與中國。德國實施了施若德減稅與哈茨第四階段改革計畫，而美國則有柯林頓時代的福利改革與布希時代的減稅政策。從危機爆發後，德國採納了債務減速機制，而美國則爆發茶黨（Tea Party）運動（譯注：訴求小政府、減稅並降低國債與聯邦預算赤字等），並實施債務上限（debt ceiling）與預算扣押（sequestration，又譯為自動減赤，指政府運作成本超過特定金額或總財政收入時，對聯邦預算進行的強制性支出削減）等政策。然而，儘管這兩個國家似乎同病相憐，如今的德國卻成為世界上最大的順差國，而美國則依舊是世界上最大的逆差國。這兩個社會的國內環境極度相似，但它們和世界其他經濟體之間的關係如何會那麼不同？

這個疑問的答案可溯源至美國金融體系的某些具體特質。美國金融體系的彈性、規模，以及對外國投資人權利的重視，使世界各地致力於「儲蓄大於所得」的人特別容易受這個「寶地」吸引，不僅如此，美國是世界上最安全的資產的發行者。美國的主權債務為數龐大、容易交易且零違約風險。美國經濟體系龐大、多元化且開放。延伸來說，只要花費非常低的成本，就能將美元轉換為其他國家的通貨，而且，美元是世界各地必需型製造品與原物料商品生產商永遠都接受的付款工具。這些特質讓美國成為全球超額儲蓄的巨大貯存槽，其他某些國家（如英國）也具備相同的特質，只是程度上不如美國那麼強烈。

從一九九〇年代末期以來，世界上的超額儲蓄主要就是流入美國——當外國政府與相關實體購買美國政府發行或它擔保的金融資產，就會有超額儲蓄流入美國。但那些國家是在犧牲

圖六．一　過分沉重的負擔（一九九五年一月起的累積交易，計算單位：兆美元）

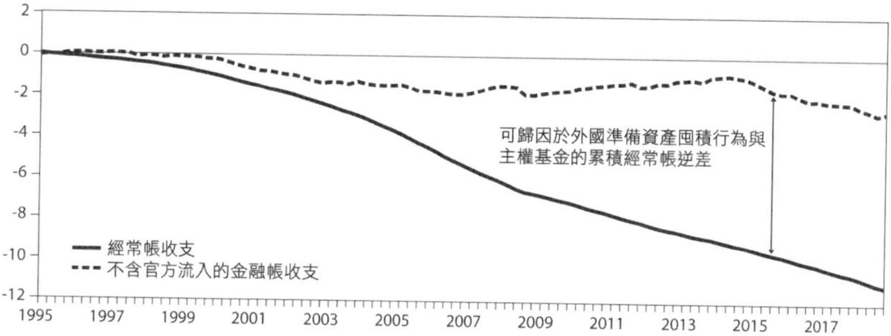

資料來源：經濟分析局、布萊德．賽瑟；馬修．克蘭恩的計算

國內支出的情況下取得這些準備資產，換言之，準備資產購買國的消費者財富被移轉給它們的出口產業老闆。這些國家購買美國金融資產的目的並不是為了賺取高報酬，而是希望規避風險，所以，不管那些金融資產的收益率有多低，它們還是趨之若鶩。二〇〇一年年底至二〇一四年年底，這些不符經濟效益的資本流動規模和美國的總經常帳逆差一樣多。即使其中部分的資金流入被美國的額外金融流出抵銷，但顯而易見的，那些金融流入確實產生了美國投資增加、美國消費增加，以及美國產出減少的綜合淨影響。（基於我們先前討論的理由，從二〇一四年開始，歐洲人就是美國資產的最大買家。）[1]

光是靠追求利潤的儲蓄者不可能讓美國人擁有入不敷出的能力，因為美國投資機會的獲利能力並不比世界其他經濟體的投資機會更吸引人。然而，不分青紅皂白流入的資金，人為抬高了美國的購買力（相對於生產而言），並導致經常帳逆差被迫擴大。進口替代了美國的生產產能，而債務則替代了折損的所得。

外國人對美國人供應大量的廉價資金，而美國金融體系則創造各式各樣新資產來迎合這一股需求。源源不斷自海外流入的資金抑制了美國的舉債成本、使美國的放款標準降低、導致美國資產價格虛胖，並使美元價值在經常帳逆差暴增之際還水漲船高。若美國是為了維持它的支出習性而持續努力吸引外國資金，美國的實質利率理應會上升，美元或許也會貶值。但取而代之的，根據自然傾向，美國原本傾向於產生結餘，只不過，從世界其他經濟體大量湧入的金融流入壓垮了這個自然傾向。

美國結餘失蹤之謎

本書的核心論點之一是，一個社會的購買力分配會影響到它和世界上其他社會之間的關係。當一個民族沒有財力購買他們自己生產的商品與勞務，他們就必須仰賴外國對那些產出的需求為生。而若外國或國內需求不足，那些人除了減少生產以外別無選擇。當一國的所得被大規模從消費支出／所得比重最高的實體（譯注：即較貧窮的族群）轉移給支出低於所得的實體，即富豪以及富豪所控制的企業，那個國家便可能歷經經常帳順差擴大或經常帳逆差縮小的轉變。

我們已說明相關的作用機轉：中國與德國自一九八九年以來的發展，導致這兩個國家儲蓄過多但支出過少。它們的經驗發人深省，因為這兩個國家的事態共同涵蓋了諸如日本、荷蘭與新加坡等其他大型順差國所曾發生的大部分情況。需要解釋的怪象是美國：儘管美國也具備很多典型順差國的特性，它卻長期呈現經常帳逆差。在我們解答這個疑問以前，最好是先釐清為何美國過去幾十年間的多數時間理應呈現經常帳順差。

首先且讓我們探討家庭部門。從一九七〇年代末期開始，美國的不平等就快速惡化。計入租稅與政府移轉後，流向所得分配頂層十分之一人口的國民所得，從總所得的三〇%上升到四〇%。其中，隸屬所得分配頂層一%的超高所得者的所得增加最多；問題是，他們增加的所得來自所得分配較低層人口所減少的所得。從一九七〇年代末期開始，若計入租稅、通貨膨脹與政府發放的現金津貼，所得分配底層五〇%的美國人的所得幾乎零成長。

前述所得分配的變化對財富分配產生了可預期的影響：美國最富裕的一%人口的財富相對總財富的占比，從二二%上升到四二%，增加的部分幾乎都歸屬於最富裕的〇・一%人口。財富的集中和權貴階級資本所得（capital income）的極端集中相互呼應：目前因持有資產而獲得的盈餘，大約有七〇%是流向最富裕的一%美國人，一九七〇年代時，這個比率只有三五%。

一如德國，政策導致這些財富轉移趨勢惡化。最高稅率的劇減賦與高所得者積極爭取更高薪酬的強烈動機，而庫藏股買回與槓桿收購（leveraged buyouts）等監理處置方式的變革，則使企業高階主管及金融家得以賺取巨額的收入。自一九九〇年代中期至二〇〇〇年代中期，資本利得的有效稅率共降低超過十個百分點。一九五〇年代初期至一九八〇年代末期，累退性的薪資稅實質上取代了企業利潤稅。一九九〇年代的福利津貼縮減，和哈茨第四階段改革計畫有著異曲同工之妙。另外，一如德國的勞工，美國的勞工一樣面臨就業機會被轉移到海外以及民間部門工會參與率崩潰等情境，變得愈來愈沒有工作保障。

由於多數家庭的儲蓄趨近於零，但最高所得者又將四〇%以上的所得存起來，因此這些所得轉移理應導致美國的整體家庭儲蓄率上升。但取而代之的，家庭儲蓄率卻從一九七〇年代末期占可支配所得的大約一〇%，降至一九九〇年代末期的五%，主要原因是絕大多數的美國人存的錢反而比以前少（這就是需要解釋的謎題）。到金融危機爆發前夕，美國家庭的平均儲蓄率已降至大約三%，因為多數美國人的儲蓄率為負：他們舉債買更多商品和勞務，而這些支出加上他們的利息支出，比他們的所得還要多。不過，從金融危機過後，整體家庭儲蓄率已回升到與一九九〇年代中期相近的大約六%至七%。[2]

美國企業和德國企業在一九九〇年代與二〇〇〇年代的狀況非常類似。當時受金融市場的表現激勵，這兩個國家的企業都過度樂觀看待科技熱潮期間眾多新投資案的獲利潛力。它們的誤判導致它們在後續十年內縮減投資支出，並將投資支出從本國市場轉移到工資遠低於本國的國家。以德國來說，這個流程衍生了居高不下的巨額經常帳順差。（德國的投資崩潰程度遠比美國的情況嚴重且漫長，那可能是因高利率、匯率升值與國內市場疲弱等不利因素共同造成。）

而在美國，扣除折舊與通貨膨脹因素的商業投資活動歷經大約二十年幾乎持平的狀態後，在一九九四年至二〇〇〇年間，美國企業的實質資本支出每年成長大約二〇％。其中，一九九五年年初至二〇〇〇年底，耐久財（工業機械、汽車、飛機與電腦）的製造產能平均每年成長一〇％，但從一九六七年至一九九四年間，這項指標的平均年度成長率大約只有三％。

企業與企業的投資人最終為這場「不理性繁榮」（irrational exuberance，這是前聯準會主席亞倫．葛林斯潘〔Alan Greenspan〕在一九九六年對科技泡沫與金融市場榮景期所發表的名言）付出了慘痛的代價，企業界爆發一波倒閉潮，美國股票價格則暴跌了大約四〇％。二〇〇〇年至二〇〇三年間，淨商業投資大幅縮減一半以上。同一時期，美國商業部門的經常帳收支從相當於美國產出的負五％，回升到約當一％GDP以上的順差。科技泡沫的經歷讓美國企業飽受驚嚇，因而選擇減少投資，並竭盡所能地聚焦在成本控制與利潤的囤積。從二〇〇〇年起，耐久財生產產能平均每年只成長一%。而從泡沫破滅起迄今幾乎二十年間，美國的整體製造業產能一共也只成長區區一〇%。[3]

一如德國，美國企業優先考量的轉變，如實體現在勞工與投資人所受到的差別待遇變化上。自二〇〇一年至二〇〇七年，員工薪酬約當企業淨附加價值的占比穩步降低九個百分點。在此同時，企業以利息、股利、庫藏股買回或保留盈餘等形式支付給投資人的酬勞，則增加六個百分點（剩下的是以較高利潤稅的形式進了政府的口袋，因為當時虧本的企業減少）。從二〇〇〇年底至二〇〇六年中，企業新增的淨值中，只有三六%被分給勞工——比付給債權人與股東的新增淨值占比稍微低一些。這個現象和德國在同一期間所發生的狀況大同小異。

金融危機過後，美國企業甚至變得更加克制。扣除通貨膨脹與折舊後，二〇一七年的商業投資支出比二〇〇〇年還低二%。儘管二〇一八年的投資大幅上升，但有部分是拜一次性減稅誘因所賜。不過，即使如此，那也只使二〇〇〇年至二〇一八年的平均年度商業投資支出成長率達到略低於一%的水準罷了。除了頁岩油生產商和少數科技新創企業等引人注目的例外個案，多數美國企業的現金流入都遠高於它們必須支付的研究、發展與投資支出。

這項結餘讓美國非金融企業得以在二〇一〇年至二〇一四年間將幾近一八%的新增淨值付

給債權人與股東。投資人在那個時期獲得的報酬是一九二〇年代以來最高。從二〇〇八年年初至二〇一四年年底，三四%的企業新增淨附加價值被付給投資人，這和二〇〇一年至二〇〇六年間的情況類似。儘管近幾年企業價值的分配有朝勞工再平衡的情況（和德國相同），但目前勞工的財務狀況依舊遠比二〇〇〇年代以前差。[4]

這應該歸咎於財政政策嗎？

「美國的經常帳逆差應歸咎於美國人」是美國朝野兩黨的普遍共識，因為美國政府支出過高，但課稅又過少。凱因斯傳的作者羅伯・史基德爾斯基（Robert Skidelsky）在二〇〇五年抱怨「美國仰賴其他國家來調整他們的經濟體系，以便為美國人放蕩的支出行為買單。」他建議美國政府採納由增稅與縮減支出組成的某種綜合措施來「降低國內消費」。羅納德・雷根（Ronald Reagan）政府時代的兩位官員喬治・舒爾茲（George P. Shultz）與馬汀・菲爾德斯坦（Martin Feldstein）也在二〇一七年呼應史基德爾斯基的看法。根據他們的說法，「聯邦赤字支出，即大規模且持續減少儲蓄的行為，是『美國貿易失衡的罪魁禍首』。」

他們認為解決方案應該是「控制那一項支出。（譯注：聯邦赤字支出）」短短幾個月後，巴拉克・歐巴馬總統時代的經濟顧問委員會主席傑森・富爾曼（Jason Furman）則在二〇一八年主張「要防止貿易逆差持續成長，美國應該要藉由……」「縮減聯邦政府赤字……」「……來增加國民儲蓄」。富爾曼建議，美國人應該「停止歸咎他人，並開始檢視我們自己的問題。」曾獲諾貝爾獎的左派經濟學家約瑟夫・史提格里茲（Joseph Stiglitz）也呼應他的意見，宣稱「美國人儲蓄太少」，所以，再平衡美國貿易的最好方法，就是減少消費支出，從而「增加國民儲蓄」。[5]

雖然很多人對美國的政策提出批評，這些評論卻是明顯誤判。儘管乍看之下有點違反直覺，但任何一個個別部門的支出與儲蓄決策，鮮少足以解釋整個國家的整體經常帳收支為何出現順差或逆差。真正重要的是家庭、企業與政府等部門的支出及儲蓄決策的綜合影響，以及促使這些整體綜合影響發生的那類系統性扭曲。

舉個例子，隨著日本勞工因年老而逐漸退休，日本家庭的儲蓄率從一九九〇年代初期起便穩定降低。過去十年來，日本的個人儲蓄率幾乎逼近零，在此同時，日本政府從一九九〇年代初期起就呈現巨大且居高不下的預算赤字，平均約占GDP的六%。然而，這整個國家卻維持著恆久不變的經常帳順差。顯而易見的，日本的國民儲蓄遠超過國民投資。以日本的情況來說，這是因為企業邊際利潤率很高，也因日本企業極端不願意在國內投資。日本企業界的結餘大到足以彌補、甚至超過政府與家庭部門的赤字。所以，即使個別部門看起來「揮霍無度」，但合併後的體系卻產生了高儲蓄與巨額的經常帳順差。[6]

相似的，即使美國政府真的努力透過更緊縮的財政政策來壓抑消費，美國的經常帳收支也不會產生明顯差異。箇中原因是美國政府內部眾多不同層級的總預算收支，幾乎完美倒映了美國民間部門的行為。增稅與政府預算縮減，形同剝奪家庭和企業的所得。消費與投資會因此降低（但降低的幅度不像企業盈餘的縮減幅度那麼大）。這會導致民間部門的儲蓄減少，但國民儲蓄率維持不變。相反的，降稅與增加政府支出能使民間部門的所得增加，儘管部分的額外所得會用來消費與投資，但某些卻會被用來購買金融資產。至少在美國，財政政策主要只是影響經濟體系內各個不同部門之間的儲蓄分配狀況，不會影響到整體儲蓄金額。事實上，整體經常帳逆差在財政紀律嚴謹時期擴大，或者經常帳逆差在預算赤字增加時縮減的例子不勝枚舉。美國政府的預算收支鮮少出現和美國整體經常帳收支一致的變化。民間部門的行為對經常帳的影響至少與政府部門一樣重要。很多人認定財政政策的變化是造成經常帳收支產生變化的原因，這種觀念最早可回溯到一九八〇年代。不過，從那時迄今，幾乎所有經驗都顯示，美國的經常帳並不是受財政赤字所驅動。

舉例來說，從一九八三年年初至一九八五年年底，美國從經常帳收支平衡轉為逆差，逆差規模達到GDP的三%。在同一時期，美國聯邦、州與地方政府的整體預算赤字，卻從相當於GDP的八%左右縮減至六．五%，因為當時的經濟從一九八〇年代初期的衰退逐漸復甦。家庭與企業總結餘的減少抵銷、甚至超過這一次的財政緊縮：家庭與企業結餘總結餘從約當GDP的八%左右降至僅剩三．五%。

一九八七年時，拜經濟持續成長與增稅所賜，財政赤字已縮減到GDP的五%，但這被民間部門結餘的持續萎縮（降至GDP的二%以下）完全抵銷。到一九九二年時，美國又陷入經濟衰退，財政赤字也回升到GDP的七．五%。然而，因美國民間部門結餘大幅回升到接近GDP的七%，經常帳逆差因此縮減到GDP的一%以下。到一九九六年年中時，儘管美國的財政赤字已縮減到相當於GDP的四%（一九七〇年代以來最低），它的經常帳逆差卻微幅上升到GDP的一．五%。顯而易見的，這當中的差異應是導因於民間部門——民間部門的結餘大幅崩落到GDP的二．五%。

從一九九五年至一九九九年，美國的經常帳逆差持續擴大，到二〇〇〇年時，經常帳逆差已達到GDP的四%。從十九世紀以來，美國人的集體支出一向超過他們的集體所得。即使是在美國整體政府預算達到一九五〇年代以來首見的收支平衡之際，美國的集體支出還是超過集體所得。財政政策劇烈緊縮，但美國家庭與企業彌補了這個缺口，這兩個部門合併後，從原

圖六·二　美國財政政策並非驅動經常帳收支的根本要素（對整體收支的貢獻占GDP的比重）

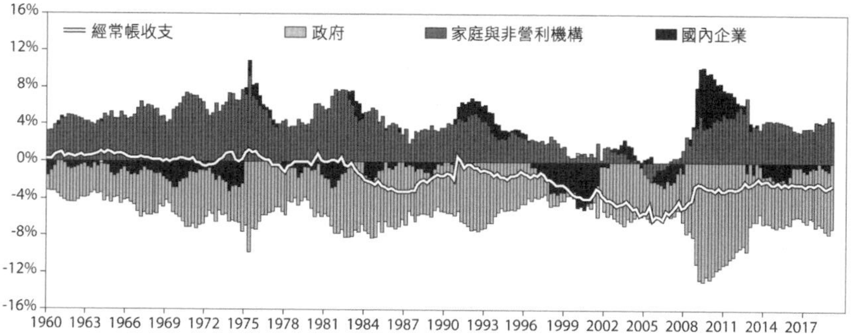

資料來源：經濟分析局；馬修·克蘭恩的計算

本的結餘轉變為約當四％GDP的赤字。儲蓄的降低主要是受企業部門驅動——當時儘管獲利能力降低，企業部門卻還是沉溺於投資狂熱之中。另外，在一九九〇年代，美國的家庭支出也相對高於它們的所得。

到二〇〇三年年中，美國的經常帳逆差已達到GDP的四·五％左右——略高於二〇〇〇年，但不是高很多。然而，民間部門與政府各自對逆差的貢獻卻已劇烈改變。政府的結餘轉變為相當於七％GDP的赤字，不過，民間部門幾乎彌補了這些赤字——民間部門從原本相當於四％GDP的赤字，轉為約當GDP的二·五％的結餘。

儘管政府財政立場出現了七個百分點的變化，卻幾乎未對美國國際收支產生任何影響，因為這些變化幾乎徹底被民間行為的改變所抵銷，尤其是企業部門——這段期間，儘管企業邊際利潤率改善，企業部門卻依舊縮減投資支出。從那時開始至二〇〇六年，美國的經常帳逆差持續擴大，達到略高於美國經濟規模的六%高峰。

然而，這是在政府總預算赤字降到僅約ＧＤＰ的三・五%時發生，因為民間部門從二・五%的結餘轉為二・五%的赤字。家庭與企業對這項轉變的貢獻大約相等。一如一九九〇年代末期，外國的資金流入抵銷、甚至超過「財政正確」所造成的影響。

金融危機也具備相同特質的基本模式，只是方向相反。從二〇〇六年年中至二〇〇九年年中，美國政府的總預算赤字暴增了相當於ＧＤＰ的十個百分點。不過，美國家庭與企業的變化彌補、甚至是超過了這項缺口，家庭與企業的儲蓄部分增加金額相當於ＧＤＰ的十三個百分點。這產生的綜合影響是：美國經常帳逆差急遽萎縮到ＧＤＰ的三%以下。從那時開始，美國的總支出相對於總所得並沒有明顯的變化，經常帳逆差則相當穩定的維持在ＧＤＰ的二%至三%。

不過，公共與民間支出的組合卻出現轉變。在二〇一七年年底減稅案通過前，美國政府的預算赤字縮減到大約ＧＤＰ的五・五%，而民間部門的結餘則降到三%。這主要是扣除通貨膨脹與折舊影響後的政府投資支出劇烈刪減所致（從二〇〇八年的高峰到二〇一四年的谷底，共降低約六二%）。儘管從那時開始，政府實質投資支出溫和地恢復，但目前仍低於一九八〇年代初期以來所有時點的水準。儘管政府投資支出的縮減可局部歸因於軍事支出的降低（且從那時開始，軍事支出縮減的趨勢已漸漸反轉），但多數應該是導因於州與地方政府層級的基礎建設投資與維修的裁減。在減稅案通過後，整體政府預算赤字已擴大到相當於GDP的七％左右，然而這對經常帳收支的影響非常微小，因為國內民間結餘也相應上升到GDP的四・五％。[7]

我們無法從美國家庭、企業與政府的選擇，了解為何美國會在各種不同經濟情勢下持續呈現經常帳逆差。每當一個部門縮減支出，另一個部門就會填補它的空缺。所以，比較有幫助的方式，是將經常帳收支視為自變數（independent variable），而美國家庭、企業與政府則是根據來自海外的金融流入而調整其行為。民間與公共部門舉債行為的具體組合，或者企業資本支出與住宅建築活動的具體組合，多半取決於美國國內情勢與政策。不過，整體的綜合結果卻取決於美國境外的狀況。

也因如此，儘管美國和德國之間有很多相同的特質，美國卻持續呈現經常帳逆差。美國和德國之間的關鍵差異是外國人對美國資產的胃口非常大，若非如此，美國不可能長期維持如此巨大的經常帳逆差。而進一步來說，外國人偏好美國資產的理由，可能是和美國主權債務與相關的債務在國際金融體系中所扮演的特殊角色有關。

要了解當今的系統，最簡單的方法就是探討它如何演進到目前的狀態。令人有些訝異的是，目前的國際貨幣體系還保有過去兩個世紀以來的諸多核心特質。使美元取得優勢地位，以及美國因此而產生且居高不下的經常帳逆差，其中的根本變化是金本位（gold standard）在大蕭條期間的崩潰。儘管各國在後續九十年間反覆不斷想方設法，卻沒有任何國家成功營造出適合取代美元的機制。於是，整個世界退而求其次地選擇一個以美元作為世界準備資產（reserve asset）為中心的機制。接下來，且讓我們探討何謂準備資產，以及為什麼準備資產會存在。

了解準備資產

貨幣是民眾用來償還債務的工具。雖然同一時間內可能會有很多種貨幣並存，但並非所有形式的貨幣都永遠會被接受。債權人願意接受的貨幣有階級貴賤之分。當債權人很樂觀，就會接受較低階級的付款形式。當債權人感到緊張，就會對付款形式較為挑剔：在這種情況下，紙鈔優於股票投資組合。準備資產是眾多貨幣階級中最高階的付款工具，因為那種資產的貨幣性（money-ness）無可非議——它的價值源自政府權威與大眾共識的結合。民眾持有準備資產的目的，就是為了確保他們的貨幣能在最迫切需要時保有它原本的效用。

黃金是幾個世紀以來公認的終極準備資產。理由是黃金難以破壞，每年的供給量也沒有明顯變化，而且，黃金的價值並不取決於任何人的信用度（creditworthiness）。過去銀行業者曾對民眾發行可贖回固定數量黃金的鈔票。最初銀行代存戶保存黃金並藉此收取保管費來獲利。後來，情勢明顯顯示那種可贖回黃金的鈔票可充作貨幣使用，於是，銀行業者遂發行總價值高於其黃金準備的鈔票，並利用額外的鈔票承作孳息性貸款，以獲取更多的利潤。只要多數民眾滿足於持有銀行鈔票而非持有黃金，這個營運模式就行得通。[8]

不過，當立即可贖回的鈔票被用來支持較長期的貸款，而且有太多鈔票持有人試圖在同一時間要求銀行贖回鈔票以換取黃金時，問題就來了。這時銀行業者可能藉由「暫停兌現」的手段，斷然拒絕讓鈔票持有人拿鈔票換回黃金，但有時候，銀行也會將原先承諾兌換的部分黃金交付給鈔票持有人，以履行局部承諾的方式試著安撫他們。無論如何，那都代表銀行業者無法履行它們的義務。一旦碰上那樣的時刻，鈔票持有人將驟然領悟到他們手上的貨幣並不像想像中那麼有價值，並因此認定自己變窮了，於是，他們會縮減支出並出售資產，以便持有更高階級的貨幣。當很多銀行業者在同一時間遭遇這樣的打擊，就會爆發金融危機。[9]

各國央行就是為了回應這類危機而興起。各國央行可將黃金借給民間銀行業者，換取它們對那些銀行的其他資產的權利。當銀行業者能從央行借用黃金，不理性恐慌的鈔票持有人便得以將他們的紙鈔轉換成黃金，危機最終也會告一段落。設置中央銀行的重點是要保護實質上還擁有償債能力但暫時面臨資產與負債到期日錯配（maturity mismatch）問題，以致無法應債權人要求而贖回負債的銀行業者。只有真正失去償債能力的銀行會破產，至少理論上來說是如此。後來，這些最後放款人（lenders of last resor，譯注：指各國央行）索性以黃金為擔保品，印製它們自家的鈔票，因為鈔票比較容易運輸，而且想印多少就能印多少。到最後，銀行業者開始將它們的黃金存到中央銀行，並持有中央銀行鈔票作為它們的主要準備資產。黃金依舊是這整個系統的最重要支柱，不過，擔保黃金釘住政策的可信度的實體，已由民間放款人轉為國家級政府。

到十九世紀時，這個流程將特定中央銀行（尤其是英格蘭銀行）的發行證券（譯注：鈔票）轉化為跟黃金幾乎一樣有效的準備資產。相似的，外界對最可靠的英國銀行業者的債權，也被視為約當黃金——包括在大英帝國境外持有的優質銀行債權。於是，金本位實質上變成了紙鈔本位。

到第一次世界大戰前夕，英格蘭銀行持有的黃金準備僅佔全球黃金準備的三．四％，而它發行的鈔券也只有不到五％受黃金擔保。儘管如此，世界上很多國家的政府還是老神在在地持有英鎊作為準備資產（這些準備資產是用來支付進口與外債所需）。四大經濟體（法國、德國、英國和美國）以外國家的政府所發行的通貨，僅約占所有準備資產的三分之一（其餘的是金條）。除了歐陸（即法國法郎與德國馬克盛行之處）和加拿大（它持有美元作為準備資產），英鎊是最具支配力量的準備通貨。舉個例子，一九一三年時，日本持有的準備資產幾乎全部是對英國政府與銀行業者的金融債權，而不是黃金或其他外國通貨。[10]

在戰爭期間，美國以外的所有主要強權國家都暫停接受紙製通貨兌換黃金的業務。原因是，當時各國政府大量印鈔來支應戰事所需，所以，如果它們允許紙鈔持有人拿紙鈔去兌換黃金，它們的黃金準備很快就會消耗殆盡。到了一九二二年的熱內亞會議（Genoa Conference），列強又同意重建某種類似戰前金本位的機制，目標是為了阻絕通貨膨脹並回歸常態。

以傳統的金本位機制來說，每一個國家的國內信用供給理應受限於該國政府與銀行業者所持有的黃金數量。民間放款人可以無限制地創造紙製債權，但當局並不鼓勵這麼做，畢竟這些債權最終可兌換為黃金，而黃金的供給是有限的。但這種約束力非常薄弱，從一九一三年英格蘭銀行的黃金保障倍數有限便可見一斑，儘管如此，那終究是一股實實在在的約束力量。據此推論，黃金流入理應會助長額外的放款與支出，並使收受較多金條的國家發生物價上漲與生產增加等必然結果。

這種綜合結果理應使全球失衡不可能長期延續。順差國將收到黃金，而這會促使本地信用供給增加，並導致工資與物價上漲。而工資與物價上漲將促使支出進一步增加，包括對進口的支出，即使此時出口變得比以前昂貴。逆差國則會發生信用供給緊縮的狀況，而隨著逆差國的信用供給趨於緊縮，它們將被迫壓低出口的價格並縮減對進口的支出。到最後，貿易流量的變化將導致黃金的流向逆轉，終結順差國的景氣繁榮與逆差國的景氣衰退。雖然這些調整不可能是無痛調整，但將是對稱的。

但重建後的金本位在一九二〇年代再次失敗，因為法國與美國阻止它們的國內經濟體系以常見的方式回應黃金的流入，玩弄這個原本相當有彈性的系統。其中，法國將法郎的黃金價值重新設定在遠低於戰爭以前的水準，這抑制了法國人對進口的支出，並使法國的出口價格降低。美國雖沒有直接調整美元的黃金價值，它的匯率實質上卻相對歐洲國家貨幣貶值，原因是戰爭期間美國的通貨膨脹遠低於歐洲，且在戰後比歐洲國家更成功扭轉通貨膨脹（那則要歸功於美國戰前與戰後的優越生產產能（相對其國內需求））。一如法國，這使美國的出口盈餘提高，但壓抑了美國人對進口的支出。另外，美國人也經由戰爭時期對盟國與戰後對德國的貸款，賺到非常可觀的利息收入。換言之，法國和美國雙雙享有鉅額的經常帳順差。這些狀況的必然結果是：法國與美國獲得來自世界各地的大量黃金流入。

黃金流入理應促使法國與美國的消費力提升，並使法國與美國的出口在世界市場上變得較昂貴。這些失衡理應能自我修正，最終並促使黃金流入的趨勢逆轉。然而，法蘭西銀行與美國聯準會卻為了控制國內通貨膨脹並維持國際競爭力而「沖銷」（sterilized）它們的黃金進口。換言之，流入法國與美國的黃金非但沒有使貨幣與信用規模擴大，反而消失在全球金融市場上。這個決策使法國與美國持有的準備資產數量大幅增加、扭曲了世界經濟體系，最後更摧毀了依據熱內亞會議共識而打造的貨幣機制。總之，債權人不願進行對稱的調整。於是，一九二〇年代的逆差國為履行它們就黃金做出的國際承諾，只好選擇犧牲本國經濟狀況。

然而，到經濟大蕭條來襲時，這個選擇不再行得通。第一個屈服於「退出金本位」誘惑的是英國，它在一九三一年九月放棄英鎊釘住黃金的政策。北歐國家與日本在那一年稍晚也跟進。諷刺的是，由於聯準會擔心美國的黃金準備流失，所以選擇緊縮信用條件，但這加劇了銀行破產潮，直到美國政府在一九三三年打破美元和黃金之間的連結，情況才終於改善。法國撐得最久——歷經多年的內需疲弱，加上貿易競爭力每下愈況，法國終於在一九三六年放任法郎貶值。嚴格來說，德國直到被同盟國打敗後才放棄馬克釘住黃金的政策，不過，這個堅持並不是沒有付出代價：它對移出德國的資金進行嚴厲的管控，包括以強勢貨幣償還外國債務的人將被判死刑等。由於納粹政權與國際金融體系的連結被切斷，所以它為了取得必需品而訴諸以物易物的貿易；例如它出售先進製造品來換取原物料，而那些原物料通常來自德國表面上的意識型態對手蘇聯。到一九三〇年代將結束之際，戰前的金本位與兩次世界大戰間的黃金兌換標準全數被終結，絲毫未留下痕跡。[11]

布列敦森林協議、美元的崛起以及「囂張特權」的誕生

就在諾曼第登陸後短短不到一個月，代表四十四個同盟國的七百二十位代表，在新罕布夏州的布林敦森林集會，討論戰後的國際貿易與金融秩序。會中的每一位代表都同意，一九二〇年代的黃金兌換標準已徹底失敗，另外，與會代表也認同一九三〇年代的貨幣無政府狀態加劇了貿易的瓦解，並促使軍國主義興起。而為了促進國際合作與經濟穩定，應重新建立一套新秩序。問題在於這一套新秩序將以什麼樣貌呈現在世人面前。

在一九一九年時強力反對要求德國支付懲罰性賠款的凱因斯，曾在一九二五年警告溫士頓·邱吉爾（Winston Churchill）不宜以過於高估的匯率回歸金本位，並撰寫了一份分析經濟週期與大蕭條的巨著，其內容之精闢，迄今仍鮮少人能出其右。他在布列敦森林會議中代表英國的立場，當時英國希望避免一九二〇年代的失衡重演，並希望確保由順差國與逆差國共同承

擔失衡的調整成本。

凱因斯敏銳地意識到，英國在一九二〇年代維持高估匯率的那個決策已導致英國經濟受到損害。（英國做出那個決策的動機是意圖維護印度與大英國協〔Commonwealth〕居民在戰爭爆發前與戰爭期間陸續購買的英鎊資產的價值。）儘管英國人得以維持整體經常帳順差，但出口崩跌與國內產業遭到進口取代等問題，導致英國的貿易逆差暴增。凱因斯比多數人都深刻認知到，居高不下的逆差不僅可能是海外的問題所造成，也可能是導因於本國的問題。

他提案建議透過一家「國際性清算銀行」來結算所有貿易金融，而這一家銀行將採用它自家的結算單位「邦克爾」（bancor）。每一個國家都會擁有一個專屬帳戶，各國經由銷售出口商品與勞務來賺取邦克爾，並利用平日累積的邦克爾餘額來支付進口的費用。各國分別擁有一個特定上限的透支額度，並可在額度內善加使用，不過，透支金額過大的國家必須引導國內匯率相對邦克爾貶值。關鍵的是，他的提案建議，持有過多邦克爾的國家應該接受和發生邦克爾赤字的國家一樣重的罰則。透支上限實質上是對稱的，所以超過限額的邦克爾餘額會被沒收，並存入一個準備基金。另一方面，順差國必須引導它們的貨幣相對邦克爾升值，目的是為了促進平衡貿易與促成匯率調整上的合作。

但美國否決了這個計畫。美國的談判人員希望世界上其他經濟體在固定匯率的體制下，用美元作為國際貿易與金融的通貨。美國也堅持（事後回顧，那時的堅持很愚蠢）拒絕採納「由順差國與逆差國共同分攤調整的負擔」的機制。美國人認為，如果一個國家無力為它的經常帳逆差取得財源，它只要努力縮減國內支出並設法促使國民儲蓄率上升—無論是透過貶值、政府預算緊縮、失業率上升或某種其他機制—就能解決問題。另一方面，美國也主張不能讓順差國承受調整的壓力（藉由增加支出來進行調整）。最後，美國建議成立一個「國際貨幣基金」，由這個基金為因捍衛釘住美元政策而面臨壓力的國家提供臨時緊急貸款。各國可以引導本國匯率相對美元大幅貶值，但除非獲得IMF的明確核准，否則各國引導本國匯率貶值的程度不能太大。

在當時，這些條件看起來似乎非常有利於美國，因為美國既不想因它的高額順差而遭到懲罰，也不想犧牲它作為世界最大債權人的地位。不過，美國人也相信，他們的國內支出其實是因戰事才會大幅增加，那是一種「虛胖」，戰爭結束後，支出必然會降低。此外，美國人也預期他們的充沛生產產能將成為歐洲與亞洲戰後重建活動的搶手貨（這個認知倒是正確無誤）。對曾遭兩場世界大戰蹂躪的世界來說，美國高額的貿易順差與對應的金融流出將對全球經濟體系有利，不應被視為不受歡迎且應加以懲罰的失衡。

美國提議採用的系統鼓勵其他國家的中央銀行持有美國政府發行的證券作為準備資產。這是以美元本位取代金本位後將自然發生的結果。一如金本位時代，各國央行必須管理本國紙鈔和這項準備資產的價值之間的連結。在此同時，各國央行也必須有能力在危機時刻提供緊急貸款給民間部門的銀行。這對美國聯準會來說簡直是易如反掌，因為這個系統的準備資產是美元，一旦有必要，聯準會能隨心所欲地製造大量美元，完全不用擔心匯率的問題。而對世界其他經濟體來說，唯有累積可在需要時取用的大量美元計價資產，才能解決國際與國內不同優先考量之間的這種緊張關係。

在當時，這看起來似乎也是對美國相當划算的條件，畢竟當時美國已為它的債務打造了一個專屬的市場，這個市場有助於壓抑貸款成本、釋出資源來降稅，並把更多錢花在民眾想要的事物上。那也意味美國政府比外國政府擁有更多抬高國內支出的自由。顯而易見的，若採用美元本位，美國就無需忙著處理匯率釘住問題。法國戴高樂總統的財政部長瓦萊里・吉斯卡爾・德斯坦（Valéry Giscard d'Estaing）最終將之稱為美國「囂張的特權」（Exorbitant Privilege）。

儘管如此，歐洲人最後還是勉為其難地接受這個安排，原因是他們有方法防止美國濫用這個體系：美元可用每盎司三十五美元的固定比率兌換成黃金。只要美國守住盟友對它的信心，戰後的貨幣體系應該就能繼續順暢運作。然而，如果那些盟國認定美國正藉由貨幣貶值的方式占其他國家的便宜，它們就可能將手上的美元轉換為黃金，以便保護其準備資產的價值。[12]

「我們的通貨，卻是你們的問題」

羅伯·特里芬（Robert Triffin）是比利時的貨幣學派經濟學家，他從一九三九年起就在哈佛大學授課，並在三年後成為美國公民。到一九五〇年代末期，他漸漸體察到布列敦森林機制天生就因一個固有的傾向而流於不穩定，那個傾向是：美元的債務成長速度傾向於比黃金供給成長率更快。外國人可持有的美元數量並無上限，但肯塔基州諾克斯堡（Fort Knox）保管中心所保管的黃金數量卻是有限（且持續縮減）的。換言之，美國政府就像舊金本位體系下的某一家銀行——它的鈔票發行量超過準備金，雖然它能透過這兩者的差額獲取利潤，卻永遠都無法排除擠兌的風險。誠如他在一九五九年十月於國會作證時所言「我們一直在借短期債務來承作長期貸款，甚至平白把錢送出去。此外，黃金也日益折損。」[13]

在整個一九五〇年代，美國人的支出都低於他們的所得：若不含外國援助，那些年的平均經常帳順差，大約價值國內生產毛額的一%。這也意味美國人購買的海外資產顯然比外國人購買的美國資產多。問題在於當時的經常帳流入明顯小於金融帳流出。國際收支之所以維持平衡，完全是因為美國人賣掉他們對供給有限的準備資產（譯注：指黃金）的權利，以取得從事海外投資的資金。美元的價值遭到高估，但美國人並沒有放手讓他們的通貨貶值，而是為了維持不合理的釘住匯率，而將黃金的權利讓渡給外國人。到一九五〇年代末期，外國人開始執行他們的權利，將美元準備轉換為實體黃金：一九五七年年底至一九五九年年底，美國的黃金準備減少大約一五%。在那幾年間，最初最積極以美元以贖回黃金的是英國居民，後來則是法國人。

特里芬擔心一旦美國的實際黃金持有量和外國人有權要求美國交付的黃金數量之間的差異愈來愈懸殊，將會損害美元的信用度，並透過一種自我強化的流程，使外國人加速將美元兌換成黃金，最終更引爆危機。而一旦危機爆發，外國中央銀行將即刻試圖將它們手上的美元交換為黃金，而儘管某些國家可能會成功達到這個目的，多數卻會失敗。到時候，全世界的銀行（譯注：即聯準會）所發行的鈔票（譯注：即美元）將遭到質疑，貨幣與信用將會崩潰，全球經濟體系也會快速陷入通貨緊縮及蕭條狀態。美國政府大可為捍衛黃金釘住政策而試圖限制外國的美元持有量，但這將會「剝奪世界上其他經濟體到目前為止的主要流動性來源，而國際間的流動性是持續擴展世界經濟體系的必要元素。」特里芬的「兩難」就是指「繼續維護一個無以為繼的全球金融模型」和「永久扼殺信用」之間的抉擇。[14]

約翰．甘迺迪（John F. Kennedy）崛起並成為舉足輕重的總統競選人後，情況進一步惡化。他的選戰訴求是擴大社會支出、減稅與重整軍備——一般認為這是可能引發通貨膨脹的惡性組合。一九六〇年時，美國的黃金準備又降低了九%。向美國兌換黃金的主要是英國、瑞士、荷蘭、法國和比利時。更令人憂心的是，倫敦金條交易價在一九六〇年十月飆漲到接近一盎司四十美元，遠高於官方兌換價的三十五美元。雖然黃金飆漲速度在聯準會與英格蘭銀行的聯手干預下稍稍趨緩，這終究是一個警訊，未來的發展明顯令人憂慮。[15]

紐約聯邦準備銀行（Federal Reserve Bank of New York）為因應這些狀況而開始派遣代表到位於巴賽爾（Basel）的國際清算銀行，企圖說服歐洲人繼續持有美元作為它們的準備資產。最後，美國和七個歐洲盟國組成了倫敦黃金共保組織（London Gold Pool），試圖將國際黃金價格固定在每盎司三十五美元的水準。另一方面，國際貨幣基金被授權可在緊急狀態時將黃金借給美國。聯準會也和幾家外國中央銀行建立了借貸各國通貨的交換額度。美國財政部則發行以外國通貨（如馬克）計價的所謂魯莎債券（Roosa bonds），希望阻止歐洲人要求兌換黃金（這類債券是以當時的財政部官員羅伯・魯莎〔Robert Roosa〕的姓來命名）。國會方面則是通過一項「利息均等稅」（interest equalization tax）來阻止美國人投資海外。另外，美國還要求曾接受外國援助的國家用它們收到的美元援助購買美國的出口品。[16]

出乎很多人（包括特里芬）意料的是，在這些對策相助下，布列敦森林協議又繼續苟延殘喘了十年。不過，這些對策終究還是不夠。整體來說，一九五七年年底至一九六八年三月，美國共流失接近一萬公噸的黃金準備，略高於美國總黃金準備的一半。其中一半是被法國和英國換回，其餘的多數是流向其他西歐國家，例如奧地利、比利時、荷蘭、西班牙與瑞士。[17]

由於黃金流出量過大，導致黃金共保組織無力將黃金的市價維持在一盎司三十五美元的水準。到一九六八年三月，這個卡特爾（cartel）被迫關門大吉，美國也正式宣布，從今而後只有各國中央銀行有權以三十五美元的法定價格兌換黃金。這造成一個雙級市場：到一九六九年，各國央行理論上可以用每盎司三十五美元的價格，以美元交換黃金，但世界上其他所有人則是以一盎司四十三美元以上的價格交易黃金。然而到那一年年底，黃金價格回跌到三十五美元，局部是因一九六九年至一九七〇年的經濟衰退所致。

到一九七一年年中，情況再次翻轉。倫敦金價在五月時突破每盎司四十美元，德國聯邦銀行決定放手讓馬克隨美元波動。到八月時，面臨美國黃金持有量持續降低、失業率上升與美國貿易收支劇烈惡化等威脅的理查．尼克森總統（President Richard Nixon）終於決定結束美元可兌換黃金的機制。於是，布列敦森林體制正式走入歷史。[18]

如果美元的外國持有人婉拒將他們的美元部位兌換為黃金，布列敦森林體系理應能撐更久。在那個情況下，全世界的銀行（譯注：指聯準會）的資產負債表理應持續擴大，在出售愈來愈多短期準備資產的同時，累積愈來愈多對世界其他經濟體的長期債權。問題出在通貨膨脹：美元相對商品及勞務的價值持續降低，包括那些開採黃金時使用的商品與勞務。從一九五八年年初至一九七〇年年底，美國的消費者物價共飆漲了四〇%，但黃金的官方價格卻維持不變。這重創了黃金生產商的邊際利潤，並使黃金供給量難以充分擴大。[19]

更重要的是，固定匯率體系將美國的通貨膨脹輸出到世界上其他經濟體。誠如財政部長約翰·康納利（John Connally）在和歐洲各國財政部長討論相關議題時所言，美元是「我們的通貨，卻是你們的問題。」戴高樂總統抱怨，美國雖為了對抗東南亞的共產黨而投入所費不貲的戰爭，也為了對抗國內的貧窮問題而耗費非常多資金，但它卻無須增稅，也不用縮減對進口的支出。德國的領袖人物對此的回應雖較慎重，卻也將一九六〇年代末期物價節節高升一事，歸咎於美國人的恣意揮霍。無論如何，這兩個國家都採取想當然耳的理性回應，以黃金取代美元，而這些回應最終也拖垮這個固定匯率體系。

某些經濟學家事後主張，如果美國的政策制訂者能善加控制通貨膨脹（或許藉由忍受較高的國內失業率來達到這個目的），歐洲人可能永遠不會被迫破壞布列敦森林協議。如果美國好好控制通貨膨脹，整個世界可能會逐步接受以全球美元本位來取代金本位，讓美國的聯準會來設定全世界的貨幣政策。但取而代之的，由於美國未能善加控制通貨膨脹，導致整個世界進入一個當時像是貨幣無政府狀態的時期。歐洲人（尤其是法國人）對一九七〇與一九八〇年代劇烈波動的國際匯率深惡痛絕，甚至一度蓄意試圖重建一個固定匯率體系，最終促成了歐元的設置——歐元的啟用，好比是一項戴高樂主義者對美國人與力促浮動匯率的美國經濟學家的譴責。

然而，儘管歐洲人對美國過分優渥的特權以及美國將通貨膨脹輸入到他們國家的行徑抱怨連連，但由於美國人的支出讓歐洲國家受益良多，所以它們也甘之如飴地自願加重這個體系的缺陷。歐洲人將他們的出口品賣到欣欣向榮的美國市場，還仰賴美國的軍事支出保護他們免於受到蘇聯的侵略。畢竟若沒有強勁的外部需求（譯注：主要來自美國），若非國防預算受到壓抑，歐洲的眾多福利國或許根本負擔不起那些福利。換言之，導致美國無力維持美元／黃金釘住匯率的動力，正好是使歐洲經濟得以繁榮發展的動力。所以，解決方案就是打破美元與黃金的連結。然而，這並沒有解決最根本的問題。一九七一年以後，外國人對美國資產的需求有增無減，這進一步扭曲了全球與美國經濟體系。[20]

超額儲蓄、重商主義者操作，以及第二次布列敦森林協議

整個世界最終還是適應了新體制。雖然諸如紐西蘭與瑞典等國家的景氣因採用自由浮動匯

率與獨立貨幣政策而欣欣向榮，多數國家卻拒絕採納這個方法。某些國家試圖將本國貨幣釘住貨幣信用度較高的國家的通貨（例如歐洲國家試圖釘住德國馬克，其他國家則試圖釘住美元），藉此穩定國內的通貨膨脹率。還有一些國家則決定以美元或馬克為基礎來管理貨幣，期許藉此鼓勵外國投資，並發展出口市場。目前為了方便起見，多數的製造品國際貿易是以美元計價，儘管美國並未直接參與多數其中的交易。一九八〇年代以後，匯率釘住政策異常受到青睞，這個令人意外的發展促使某些學者開始討論第二次布列敦森林協議的可能性。[21]

最初這些固定匯率與準固定匯率體制，只是靠口頭承諾與交易員的信心維繫。實施釘住匯率政策的那些政府手上並沒有足夠的強勢貨幣（即美元、馬克與日圓）可在他們的釘住策略遭到質疑時，用來捍衛他們的本國通貨，理由很簡單：因為累積那類準備資產的代價太高：一旦把資金用來購買那類安全資產，就不得不挪用理應花在興建道路與醫院的經費。如同第一次世界大戰前的金本位，這導致準備資產的供給和連結到準備資產的貨幣數量之間發生錯配（mismatch）。不過，只要根本經濟情勢支撐得住這些釘住政策，這樣的錯配還不致構成問題。

然而如果根本經濟情勢改變，缺乏足夠準備資產的政府將不得不在下列項目中做出抉擇：為信守它們的承諾而犧牲本國公民（讓他們過苦日子）、重新將匯率設定在可實現的水準，或徹底放棄釘住政策等。不過，面臨這種情況的政府鮮少有太多選擇。經濟體系與金融市場是社會現象，只要人的信念一改變，便會影響到現實面的發展。以多數狀況來說，光是匯率貶值的「可能性」，就足以促使本國與外國投資人將資金匯到海外，而他們匯出資金的行為將會促使利率走高，進而導致維護釘住政策的成本上升，直到政府無力維持這個政策為止。曾賭上某些脆弱的匯率體制終將崩潰並因此獲得巨額利潤的避險基金經理人喬治·索羅斯（George Soros），是以「反身性」（reflexivity）來形容這個自我強化的流程。[22]

匯率大幅貶值通常對以本國通貨舉債的家庭、企業與政府有利，因為打破匯率釘住政策後，本國央行將得以降低利率並寬鬆信用條件。英國便是典型的例子，一九九二年時，英國國內經濟衰退和德國統一後的短暫經濟榮景之間的懸殊景氣差異，逼得英國退出歐洲匯率機制（European Exchange Rate Mechanism）。（事後回顧，索羅斯在這個事件上發揮了重要的影響，他賭英國無力維持英鎊釘住馬克的匯率，而在他的賭注影響下，若英國政府決定繼續捍衛其匯率體制，就必須付出更高的代價。）英國擺脫釘住馬克的政策束縛後，隨即採用較寬鬆的貨幣政策，而它的經濟也幾乎馬上開始復甦。

對照之下，背負沉重外幣債務的國家一旦放任匯率大幅貶值，便得承受極大的痛苦，主要是因為本國通貨貶值後，那些外幣債務相對本國經濟活動的價值將會上升。很多拉丁美洲國家在一九七〇年代舉借大量美元貸款，到一九八〇年代時，它們不得不以非常不利的匯率償還那些債務。不過，當時除了台灣，多數非拉丁美洲國家並不認為拉丁美洲的經驗有什麼好借鏡的。台灣是非常值得一提的例外，它在一九八〇年代購買了七百億美元的外匯準備，相當於一整年的經濟產出值。當然，這是因為台灣的處境極度不尋常，因為台灣政府深知即使它陷入困境，也永遠無法從IMF取得緊急貸款。[23]

但一九九七年至一九九八年的亞洲金融危機改變了一切。多年來，印尼、南韓、馬來西亞、菲律賓與泰國吸引來自北美、歐洲和日本的巨額金融流入。那些國家的經濟都快速成長——韓國的生活水準已趨近紐西蘭與西班牙，而馬來西亞的經濟發展程度則和中歐國家相近，而且在一九九〇年代時，那些國家都維持相對穩定的匯率（兌美元）。不過，基於各式各樣的原因，情況從一九九七年上半年開始逆轉。這個發展變讓很多人措手不及，尤其是IMF。誠如時任IMF政策審查部部長的提摩西．蘭恩（Timothy Lane）在一篇回顧檢討分析中所言，亞洲的危機國家「坐擁財政結餘、高民間儲蓄率與低通貨膨脹。」在蘭恩與他的同事眼中，「它們的匯率似乎並不離譜。」[24]

問題出在那些危機國家的銀行業者與企業舉借過多外幣債務來推高國內資產的價格。更糟的是，它們舉借的債務通常是短期債務。只要資金持續流入，匯率維持穩定，股票與房地產市場持續上漲，局面看似就能維持下去。然而，只要市場情緒出現些微的變化，就可能、也確實會引發一種自我強化的不良串聯效應，即資產價格下跌、匯率貶值，以及實質利率上升等。那些國家並不是錯在向外國舉債來支持它們的經濟發展，而是錯在它們採用的債務結構本就有崩潰的傾向。[25]

當時受創最深的國家是印尼。一九九七年一月至一九九八年七月間，印尼通貨（盧比）的價值崩跌了八〇%。一九九七年至一九九九年，印尼的每人實質產出共降低一四%以上。這個混亂帶來非常大的創傷，最終甚至導致自一九六七年就開始統治印尼的蘇哈托（Suharto）政權垮台，同時促使東帝汶（East Timor）宣布獨立（它從一九七五年開始就被占領）。印尼事後的經濟復甦腳步也極度緩慢：直到二〇〇〇年代中期，印尼的平均生活水準才終於回到先前的高峰。泰國和馬來西亞最初的表現只比印尼稍微好一點，它們的生活水準分別降低一二%與一〇%，但事後的復甦速度卻比印尼快一些。韓國與菲律賓的表現相對較理想，它們的經濟衰退幅度較小，且更快恢復成長。

終結這場危機的主要功臣是ＩＭＦ與其他國際放款人提供的緊急貸款，以及聯準會的大幅寬鬆貨幣政策。不過，這項援助的代價並不低：受援國的政府必須遵從外部人的建議才能得到援助；雖然其中很多建議個別來看似乎還算無可非議，卻似乎是針對性地以羞辱求援的政府為目的。此外，那些建議經常未能解決眼前的緊迫問題。最惡名昭彰的例子之一是，ＩＭＦ

要求印尼政府終止它對丁香（用於香菸製造）的壟斷。蘇哈托與他的親友團因這項壟斷權而獲得非常多利潤，但一般印尼農民卻在這個過程中被犧牲，因此這項特權的確理應廢除，不過，這件事和危及金融體系與經濟體系的那一場危機幾乎毫無關係。[26]

其他建議更是明顯造成反作用。政府縮減支出與增稅不僅無法重建投資人信心，反而更壓抑國內支出。利率的提高理應有助於重建信用度並阻止資金外流，但升息所造成的經濟活動萎縮，只是讓危機國的本地人更加渴望將資金匯出。IMF事後承認，由於危機國的消費與投資降幅遠超過他們的預料（這局部導因於他們的政策建議），所以IMF「計畫的最初成效不如預期」。而隨著危機國家的企業與家庭縮減支出，進口隨之遽減，經常帳也發生巨額的調整。[27]

對那些國家而言，這是一次非常痛苦且極度屈辱的經驗，所以新一代的政策制訂者誓言絕不重蹈覆轍。那意味他們將設法取得前所未見的大量外國準備資產，以避免有朝一日必須再次低頭向IMF求助。在亞洲危機爆發前夕，世界各地的政府共持有大約九千七百億美元的美元計價準備資產，其中絕大多數是歐洲各國政府與日本所持有。然而，到二〇〇八年年中，各地美元計價的準備資產總額暴增到五．二兆美元，且多數是貧窮國家的政府所持有。全球金融危機的創傷促使那些國家進一步累積更多準備資產：到二〇一九年年初，外國政府持有大約八兆美元的美元計價資產。[28]

這個作法有得也有失：累積準備資產的國家勢必得承擔國內支出減少的後果。各國央行與主權基金以原本理應用來購買額外進口品的購買力來累積外國金融資產。換言之，各國政府犧牲了一般家庭（家庭減少商品及勞務方面的支出）來增加政府本身的財富。各國政府會產生這種自我保險欲望是可以理解的，但這個作法在東亞各國衍生了需求慢性短缺以及巨額貿易順差的後果。不管最初的立意為何，居高不下的巨額貿易順差、政府持續出資購買外國資產，以及管理匯率政策的採納等因素結合在一起，在經濟層面上的意義，就像是經由匯率操縱來實現的重商主義。換言之，各國政府不是以關稅或配額等手段來阻止進口，而是壓低本國匯率的價值、壓低利率以及用其他方式補貼出口商，以排擠外國商品，同時提高它們在出口市場的占比。[29]

在這類實施自我保險（即操縱匯率）對策的政府當中，中國政府是最重量級的一個，它累積的準備資產價值高於歷史上的所有國家。在亞洲金融危機爆發前夕，中國政府的外匯管理局（負責管理中國人民銀行的準備資產的實體單位）僅持有大約一千億美元的準備資產。當時的中國還是一個貧窮國家，經濟發展程度和宏都拉斯相去不遠。那時中國的資本帳大致上是封閉的：外國人難以將資金匯入，本國人更是難以將資金匯出。不過，很多政府人員原本為了推行中國金融體系的自由化，已計畫要逐漸放寬這些管制，最終目標要是讓人民幣相對其他通貨自由浮動。

但發生在印尼的事件改變了這一切。中國的領導人眼睜睜看著一個看似穩若磐石的威權政權，因民間部門陷入債務困境而垮台，內心不由得戒慎恐懼。於是，他們決心不讓同樣的情況在中國發生。最簡便的解決方案就是維持中國的匯率釘住政策，並防止人民幣升值到浮動機制下可能達到的水準。便宜的人民幣等於是將消費者與勞工的所得移轉給政府與出口導向企業。那一項所得移轉使得國內支出相對國內生產受到壓抑，從而讓中國對外國融資的需求達到最小化。

然而由於當時的外國儲蓄者非常渴望投資中國，所以，維持釘住政策本身就是一個嚴峻的挑戰。中國利用資本管制措施將某些外國資金擋在國門之外，儘管如此，流入中國的外國資金還是非常多。若放任情況繼續發展，那些資金流入應該會推升中國的匯率，並增加中國人對商品及勞務的支出。而中國政府則理應放寬它的資金匯出管制，並允許中國儲蓄者購買外國資產，以抵銷部分的外國資金流入。問題是，那類放寬管制的自由化政策，勢必會威脅到中國政府對經濟與金融體系的控制能力。

於是，北京當局選擇購買數兆美元的外匯準備，藉以維持它的匯率釘住政策。從一九九六年至全球金融危機爆發前夕，外匯管理局共花了一．八兆美元囤積外匯準備，其中大約三分之二是投資到美國。在全球金融危機過後，中國政府又花了兩兆美元囤積更多外國資產，以防止人民幣進一步升值。[30]

除了東亞國家，原物料商品的出口國也是準備資產的大買家，主要包括阿拉伯半島上的石油與天然氣生產國、挪威與俄羅斯。中國的快速工業化對這些國家來說簡直就像是天上掉下來的禮物。從一九九九年至二〇〇三年，國際基準（benchmark）油價一直在每桶二十至三十美元的區間內震盪，接著便穩步走高。國際基準油價在二〇〇六年時上漲到每桶七十五美元，更在二〇〇八年夏天飆漲到每桶一百三十美元以上。雖然油價飆漲的最大受益者花掉了因此獲得的部分意外之財，但那些國家也審慎地將其中不少財富存下來購買外國資產，作為應對未來油價下跌或石油銷售量降低（或兩種情況兼具）等不利發展的籌碼。

因此，能源出口國的總經常帳順差從二〇〇二年的九百億美元，大幅增加到二〇〇八年的六千億美元以上。在金融危機爆發後，國際油價暫時下跌，但從二〇一一年至二〇一四年年中，油價大致上都維持在每桶一百一十美元左右的水準。那為能源生產國帶來另一波意外之財，但這些國家並未將那些收入揮霍掉，而是把很多收入存起來：每年的總經常帳順差平均超過五千億美元。儘管從那時開始，能源出口國的順差因油價下跌而逐漸縮減，但這主要導致需求不足的歐洲與東亞石油進口國的順差進一步增加。[31]

前述種種不請自來且受各地政府支持的資金流入，說明了為何美國的經常帳逆差會在美元升值且實質利率降低的同時繼續擴大。在一九九〇年代末期，美國的經常帳逆差大約只有全國產出的一・五％，而調整過通貨膨脹的實質長期公債殖利率大約是四％。如果美國人真的有積極設法吸引外國資金，他們理當為外國投資人提供更高的報酬率才對，而那進而代表美國的殖利率應該更高，資產價格應該更低。不過，實際上美國的實質利率卻穩步降低，到二〇〇五年時，已降到二％以下，而經常帳逆差則擴大到GDP的六％。就在這項逆差擴大之際，美元相對一籃子其他許多通貨的價值，平均還大約比一九九〇年代中期（當時美國向海外舉借的淨融資規模小很多）升值大約一五％。[32]

安全資產短缺

從一九九八年年初至二〇〇八年年中，外國中央銀行與其他準備資產管理者共買了四・一兆美元的美元計價資產。不僅如此，在這段期間，美國人本身也購買美元資產，先前未囤積準備資產的富裕國家民間儲蓄者也在購買美元資產。準備資產管理者並沒有為任何未滿足的需求提供財源，而是扭曲了美國經濟，並埋下了金融危機的種子。

準備資產管理者對美國製造了兩個彼此相關的問題。首先，各方對美元資產的額外需求必須藉由額外供給來加以滿足。換言之，美國人必須創造超過四兆美元的安全金融債務來滿足那些需求。第二，各國政府是藉由壓抑國內支出（相對其國內生產的水準而言）來累積它們的美元準備資產；那導致全球供給過剩的問題惡化，尤其是製造品的過剩供給。到頭來，總要有人吸收這些超額的生產量，全球經濟才能免於陷入蕭條。而美元的優勢意味美國人吸收了來自世界各地的多數超額資本流入與超額製造品，但也造成了房市債務泡沫與製造基地被迫外移等後果。到頭來，美元的優越國際地位非但沒有讓美國人享受過分優渥的特權，反而對美國人造成過分沉重的**負擔**。

美國並沒有良好的方案可應對外國囤積準備資產的行為對美國造成的挑戰。若以一九五〇年的方式，由美國人購買相同金額的外國（其實是歐洲）資產，回收再利用這些資金流入，是理論上可行的方法，但在實務上，這個辦法非常不可行，也可能無利可圖。另外，旨在阻擋或防止外國人購買美國資產的租稅或法規理應有幫助，但可能會遭到時下知識分子群起反對。何況，根據一九九〇年代美國對其他國家的建議，任何形式的資本管制都會讓美國顯得極度偽善。而且即使經由資本管制將部分流向美國的資金導向歐洲，也無法解決超額儲蓄與需求不足的根本問題。相似的，針對進口實施貿易保護政策，至多也只是把問題甩鍋給其他國家，無法解決全球經濟體系的根本失衡。一旦實施貿易保護，更可能的結果將是適得其反地導致外國可用來購買美國產品的所得降低。

事後來看，聯邦政府可採用的最佳回應方式，理應是在必要的範圍內盡可能舉債來調節這些超額的資金流入，並利用這些資金來支持外界對美國製造品的需求、投資基礎建設、徹底改變先前導致所得集中的政策，以及打擊貧窮等。如此一來，美國的國內支出應該還是會超過國內生產，但經濟活動的整體結構就不會那麼扭曲，換言之，美國的製造業理應不會過度被進口取代，或許房市泡沫不會發生，美國增加的債務也理應由較有能力承受這些負擔的實體（也就是聯邦政府）來承受。

可惜實際上的發展並非如此。從一九九八年年初至二〇〇八年年中，可供外界購買的聯邦政府債務只增加一．三兆美元，而外國投資人的購買金額還略高於一．四兆美元。（國庫券的外國買家並非全部是準備資產管理者，但很多是）。換言之，在金融危機前十年間，美國額外發行的公債全數被美國以外的儲蓄者買走，而且他們購買的金額還超過那個額外發行額度。然而，即使是這樣，依舊不夠滿足外國人對安全的美國資產（基於持有準備資產的目的而）的胃口。

於是，準備資產管理者轉向房利美（Fannie Ma）與房地美（Freddie Mac）等房屋抵押貸款公司所發行的債券。雖然嚴格來說，房利美與房地美是民間企業，卻是政府成立的企業，也是最大型的政府資助企業（government-sponsored enterprises，簡稱GSEs）之一，而政府的資助形同為這類企業提供安全認證。（事實證明這個觀點很合理，因為二〇〇八年時，美國政府最終拒絕讓這些GSE的債券持有人發生損失〔譯注：美國政府在金融風暴期間將房利美與房地美收歸國有，它們發行的債券也獲得美國政府的十足擔保〕，當然，這局部是為了保護美國和中國及其他國家之間的外交關係。）

根據聯準會的統計，從一九九八年年初至二〇〇八年年中，尚未清償的「美國政府機關證券」增加超過五兆美元，其中多數額外債務的發行者是房利美與房地美。外國投資人（包括準備資產管理者）購買了其中一．五兆美元（剩下的被美國的銀行業者、保險公司、退休基金和債券基金買走）。其餘一．二兆左右的外國準備資產需求則是流向銀行存款，偶爾也流向一些較奇特的資產。

不過，這些統計數字還低估了美國金融體系在二〇〇〇年代承受的壓力。當一九九〇年代末期的不理性繁榮在二〇〇〇年代初期轉變為投資崩潰，很多美國人與歐洲人為了存更多錢，開始試著撙節支出，減少購買風險性資產。從二〇〇二年年初到二〇〇七年年底，非金融企業發行的美國公司債總供給只增加兩千億美元，且其中多數是在那個期間的末期階段發行的。在此同時，世界各地的退休基金與壽險公司卻需要購買更多固定收益型資產來抵銷其長期負債的增長。

即使亞洲和中東的準備金管理者沒有買光所有新發行的美國公債，也沒有吸納房利美與房地美發行的多數債券，市面上的安全資產數量相對於外界對這些資產總需求而言，理應還是非常短缺。若要滿足外界對美國固定收益型資產的強烈需求，美國的舉債金額理應大規模增加，但當時美國政府或美國政府資助的企業都不願意增加舉債。

總之，世界各地的儲蓄者對低風險債券的需求規模高達數兆美元，但那些債券根本不存在。於是，美國與歐洲銀行業人員遂以各式各樣的創意來迎合這股熱烈的需求。誠如華爾街一句俗諺：「鴨子叫就餵食（譯注：有求必應）。」從二〇〇一年年初至二〇〇七年年中，世界各地的金融家創造了大約二・五兆美元由私營機構發行的美國不動產抵押貸款證券（mortgage-backed securities，簡稱ＭＢＳ），其中多數這類證券是以不符合正常核貸標準的住宅不動產抵押貸款為基礎。在泡沫達到最高峰的那幾年，美國新承作的住宅不動產抵押貸款高達一半的財源來自私營機構發行的ＭＢＳ。投資銀行人員另外還創造了大約六千五百億美元從ＭＢＳ衍生的結構性金融商品。從那時迄今，這些資產的價值已縮水了二・八兆美元。金融風暴後，由

圖六．三　「鴨子叫就餵食」（私營機構管道〔conduits〕持有的住宅不動產抵押貸款，計算單位：兆美元）

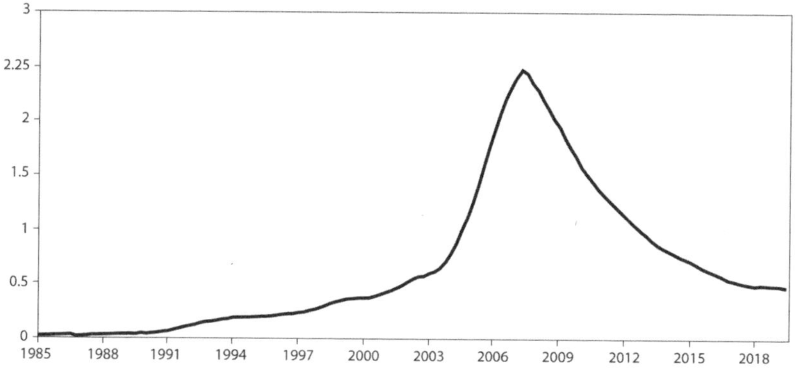

資料來源：聯準會

於投資人極度嫌惡這類資產，所以這類資產的新發行量又漸漸回到一九九〇年代末期的水準。

照理說，美國私營機構的MBS實驗理應不是什麼高風險業務，畢竟長期以來，住宅不動產抵押貸款向來被視為世界上最安全的民間可用投資標的之一，而且，這樣的觀點其來有自。和信用卡持卡人或其他無擔保個人貸款的貸款人不同的是，不動產抵押貸款的貸款人有強烈誘因維持正常還款，因為一旦他們債務違約且被取消贖回權（foreclosure），就不得不另覓新住所。此外，不動產抵押貸款的債權人通常享有額外的緩衝保障，因為多數不動產抵押貸款的價值遠低於標的住宅的價值。在多數情況下，即使債權人將欠債不還的貸款人趕出房子並賣掉抵押品，還是有收回放款本金的可能。

另外，出售由不動產抵押貸款組合擔保的債券也不算危險的業務，畢竟一個多元的貸款組合總比單一貸款安全。而且，這種債券也不是什麼新鮮產物——從西元一七〇〇年代起，歐洲銀行業者就有發行資產擔保債券（covered bonds）的習慣，那是一種連結到特定房地產貸款的銀行債券。房地美從一九七一年就開始發行不動產抵押貸款證券。到一九八五年時，房利美、房地美與吉利美（Ginnie Mae，另一個政府資助的實體，美國政府百分之百控股）公司擔保的MBS年度總發行量就已達到一千億美元。到一九九〇年代初期，有超過一兆美元的美國住宅不動產抵押貸款被包裝成房利美等機關的不動產抵押債款債券。一九九三年時，房利美等機關的MBS共持有超過四〇%的美國住宅不動產抵押貸款，而帳列在傳統銀行業者資產負債表上的住宅不動產抵押貸款僅占總數的三三%。[33]

信用供給增加導致信用標準降低

由於外界對低風險的美國固定收益證券可謂需索無度，加上聯邦政府未能發行足夠債券來滿足那些需求，於是美國不動產抵押貸款的信用供給量遂大幅擴增。問題是，多數有能力負擔不動產抵押貸款的民眾早已貸了款。

對此，銀行人員的解決方案是降低放款標準，到最後，幾乎所有想舉借不動產抵押貸款的人都能貸到款項，不管他是否有還款能力。不動產抵押貸款的承作機構能夠創造數兆美元的貸款供投資人搶購，而投資人為了搶購那些貸款，經常做出事後後悔莫及的犧牲。沒有人把信用紀錄當一回事。貸款文件時有假造情事，到最後，放款機構甚至索性不要求貸款人提供那些文件。由於金融體系為了滿足熱烈的需求而不得不增加資產供給，所以增加最多的債務主要來自信用分數最低且所得最低的民眾為了在最貧窮的鄰里買房子而舉借的貸款。不意外的，這些貸款人也是導致美國不動產抵押貸款最終發生虧損的主要肇禍者。

不過，當時即使承作貸款的機構降低放款標準，還是不足以達到它們的「生產」目標。為了承作足夠的貸款來滿足投資人的需求，承作貸款的機構還必須揚棄過去的房屋貸款成數常規。以前若一名信用狀況中等的貸款人買了一棟要價二十萬美元的房子，他可能是以四萬美元的頭期款和十六萬美元的貸款來購屋。那樣的頭期款理應能為放款人提供相當於房價的二〇%波動的緩衝。而若貸款金額較高、貸款人的信用紀錄有疑問，以及貸款人所得不穩定時，放款人理應要求更高的頭期款與更高的利率才對。

然而在泡沫生成期間，各類貸款的頭期款規定全數崩潰。在二〇〇六年的高峰時期，典型的私營機構不動產抵押貸款只要求貸款人支付約當住宅鑑價的三%的頭期款。貸款承作機構有時甚至還會提議以附加留置權（lien）來取代頭期款的支付，或將不動產抵押貸款的總金額提高到住宅鑑價的價值以上。次級貸款或Alt-A不動產抵押貸款的貸款人或許不得不支付較高的利率，但以他們的條件來說，能申請到不動產抵押貸款就算走運了（譯注：在正常狀態下，這種貸款人的財力或信用紀錄原本可能無法申請到不動產抵押貸款），而經由他們申請貸款而產生的債務，正好也能滿足投資人的需求。

通常這是不道德甚至不合法的作法，不過，由於美國金融體系面臨來自外部的巨大需求壓力，它會做出那樣的回應倒也符合邏輯。在任何一個機能正常的市場上，當需求相對高於供給，勢必會導致「價格上漲」與「生產增加」的某種組合發生。以一九七〇年代的石油危機來說，那一場危機最終引爆了北海、墨西哥灣、阿拉斯加等地的深海探勘活動，另外，一九九〇年代起在舊金山灣區（Bay Area）崛起的科技產業則導致房價飆漲。金融資產與石油和住宅等有形資產之間的主要差異是，創造額外的金融資產比較創造有形資產容易得多。可悲的是，造成前述亂象的局部原因是，這個體系隨時都有參與者願意為了滿足顧客的需要而從事不道德與欺詐的行為。也因如此，歷史上每一個金融泡沫發生時，金融欺詐案件也都大量增加，而通常唯有泡沫破滅，一般人才終於能看清那些欺詐行為。

就我們的目的來說，較重要的是擴大貸款人數量並提高他們的可貸款金額等作為，使得美國家庭的購買力顯著提升。儘管建築部門藉由興建新住宅（這些住宅的地點通常很差，事後甚至被遺棄）的方式吸收了其中一部份新增信用，但多數額外的購買力被用來抬高房價。由於那類貸款人的信用較差，所以，在泡沫展開前，房價上漲最快的區域，反而是信用分數最差且貧窮率最高的區域。上漲的房價讓放款人信心滿滿地繼續對有疑問的貸款人承作更多貸款，畢竟只要擔保品的價值繼續上升，沒有理由擔心債務違約的風險。放款標準的淪喪與頭期款成數規定的降低彼此互相強化，使房價繼續上漲，並鼓勵放款人進一步擴張信用。

美國人對信用熱潮的另一個回應是花更多錢——也就是增加消費與投資。（在美國，「儲蓄減少」與「投資增加」只是語意上的差別。在浴室安裝一個熱水浴缸被視為投資，但優質教育的費用則被視為消費。）由於住宅價值持續上漲，所以出售自有住宅的民眾將能獲得可用來度假或購買新車的資本利得；沒有賣掉房子的人也看起來變得比較有錢，因此較沒有將部分所得存下來的壓力，在他們眼中，持續上漲的資產價格就像是一種自動儲蓄。

雪上加霜的是，放款標準的變化使屋主更容易以同一棟房子舉借更多債務（譯注：再融資，即俗稱的房貸轉貸或二胎房貸），這導致前述種種問題變得加棘手。很多原本循規蹈矩慢慢償還不動產抵押貸款的屋主，後來也選擇借更多債務來支應更多的支出。那些支出帶動了本地經濟景氣，並進而形成一個自我強化的流程，因為那使貸款人顯得比實際上更有信用，且助長了更多賭房價將繼續上漲的投機行為。遺憾的是，一路向上的自我強化流程一旦逆轉，就會變成更自我強化的向下流程。

二〇〇五年，聯準會主席格林斯潘與FED的參謀經濟學家詹姆斯．甘迺迪（James Kennedy）發表了一份追蹤這些交易的研究報告，報告中也估計了美國家庭從住宅「榨取」了多少額外購買力。（甘迺迪後來還將他們的模型更新到二〇〇八年年底。）報告顯示，這些交易牽涉到的金額非常巨大。在一九九〇年代期間，美國人經由自有住宅所取得的財富，使每年的可支配所得增加大約二%至三%。但當時這些新增財富多半是來自出售房屋所獲得的資本利得，而不是來自增加舉債。

然而，到二〇〇四年年初至二〇〇六年年中，住宅權益汲取（home equity withdrawals）使美國人的可支配所得增加一〇%，大約是每年一兆美元。在二〇〇二年年初至二〇〇七年年底的整個泡沫時期，美國人共從自有住宅汲取了四．七兆美元的財富。從對應的債務熱潮便可理解為何在美國住宅價值上升大約七兆美元之際，美國人的住宅財富卻只增加不到二兆美元。那也說明了為何那麼多美國人在二〇〇〇年代的儲蓄率為負數：就他們的角度來看，上漲的房價實質上就等於一種儲蓄，那種「儲蓄」讓他們得以從微薄的工資多挪出一些現金來購買更多商品及勞務。

然而，到最後，放款人終於黔驢技窮，再也找不到任何進一步擴張信用供給（譯注：即增加放款）的方法。儘管投資銀行人員與不動產抵押貸款承作機構想盡所有辦法，信用擴張終究還是達到極限——因為最低頭期款要求已降到幾近於零，每一個想要申請不動產抵押貸款的人也都已取得貸款。

物極必反，既然信用擴張已達到極限，整個流程自然開始逆轉。先前促使房價持續上漲的因素是可用於購買住宅的購買力上升速度高於住宅的供給速度。在這個情況下，一旦信用成長趨緩，房價當然停止上漲。對自知無力負擔不動產抵押貸款卻又一心指望靠上漲的房價來脫困的貸款人來說，這是非常嚴重的問題。這個問題導致投機客被迫賣房或債務違約，而他們的拋售或債務違約行為，則導致房價承受更重的壓力。很快的，這成了很多美國人的共同問題，因為美國人早已習慣依賴穩定上漲的住宅價值來支撐他們的支出（那段時間美國人的實質所得持平或甚至降低）。

到二〇〇八年年中，美國人已徹底停止利用住宅來取得資金。因為此時此刻，償債成了第一優先的要務。他們縮減各式各樣的支出，包括餐廳乃至理髮等，而縮減支出的行為導致鄰居的所得降低、失業率上升、更多債務違約，以及更多住宅存貨流入市場，這種種情況當然也導致房價進一步下跌。直到這時，「安全」資產的投資人才終於恍然大悟，察覺到他們有嚴重虧

圖六・四　當美國人把住宅當成自動提款機（住宅權益汲取相對於可支配所得）

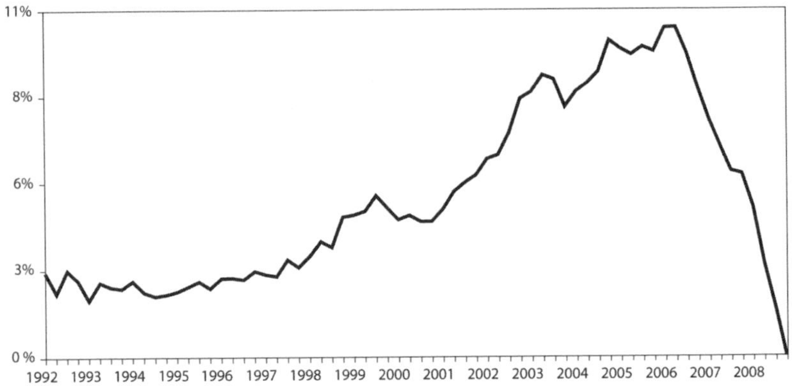

資料來源：詹姆斯・甘迺迪針對〈一至四口家庭住宅的不動產抵押貸款來源、還款與債務估計〉（*Estimates of Home Mortgage Originations, Repayments, and Debt on One-to-Four-Family Residences*）報告中提出的不動產抵押貸款系統所做的更新報告。出自格林斯潘與詹姆斯・甘迺迪，聯邦準備理事會FEDS第二〇〇五—四一號工作報告。

損的風險，於是投資人對貸款承作機構與銀行相關產品的需求迅速崩潰。面對崩潰的需求，貸款承作機構與銀行業者開始緊縮放款標準，而萎縮的信用供給又導致住宅價值跌勢加重、支出進一步縮減、更多失業，以及更多的債務違約，而這一切又回過頭來促使信用標準進一步緊縮。總之，先前促使紙上財富增加並促進消費的流程，此時反過來使經濟面臨一路崩落的風險。[34]

儘管不動產抵押貸款型債務暴增，美國並不像希臘、愛爾蘭或西班牙那樣，出現一波經濟榮景。一如德國，嚴重惡化的不平等、貧乏的企業資本支出，以及相對緊縮的財政政策，在在對美國的國內需求造成壓抑。直到二〇一四年，扣除折舊與通貨膨脹因素的民間固定投資支出，都還低於二〇〇〇年的高峰。消費端也顯得死氣沉沉。二〇〇〇年至二〇〇六年間，每人實質家庭消費支出成長率比一九四七年至二〇〇〇年間的成長率更低。二〇〇〇年至二〇〇三年間，民間部門的就業人數降低三%，之後的成長速度也持續落後人口擴張速度。通貨膨脹則是低到連聯準會都對物價的下跌憂心忡忡。

然而，由於國內生產成長率比國內需求成長率更低，所以美國的經常帳與貿易帳逆差繼續擴大。製造業的情況最為嚴重。根據聯準會的統計，美國製造業的產量從二〇〇〇年中的高峰至二〇〇六年年中的高峰，僅增長一〇%（當時經常帳逆差也達到最高峰）。然而，那個數字其實因半導體生產力提升的估計值而遭到扭曲。若剔除半導體部門（二〇〇〇年時，這個部門雇用的勞工還不到美國製造業勞工的四%）情況就顯得非常不同：從二〇〇〇年至二〇〇三年，剔除半導體業的產出降低大約六%，接下來直到二〇〇六年年底才終於勉強回到先前的高峰。

儘管多數類別的表現都持平（包括汽車與汽車零件、機械、金屬製品、包裝食品、塑膠與家具等），其他類別卻都嚴重衰退。雖然美國紡織與服裝業歷經一九九〇年代眾多血汗工廠興起的挑戰而劫後餘生，它在二〇〇〇年至二〇〇六年間的產出卻還是縮減了大約三〇%（主要的成長領域是太空、化學與水泥。）

事實上，從二〇〇〇年至二〇〇六年間，美國對製造品的**需求**是成長的。然而，滿足那一股需求成長的是國外的生產而非國內的產能。美國勞工並未能從國內需求的增長獲得任何利益，受益較多的是在其他國家設有工廠的美國企業。如果美國製造商能經由出口，在國外銷售更多產品來彌補這些損失，或許這就不會對美國人造成問題。遺憾的是，儘管出口收入確實增加，出口的成長率還是不夠高。

來自海外的競爭本身並非問題的癥結。美國製造商在一九九〇年代的表現相對良好，因為儘管那個時期的製造商面臨進口品的競爭，國內與海外需求卻都很強勁。雖然一九九〇年代的勞力節省技術獲得長足的改善，但強勁的全球市場還是為美國製造部門的就業市場構成強力支撐。然而，到二〇〇〇年代，世界各地多數經濟體的需求都相當低迷，美國也不例外。這導致外來進口品取代了美國的生產性產出，美國的就業機會與所得也因此被犧牲。更糟糕的是，美國的製造商難以獲得可用於研發等投資活動所需的利潤，這就是二〇〇六年以來生產力成長率那麼疲弱的原因之一。[35]

從二〇〇〇年至二〇〇三年間，民間部門減少的就業人口有八〇%以上可直接歸因於製造業部門就業人口的減少。折損最多就業機會的地點與部門，正是面臨最多外國低勞動成本製造商（最顯而易見的是中國，中國勞工的工資遠低於他們的產值）競爭的地點與部門。美國製造商在中國設立營運據點本身並沒有錯，問題出在中國與其他國家的勞工無力消費來自美國的額外進口商品與勞務，這破壞了「貿易增加」與「生活水準提升」之間的關聯性。[36]

理論上來說，製造業就業人口所遭受的打擊理應被經濟體系其他環節新增的就業機會抵銷。然而儘管醫療、政府、建築、金融與教育部門（金融危機爆發前，新增就業機會主要集中在這些部門）的通貨膨脹上升，美國調整過年齡的就業人口占總人口的比例，卻從未超過二〇〇〇年時創下的高峰。無大學學歷者的就業衰減狀況尤其嚴重。但直到住宅泡沫崩潰，世人才終於徹底看清去工業化（deindustrialization）所帶來的損害。[37]

政府的失能給付（disability payment）雖使被取代的勞工勉強得以維持生計，卻不足以替代折損的所得。這使進口對受影響社區所有居民的衝擊進一步擴大，不管是在零售、餐廳業或會計師與律師等高薪產業工作的勞工皆無一倖免。對那些地方的美國人來說，那是一場災難。失業的男人無法找到結婚的對象，更不可能生兒育女。失業且沒有家庭的男人於是沉溺於酒精、毒品，以及尤其是自殺。隨著地方政府的稅收日益枯竭，民眾對福利體系的需求又漸漸擴大（譯注：因失業），地方政府就算卯足全力，依舊難以為居民完善提供所有服務。即使過去二十年，全國刑事犯罪率大幅降低，但在最容易受低成本進口競爭衝擊的地方，犯罪率其實稍

圖六・五　美元的國際價值（實際貿易加權指數，一九九八年一月＝一〇〇）

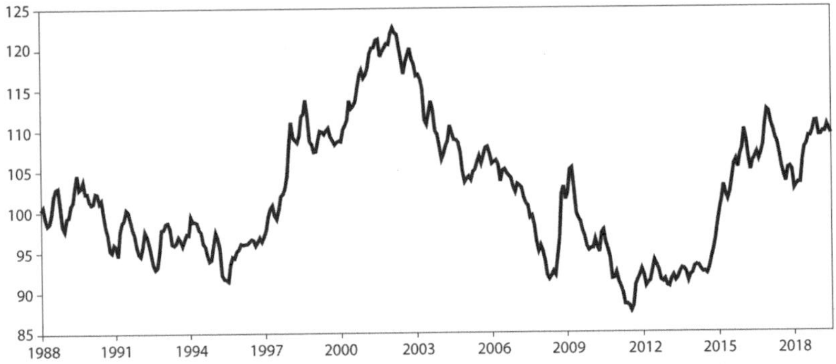

資料來源：聯準會；馬修・克蘭恩的計算

微上升。[38]

問題的癥結在於世界上其他經濟體對美元計價資產那種貪得無厭的需求。此外，過度充沛的外國資金供應不僅引發不動產抵押貸款債務泡沫，也激烈衝擊到美國的貿易條件——高達數兆美元不符經濟效益的資產購買活動嚴重扭曲了美國的匯率。在一九九七年年初（亞洲金融危機爆發前夕）至二〇〇二年年初之間，美元相對各貿易夥伴的通貨升值二〇％以上。雖然美元從那時開始便一路貶值，到二〇〇八年才止住跌勢，它卻還是遠高於一九八八年至一九九六年的平均匯率。這對美國勞工來說就像一場災難，因為超漲的美元意味美國消費者將偏好購買海外製的商品，而國內製造活動因此遭到犧牲。[39]

世界其他經濟體不願意消費——而這樣的態度

又可歸因於主要順差經濟體內部的階級戰爭，以及這些經濟體在亞洲危機後急於自保的欲望，是造成美國發生債務泡沫與美國陷入去工業化歷程的根本導因。外國金融流入逼得美國人吸收那些經濟體的過剩製造產能，並因此付出美國就業機會與所得減少的代價。為了緩和就業機會流失對美國人支出的衝擊，外國儲蓄者就必須購買美元計價資產，而這些購買行為導致利率降低、信用擴張，並使家庭得以大量增加舉債。

紐約聯邦準備銀行在二〇一七年發表的一份研究，謹慎但明確地點出這些動力之間的關係。這些研究人員比較了美國各地區受廉價進口製造品影響的程度。研究結果發現，最容易因外國競爭而受傷害的地區，正是家庭舉債最多（不管是以絕對水準或以相對所得的水準而言）的地區。誠如他們的結論所言，「國內生產活動遭到進口取代後，導致信用的需求大增」，而信用正是折損的工資的替代品。[40]

二〇〇八年以來過分沉重的負擔

金融危機理應促使全球儲蓄與支出重新平衡，其中，美國理應經由進口減少與出口增加的某種組合，從逆差國轉為順差國。國內生產的成長速度理應比國內需求更快，債務也理應獲得清償，另外，其他國家則理應背負起維持全球支出的負擔。全球支出的重分配甚至理應使美國國內愈來愈嚴重的不平等得以逆轉。

但實際的劇本並不是這麼演出。儘管美國後來的經常帳逆差持續低於一九九八年至二〇〇八年的水準，卻每年維持在GDP的二%至三%水準。一如過去，這並非美國的過度支出所能解釋。從金融危機過後，美國的國內需求就極度疲弱。若人均個人消費支出延續一九九八年以前的長期趨勢，人均個人消費支出金額應該會比目前的水準高一二%以上。此外，目前扣除通貨膨脹與折舊後的企業投資終於超過二〇〇〇年創下的高峰水準，但住宅興建支出依舊處於一九九〇年代初期的經濟衰退期水準。政府投資支出也低於二〇〇〇年代中期的一半。就業中的勞動年齡美國人的人口占比，依舊和二〇〇七年的水準大約相當，但遠低於二〇〇〇年。

這段時間以來，美國生產商受到的衝擊比二〇〇〇年代更嚴重：在二〇一八年時，製造業產出與製造業產能雙雙低於二〇〇八年的前高點。製造業就業人口仍較二〇〇六年的水準少大約一〇%。美國的製造品（不含精煉石油產品）貿易逆差目前已達到GDP的四%以上，是十九世紀以來最高水準。令人憂心的是，美國製造業貿易狀況的急速惡化，多半可歸因於先進資本財出口的停滯與海外競爭產品的進口。不過，由於美國石油產業的轉型以及美國的軟體出口增加（基於租稅上的理由，部分是計為外國直接投資收益），所以整體經常帳逆差才會獲得

圖六·六 大蕭條（每人實質家庭消費支出，一九四七年一月＝一〇〇）

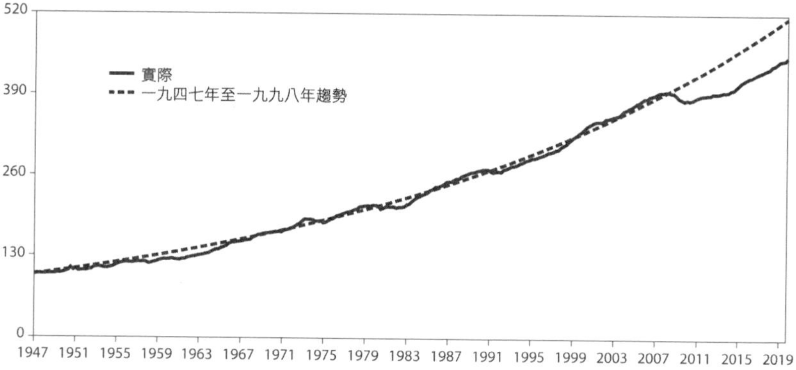

資料來源：經濟分析局，馬修·克蘭恩的計算

控制。[41]

美國的長期經常帳逆差，只能以國外超額儲蓄與美國扮演吸收那些超額儲蓄的角色來解釋。所以，呼籲美國人應更審慎行事的訴求根本就搞錯重點：並不是**美國人**自己決定要過度舉債。只要有想要借錢的美國人，美國的金融部門就一定能找出願意舉債的人（不管是在哪個國家，只要條件合宜，隨時都會有人願意舉債），而且一定會無所不用其極地為了達到放款目標而持續降低利率與放款標準。無論如何，金融體系將繼續逼迫實體經濟體系進行調整，直到儲蓄降低時為止——不管是貸款增加或所得降低所造成的儲蓄降低。

舉例來說：

- 美國的淨資金流入可能導致美元無謂過度升值。貨幣升值雖能使家庭購買力提升，卻必須付出出口收入與所得降低的代價，那意味儲蓄將因較高消費與較低生產的綜合影響而減少。
- 便宜的進口品可能導致現有的勞工被取代，且使美國的失業率上升。失業勞工的儲蓄率為負，因為他們就算沒有收入也一樣必須消費，那意味失業率的提高將自動促使國民儲蓄率降低。
- 就業人口的減少將使政府為了進行較大規模的財政移轉而增加舉債，其中多數移轉將促使消費增加，儲蓄減少。
- 為了降低失業率，FED可能會經由降低利率與更寬鬆的信用條件，試圖鼓勵額外的舉債行為。
- 外國資金流入與FED貨幣面對策的綜合影響，可能使房地產、股票與其他美國資產的價格上漲到缺乏這兩項因素影響的狀態下的應有水準以上，甚至啟動資產泡沫。而當資產價格上漲，一般人會感覺自己變得比較有錢，並促使他們把更多當期所得用來消費。

這些機制都會衍生所得降低（失業率上升）與債務增加等狀況的某種組合。換言之，由於

圖六・七　美國製造業貿易逆差接近歷史高點（不含食物、飼料、飲料與能源產品，淨商品貿易約當GDP的比率）

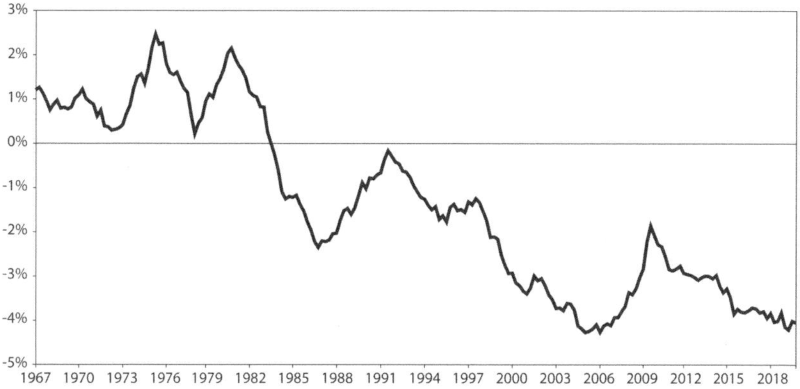

資料來源：美國經濟分析局，馬修・克蘭恩的計算

美元不幸占有首要國際準備資產的地位，外國人商品與勞務支出的不足，必然會轉化為對美國金融資產的過分購買行為，而那又會造成美國債務增加。

在二〇一四年以前，超額外國儲蓄的主要來源是外國準備金管理者。從二〇〇九年年初至二〇一四年年中，美國人購買的海外資產一直都高於民間投資人購買的美國資產。若這些民間部門流動沒有發生變化，外國政府也沒有購買美國資產，美國應該會累積價值大約一兆美元的經常帳順差，或相當於每年GDP的一・二%的經常帳順差。然而，準備資產管理者購買的美國美元資產數量，超過前述民間金融流動，準備金管理者每年購買的美國美元資產數量相當於美國GDP的三・六%左右。

但在二〇一四年以後，情況開始轉變，為美國經常帳逆差提供財源的主要資助者不再是準備金管理者。以中國等某些個案來說，當局的準備資產降低，以抵銷富裕家庭與企業增加的對外投資。中國整體海外部位因此受到的影響非常小，改變的只是獲准投資海外的權貴階級有所不同罷了。

另外，由於中國在石油與其他原物料商品價格重挫之際緊縮信用並減緩投資，一度導致很多原油與原物料商品出口國選擇降低它們的準備資產，以緩解購買力受到的衝擊，同時防止進口崩潰。然而，隨著油價反彈，很多生產國又開始重建他們的儲蓄。

在此同時，油價的下跌使世界其他經濟體的進口能源支出降低。中國除外的亞洲國家政府，尤其是日本、南韓、新加坡、台灣和泰國，對此的回應是累積更多的外匯準備，或引導政府擔保的退休基金與壽險公司的基金增加海外投資，或兩者同步進行。根據美國外交關係協會（Council on Foreign Relations）的布萊德．賽瑟彙整的數據，從二〇一四年年初開始，由各國政府出資購買美國金融資產的金額大約是零。[42]

但官方累積準備金額的降低，被一股搶購美國金融資產的新需求來源抵銷，那個來源是歐洲人。歐元區成員國為了在不對富人課徵過高稅賦的前提下，實現政府預算收支平衡的意識型態目標而決心壓抑國內需求。政府對退休金、福利與基礎建設投資的支出降低了，而消費稅與勞動所得稅卻上升。

因預算赤字持續減少，可供民間儲蓄者購買的政府債券供給量遂大幅降低，但歐洲民間部門的儲蓄意願依舊強烈，畢竟經濟仍疲弱不堪，而且歐洲人還繼續在消化泡沫期間累積的民間債務所帶來的後果。更糟的是，歐洲央行的資產收購計畫最終買走了價值數兆歐元的歐洲政府公債與公司債。根據ＥＣＢ的一項估計，在二〇一八年年初，民間投資人僅持有一五％的德國政府公債，因為剩下的德國公債都已被各國央行搜刮殆盡。

為因應這些壓力，歐洲的儲蓄者在二〇一四年年中至二〇一八年年底共購買了大約一．五兆歐元的外國債券。（總的來說，非歐洲人是淨賣出歐元計價債券，賣出對象是ＥＣＢ）。歐元區的購債淨流量大約正好和那個期間的美國經常帳逆差總額相當。當然，歐洲儲蓄者不只是購買美國的債券，但從二〇一四年年中迄今，他們共買了大約八千億美元的美國債券，原因很簡單，因為他們深知美國一定會設法迎合如此大規模的購買行為。

關鍵的是，不同於二〇〇八年以前的跨大西洋金融流動，這些購買行為是單方面的，而這也是美元實質價值在二〇一四年年中至二〇一六年年初間升值大約二〇％的原因之一。到二〇一九年年中，美國的資本財與汽車出口已降低，但進口卻增加近二〇％。在這個情況下，既然歐洲人不願為花錢支持他們本國的國內需求，美國人只好被迫扛起這個責任。雖然歐洲領袖不斷抱怨美國的政策，卻未曾為了改變這個局面而做出任何努力。總之，一九六〇年的情況似乎再次上演。[43]

還凱因斯一個公道

一般約定成俗的見解相信，準備通貨的發行者必然能得到很多好處，但那是一個以心理學而非經濟學為出發點的錯誤觀念。除非準備資產的發行者掌握了支配世界經濟體系的壓倒性力量，否則它的國內需求與全球對準備資產的需求永遠彼此矛盾的。過去六十多年來，美國極力設法滿足世界其他經濟體的儲蓄者，卻因此犧牲了美國的勞工。所以，法國人對美元的描述是錯誤的，美元至高無上的地位並不是一種過分優渥的特權，而是一個過分沉重的負擔。

凱因斯理應深知這個道理。第一次世界大戰結束後，英國的經濟規模還不到世界經濟規模的一〇%，但一九二〇年代，英國為了保護印度與大英國協儲蓄者購買的英鎊資產的價值，決心維持不合理的強勢匯率。那個決策（作為英國政府經濟顧問的凱因斯強力反對那個決策）犧牲了英國的工業。整個一九二〇年代，英國的出口比一九一三年低大約二五%，而在人為因素影響下而顯得便宜的進口則取代了國內生產。英國的勞工忍受了幾乎十年的極端高失業率。換言之，對一般英國人來說，英國作為世界主要準備通貨的發行國並不是什麼特權。不過，情況從一九三〇年至一九三二年開始轉變，英國大眾經由投票，要求政府改變「重國際責任而輕國內問題」的立場，將焦點轉向國內。從此，英國放棄它的國際承諾，放手讓英鎊兌黃金貶值、降低國內利率並實施關稅，接下來，英國果然迅速消除了它和其他富裕國家之間的生活水準落差（這個落差是在一九二〇年代形成）。[44]

在那之前，英國政府為了維護英鎊的地位而蓄意將痛苦加諸在英國公民身上。那個政策選擇是可以轉變的，而且也確實逆轉。相似的，美國政府選擇在二次世界大戰結束後，將國際金融體系和美元綁在一起。一開始，作為準備通貨發行國對美國來說並不是什麼負擔；由於當時美國的生產量幾乎占全球產出的一半，所以，那似乎是個合理的選擇。

然而，戰後初期那幾年的狀況是反常的，那並非常態。到一九七一年時，布列敦森林會議所做的決策漸漸變得難以維繫，於是，尼克森政府打破了美元和黃金的連結。然而，從一九九〇年代開始，情況又出現變化，世界其他經濟體的儲蓄者判定美元是國際準備資產，無論美國是否提供正式的承諾。因這股信念而產生的金融流入，受到美國政治與金融體系的熱情招待，但卻對美國人帶災難般的後果。

當外國儲蓄者購買美國資產，就會透過兩個管道的某種組合推高美國的經常帳逆差，其中一個管道是去工業化所造成的所得降低，其二是對進口的支出增加。除非美國有數兆美元值得進行的投資案等待籌資（儘管事實上並沒有），否則較高的支出勢必清一色是一些不符經濟效益的投資或額外的消費等形式的支出。而除非美國政府等量增加它的債務發行量，用以抵銷外國中央銀行的買盤，否則美國民間部門就必須藉由出售資產、發行權益或舉債等形式，來吸收額外的外國金融流入。除此之外沒有其他看似合理的結果。

更深層的問題是：順差國的制度扭曲已導致本國支出慢性不足。這造成生產產能過剩、超額儲蓄與對美國金融資產的超額需求等必然後果。一個機能正常的交易系統需要一個對稱的機制來約束這些扭曲。在第一次世界大戰以前，這項約束機制是金本位：流失黃金的逆差國將被迫縮減支出，而收受黃金流入的國家的國內需求將因此提振。然而，這個世界為了打仗而消耗黃金，黃金所加諸的紀律也因戰爭而淪喪。凱因斯試圖打造一個替代品：一個無國界的新通貨（邦克爾）來作為全球準備資產，只可惜他失敗了。他相信沒有任何一個國家應該獨自承擔世界失衡所造成的代價。凱因斯雖在布列敦森林會議的辯論中鎩羽而歸，他的分析並不會因那一次失敗變得不正確。

如今再次嘗試的時機已到。未來可能的方案有兩種，一是順差國自願承諾調整它們的國內失衡，而若這個方案未被採納，逆差國（尤其是美國）便會採取可能造成極大破壞的單方面回應。

結論
終結貿易戰必先終結階級戰

貿易戰通常會被形容為國家與國家之間的戰爭，但實則不然：貿易戰主要是銀行從業人員／金融資產持有人和一般家庭之間的戰爭，也就是超級富豪與其他所有人之間的戰爭。愈來愈嚴重的不平等已衍生了製造品供給過剩、就業機會流失與債務增加等後果，這些經濟與金融敗壞現象並不是全球整合理應實現的成果。幾十年來，美國是這個敗壞現象的最大單一受害者。對美國來說，這向來是個**過分沉重的負擔**，因為它必須吸納整個世界的超額產出與儲蓄，並付出了去工業化與金融危機等代價。

不過，美國人並非唯一的受害者。由於美國的金融體系與消費市場被其他經濟體的剝削者充當為單向接納其剝削成果的宣洩裝置，世界各地的所有民族都因這個安排而受苦。美國對國際貿易與金融的開放，使歐洲、中國與其他主要順差經濟體的富豪得以大肆壓迫當地的勞工與退休者，因為他們深信他們的產品永遠都會有銷路、永遠會有利可圖，而且也相信他們隨時能將儲蓄暫時投入美國的安全資產。

如果美國不是那麼門戶洞開的經濟體，那些順差國將被迫把超額的產量分散到其他國家（沒有任何國家像美國那麼樂意吸收那些超額產量），或是眼睜睜看著沒人要的存貨堆積如山，直到廠房關閉、勞工被解雇為止。在那個情況下，一國所得不平等的代價將會被內化（internalized），不會對其他國家造成顯著的衝擊。但取而代之的，由於美國這個門戶開放體系的存在，使順差國的政治與產業權貴分子無須承擔自身不當行徑所帶來的後果，並讓世界其他經濟體得以從事前述破壞行為。

因此，從某個視角來看，美國、英國、加拿大與澳洲，這些國家都在全球經濟體系裡扮演著類似的角色，其實和十九世紀末的歐洲帝國殖民地非常類似。在當時，附庸國的民眾被迫購買歐洲的超額產量，並因此承擔了不必要的債務。值得注意的是，目前相似的情節也在我們眼前上演。然而，不同的是，讓這個現代體制得以順暢運作的根本要素不是暴力（譯注：歐洲帝國使用暴力來維持這個體制的運作），而是英語系國家對開放市場的政治承諾。這是一個選擇。但在民主國家，民眾可選擇改變他們的心意。

或許民眾已開始改變他們的選擇。在二〇一六年的選戰中，美國幾位主要總統候選人有志一同地推翻跨太平洋戰略經濟夥伴協議（Trans-Pacific Partnership，簡稱ＴＰＰ）。其中，伯尼・桑德斯（Bernie Sanders）警告，ＴＰＰ將「讓企業更容易背棄美國勞工，讓他們流落街頭」，且將「獎勵世界上最巨大的違反人權者」。希拉蕊・柯林頓（Hillary Clinton）則擔心這項協議未能解決外匯操縱的問題，並對製藥業專利提供過多保障。曾是歐巴馬與柯林頓總統心腹的美國前財政部長賴瑞・桑莫斯（Larry Summers）雖未公開反對ＴＰＰ，卻也認為ＴＰＰ是浪費時間，還不如直接改革ＩＭＦ或增加聯合國的資金來源。在桑莫斯看來，「更加全球化」是不必要的，政治人物應取而代之地聚焦在「確保目前的全球化能對我國全體公民有利。」[1]

川普總統上任後的首要行動之一就是要求美國退出ＴＰＰ。而在我們撰寫本書之際，歐巴馬政府時代協商的另一個重大貿易協議，也就是跨大西洋貿易及投資夥伴協議（The Transatlantic Trade and Investment Partnership）似乎也胎死腹中。川普上任後那幾年大動作地實施懲罰性關稅，舉凡韓國製洗衣機到加拿大製鋼鐵，乃至美國從中國進口的幾乎所有商品皆無一倖免。這些行動造成的淨影響是：二〇一七年年底至二〇一九年年中之間，海關的關稅收入金額增加了一倍。川普的威脅有可能使關稅稅基進一步擴大到涵蓋歐洲進口汽車零件。儘管他的某些相關行動並不得人心，民主黨很多領袖（包括許多投入二〇二〇年選戰的人）卻都支持他對中國商品課徵的關稅。[2]

然而，誠如我們在本書說明的，經由關稅來解決貿易失衡可能無法收到成效，在某些情況下，這個作法甚至有害。這就是資本管制愈來愈普及的原因，尤其是在英語系經濟體。最近紐西蘭禁止所有非紐西蘭居民購買住宅用不動產；澳洲限制外國買家只能購買新住宅（這提振了建築業），且對外國買家課稅，只不過，各州的稅率不盡相同；加拿大某些地方政府開始對外國的住宅買家課稅；美國甚至可能更基進——二〇一九年七月三十一日，兩名美國參議員（一位民主黨人與另一位共和黨人）提出一份旨在命令聯準會以「市場准入費」（**market access charge**）阻止外國投資，以強力引導經常帳逆差降低至零的法案。[3]

令人訝異的是美國人怎會長年容忍這個門戶開放體系。當年剛開始採納這個系統時，美國的經濟規模大致上和世界其他國家的總體規模相等。但如今，美國的產出僅占全球產出的四分之一以下。目前世界上其他經濟體相對美國的經濟規模大約是七十年前的三倍，這意味當今美國可吸收世界其他經濟體儲蓄失衡的能量已大不如前。如果美國在全球經濟體系的占比持續萎縮，被強加在美國人身上的負擔勢必會繼續攀升，到最後，整個門戶開放體系將難逃崩潰的命運——這只是算術的問題。然而，美國政治主流分子卻直到近幾年才終於敢大膽質疑這個體系。

或許我們可用美國本身的階級戰來解釋為何這個明顯令人訝異的狀況會發生。畢竟有相當多的美國人藉由生產金融資產來迎合世界其他經濟體的超額儲蓄，從中獲益良多：整個世界對美國市場以及美元的偏愛，使控制這些市場進出機會的金融家的所得水漲船高（他們的國內政治影響力也因此上升）。幾十年來，美國財政部在應對國際金融事務時，多半是以美國主要商業銀行、投資銀行及金融資本所有權人的考量為考量，但漠視經濟體系其他所有人的利益，它甚至以堅決維護強勢美元的有害承諾，公開踐踏多數民眾的利益，並向來以「解除資本管制與提高資本流動性將促成最佳投資成果」之類的理由，為它應對國際金融事務的方式辯護。

他們解釋，因此而增加的財富，勢必會經由涓滴效應，讓所有美國人雨露均霑——就算那些國際資本流入較可能是受投機行為、一時投資的流行、資本外逃與準備資產囤積行為（通常是基於重商主義者的目的）等驅動，而比較不是受著重最佳長期資本用途的穩健投資決策所驅動。很多美國企業為因應進入美國的大量金融流入，將生產基地遷移到勞工工資較低的國家，再以較高的邊際利潤將他們生產的商品賣回美國。

冷戰期間，美國官員為了地緣政治理由而犧牲工業，從而進一步助長了銀行家的影響力。當時美國政府經由反覆談判而協商出許多貿易協議，但商務部官員私下表明，那些協議雖號稱將帶來策略利益，卻對美國企業與勞工不利。而近幾年，美元在全球付款系統的吃重角色，看似使美國財政部掌握了對世界各國進行金融制裁的莫大力量。不過，誠如保羅．伏克爾（Paul Volcker，他曾在一九六九年至一九七四年擔任財政部的國際事務副部長）在近期的一場訪談中所言：「付出代價的其實是老大。」[4]

由於美國金融家的利益和中國與德國工業家的利益相得益彰，世界各地的富豪才有辦法以犧牲全世界勞工與退休者者的方式獲益。美國的金融家和中國與德國的工業家共同為世界各地最有錢的富豪賺進滿滿的利潤，甚至連最貧窮國家的富豪都受惠。現代的順差國不需要殖民地來吸收它們的超額產量，因為只要和銀行家以及逆差國的賣國賊通力合作，它們的超額產量自會有人吸收。

這造成一個墮落的結果：更加深化的全球化導致不平等變得更嚴重，而變嚴重的不平等又進一步深化全球化。世界各地的企業以國際競爭為藉口，迫切要求降低工資、較寬鬆的環保與安全監理規定、優惠的租稅體制以及累退性的移轉。很顯然的，擠壓一般家庭的確比提高生產力、投資基礎建設與改善醫療及教育等容易得多。然而這些作法無以為繼，因為當工資遭到壓抑，勢必會造成消費降低（而這會導致全球經濟體系的總支出降低）與債務增加的某種組合發生，最終將弄巧成拙地造成自我設限的結果。綜觀現代史，嚴重的所得不平等常與債務水準高漲的現象並存，這絕非偶然。

因此，過去幾十年，「商品與勞務需求」成了世界上最稀缺且最寶貴的資源，而美國則扮演機動生產者（swing producer）的角色。世界各地的企業雖聯手抑制本國市場的規模，卻為了更大的全球市占率而爭得頭破血流。這正是「以鄰為壑」（beggar thy neighbor）的貼切寫照。由於「競爭力」已成了壓低工資（直接壓低或是透過通貨貶值與較差的社會安全網等間接壓低）的委婉藉口，這股「競爭力偶像崇拜」熱，已導致全球支出短缺。貿易戰是這個全球化歷程幾乎必然的結果。由於超級富豪成功發動了一場他們和其他所有人之間的階級戰，原先基本上有著共同利益的各個族群正開始自相殘殺。

當前的貿易談判並未能解決以上任何一個疑問，也因如此，那些談判將不可能獲得顯著的成果。中國承諾購買多少架美國飛機或多少噸美國黃豆並不重要，美國與中國的雙邊逆差降低多少，其實也無關緊要。有多少先前遷移到中國的美國企業回歸美國甚至也不重要。只要一般中國人的所得依舊明顯低於他們的產值（這必然會壓抑他們的商品與勞務支出），中國就一定會繼續維持貿易順差，也必須繼續輸出巨額的儲蓄。德國、日本、荷蘭、南韓、台灣、瑞士、新加坡和其他主要順差經濟體也一樣。除非逆差國逼迫那些外國資本流向其他地方，否則它們就必然得吸收世界其他經濟的超額儲蓄與超額產量。

當然，一旦美國退出全球貿易活動，即世界最大消費市場與最大資本市場逐漸對其他經濟體關閉，在一開始就會對世界其他經濟體造成非常大的代價，不過，美國最終也會付出極大代價。如果美國沒有和世界上其他經濟體就新的遊戲規則達成共識，就逕自放棄它一直以來所扮演的角色，全球貿易將陷入動盪，各國之間的爭端也會變得愈來愈白熱化，因為每個國家都會試圖將調整的責任推卸給其他國家。屆時，整個世界有可能會重演西元一六〇〇年代至二十世紀上半葉那種呈現無政府狀態，且可能極為殘暴的貿易型態（畢竟二十世紀下半葉的和平全球化在歷史上是反常的）。一旦如此，將會是一場悲劇。

美國該怎麼做？

美國和德國一樣，因極端不平等與每下愈況的基礎建設而深受其害。然而，不同於德國的是，美國背負巨額的經常帳逆差。那意味美國人無法在門戶開放體系的脈絡之下，同時解決他們的所有問題。改善不平等與修復基礎建設，將使消費增加與投資增加。儘管美國的產出也可能會增加，部分新增的支出將可能被外國生產者吸收，那意味美國的經常帳逆差有可能增加。

除非世界上其他經濟體的政策改變，否則美國不可能在不限制外國投資的情況下，單方面改善不平等、提高生活水準並穩定或降低它的經常帳逆差。任何一個背負經常帳逆差與開放資本市場的國家（例如英國或法國）也和美國一樣。問題在於要如何管理那些無法同時並存的優先考量。

短期來說，美國的第一個目標應該是要將美國民間部門吸收無用多餘金融流入的負擔轉移給聯邦政府來承擔。美國不應該基於對預算赤字或政府支出水準的錯誤擔憂，逼迫美國家庭與企業舉借他們負擔不了的債務。誠如我們先前說明的，美國必須永久吸收金融帳順差的事實，意味要防止美國失業人口增加，唯一的方法是採用增加民間借貸與增加政府舉債的某種組合。也因如此，短期來說，應該發行足夠的美國國債來迎合外國儲蓄者的需要。降低薪資稅、提高所得稅標準扣除額，以及更良善的社會安全網，尤其是醫療費用的補助，這些都有助於產生必要的預算赤字，同時矯正不平等的所得分配。

如果聯邦政府能鎖定當前的迫切需求，直接或間接提高美國基礎建設（尤其是公共運輸網與綠能相關）投資，藉此吸收外國金融流入，必定會產生更好的結果。多年的財政撙節與疏忽，已導致大量值得投資的專案遭到積壓與延宕。此外，美國的基礎建設投資幾乎肯定能使償債能量提升，且使償債能量遠遠超過額外償債成本之所需，因此，這些投資甚至不會導致整體債務負擔加重：債務會增加，但GDP會提升更多。

即使國內市場依舊因來自海外的過剩供給而低迷不堪，聯邦支出也有助於維持對美國製造商的需求。增加國防採購是最輕鬆的方法，不過，其他對策應該會更有效率，所以應認真加以考慮。目標不該是防止外國人對美國人出售產品與勞務，而是要繼續維持美國國內工業基礎的存在——就算世界上其他經濟體的支出不足衍生了諸多扭曲，也要繼續維護美國的工業基礎。

在此同時，美國也應設法迎合特定國家的政府企圖以自保手段來避免國家受金融風暴衝擊的願望，讓它們無須累積大量美元計價的緊急儲蓄。就這一點而言，允許外國人能更容易向聯準會借貸美元，應該會有幫助。二〇〇八年時，FED以相對寬大的條件，提供幾乎無限多的信用給美國的主要盟友，包括韓國與墨西哥。二〇一三年，FED也和加拿大、歐元區、英國、日本與瑞士等國的中央銀行建立了一些常設的工具，只不過，這些工具理論上可隨時終止。若能轉採永久性制度結構，並將合格貸款人的涵蓋範圍擴大，應該有助於降低外國對美國準備資產的需求。[5]

然而，這些對策主要都只是短期的權宜之計，不足以解決全球經濟體系的根本問題。美國仍將是接收世界超額儲蓄以及隨之而來的多餘產量的世界級廢物傾倒場。只要主要順差經濟體的權貴階級繼續致力於一個持續擠壓本國勞工與退休者的體系，開放式全球貿易體系永遠也難以擺脫威脅。

如果我們希望在貿易戰進一步危害全球經濟體系並破壞國際和平之前予以終結，就必須解決所得分配不平等與整個世界病態依賴美國金融體系的雙重問題。美國必須帶頭改革已破產的全球貿易體系，最重要的是，美國必須改革不健全的全球資本流動。逆差國必須設法**逼迫**順差國的權貴分子自行吸收他們的行為所造成的代價，而且逆差國必須克服本國權貴分子的激烈反對，完成這個任務。開放貿易的利益極為龐大，不過，那並非沒有代價，而如果我們想要保留這些利益，就必須設法解決這些代價。

順差國該做甚麼？

全球支出短缺的病因源自順差國。雖然德國的政策制訂者經常堅稱德國的順差是該國卓越生產技術所帶來的報酬，但那根本是胡扯。一個國家因卓越生產力而獲得的報酬，應該是更多的進口，也就是透過改善貿易條件而增加的進口。居高不下的順差幾乎永遠是高度失衡，由於偏袒企業與富豪的所得分配所造成。美國與其他逆差國可以試著扭轉那些順差，不過，即使它們成功了，我們所說明的問題還是沒有解決。亞洲與歐洲的民眾應該獲得更好的待遇。

最近的數據顯示，若以美元計算，中國是世界第二或第三大經常帳順差國。令人擔憂的是，一旦未來幾年中國國內投資降低，它的經常帳順差有可能快速增加。若中國的家庭支出沒有出現抵銷性的增加，結果又會是困擾整個世界的過剩供給，一如二〇〇〇年代的狀況。幸好中國政府有很多工具可用，如果中國政府願意，只要將所得從權貴分子手中轉移給一般勞工與退休者，便能防止這個情況再次發生。

首先，中國應該改革戶口系統，最終更要廢除這個系統，讓目前住在國內所有地方的每一個中國人都能領取政府津貼，畢竟那些津貼正是以他們繳納的稅金來支應。第二，政府應該提升安全網的品質，並就合理的退休所得保障—包括醫療保障—提供擔保。第三，政府應該讓勞工得以更輕易組成工會、更容易協商更好的工資與勞動條件。第四，國有企業應該增發股利。理想上來說，那些股利宜透過一種專設的社會財富基金，直接分配給中國家庭。第五，政府應該透過更嚴格的環保監理規定，繼續努力改善空氣與水質。第六，政府應該改革租稅體系，降低窮人與中等所得消費者的負擔，同時增加最高所得者的稅負。最後，政府應該繼續推升人民幣的價值，包括在必要時拋售外匯準備，這麼做有助於將購買力從出口企業老闆手上轉移給一般中國消費者。

這些建議案都是老調重彈。二〇一三年十月的三中全會正式提出的改革計畫，幾乎涵蓋了前述所有建議，只有最後一項例外，而且，即使是最後一個改革建議都獲得中央銀行前行長的支持。不過，位高權重的中國既得利益團體強力反對這些改革，原因無他，因為一旦實施再平衡政策，他們將會成為確定的輸家。只要中國有辦法繼續拖延再平衡歷程，只要中國能繼續將超額儲蓄倒到美國，它一定會繼續設法避免展開必要的調整。

歐元區是目前世界上最大的全球失衡來源。在二〇〇八年以前，西班牙、希臘、義大利、愛爾蘭與其他危機國的家庭與企業，以大量舉債及遠高於所得的支出來補償德國的停滯。這雖使整個經濟聯盟的經濟得以成長，但事實證明那樣的成長無以為繼。二〇〇八年金融危機逼得那些家庭與企業縮減支出，轉而聚焦在債務的清償。

為了緩衝相關衝擊，那些國家的政府最初以增加舉債與支出等方式介入。然而，近幾年那些國家的政府也被迫節約，這造成了租稅提高、失業增加，貧窮率上升，基礎建設進一步惡化，以及整體生活水準降低等惡果。這一切的一切導致幾乎所有國家的主權債務利率紛紛降至零以下，連最長到期日的債務也不例外。因此，歐元區未來應該要實現的雙重目標是降低整體民間結餘，以及擴大整體預算赤字。

追根究柢，歐洲的大規模民間結餘是不平等惡化所造成。那意味歐洲可透過所得轉移，也就是將所得從超級富豪與他們控制的企業轉移給一般歐洲家庭等簡單的政策，來扭轉惡果。最顯而易見的做法是對較高所得者課徵較高稅負、降低社會安全稅；降低加值稅、強化社會安全網，以及提高最低工資。德國尤其應該改革它的遺產稅制，以防止企業財富集中在少數家族企業手上，另外，德國也應該採用更現代化的房地產稅制，將房價的變化列入課稅的考量。

而要想導正歐洲的財政狀況，則需要更多的創造力。就理想的狀態來說，每一個國家都應視其國內需要，採取適當的降稅與提振支出措施。舉個例子，德國可降低偏高的租稅、改善勞工所得保障，以及進行道路、橋梁、高鐵、寬頻網路與綠能等必要投資，藉此將目前目前約當二％的GDP的預算盈餘，轉為約當四％的GDP的預算赤字。在此同時，荷蘭可經由降低所得稅與加值稅，同時放寬繁重的破產法等，幫助目前陷入困境的家庭擺脫巨大的住宅債務負擔。[6]

不過，儘管那些政策將對德國與荷蘭民眾非常有利，卻不太足夠影響歐洲的整體平衡，從二〇一二年起，危機國內部的變化導致歐洲的整體平衡發生劇烈的轉變。若單純以經濟狀況來說，應該維持最多預算赤字的歐元區國家，卻是最沒有能力維持預算赤字的國家，包括希臘、義大利與西班牙，而這就是問題的癥結之一。

最務實的解決方案是盡可能整合歐洲的財政政策，將各國的財政政策聯邦化。各國中央政府將減少支出、降低課稅金額並減少舉債，這樣它們才能在履行條約承諾的同時，避免將歐元區轉化為世界其他經濟體的永久威脅。可將歐洲投資銀行（European Investment Bank）設定為整個聯盟的主要基礎建設專案的籌資來源，另外，它也可協同各國之間的專案。共同的存款保險與銀行清理計畫（bank resolution）將確保希臘與葡萄牙境內的銀行存款永遠享受和德國與荷蘭境內銀行存款一樣的保障。最後，應該設置全新的歐元區中央財政部，接管諸如失業再保險與退休保障等核心支出功能、擔任歐洲投資銀行的最後擔保人（backstop）、發行和美國國庫券一樣吸引國際投資人的債券，以及課徵共同租稅。就理想狀態來說，那些新租稅將嚴厲制裁企業在貨幣同盟內部的利潤轉移活動，並鎖定歐元區最富裕的居民的淨財富。

如果中國與歐洲能依循前述條列的通用處方，整個世界的生活水準將可望提升，債務則會減少。消費的增加將鼓勵企業投資額外的生產性產能來滿足需求。因此，將所得移轉給一般家庭的作為，會使消費與投資雙雙增加。就這個情況而言，所得的重分配將促使產出增加。屆時門戶開放體系將繼續獲得沿用，目前各國在貿易上的衝突也會隨著各國內部的階級衝突獲得和平解決，最終迎刃而解。這就是我們最偏好的結果，因為其他替代結果遠比這個結果更糟糕——那些結果至少將牽涉到美國拒絕繼續心甘情願迎合並吸收全球的失衡。

我們的建議看似困難，但這些建議以前就曾施行過。當年同盟國在布列敦森林會議中為全球經濟體系與國際金融打造了一個全新的規則系統；而在國內部分，當時各國政府也經由保障基本生活水準與改善勞工及退休者的保障，強化它們的社會民主體制。總之，那時的各國領袖積極回應各項挑戰，並從過往的經驗記取教訓。他們的解決方案雖不完美，而這正是我們陷入當前處境的原因，卻是奠基於平等主義、全球合作與和平等價值觀。當今世界各地的領袖也必須以類似的回應來幫助他們的國民，那是人民應得的待遇。

謝詞

本書是兩位作者的共同心血結晶，我倆的居所相距六千英里之遙，一個住在舊金山，另一個住在北京——我們之間是如假包換的跨太平洋夥伴關係。雖然這份成品屬於我們，但書中蘊藏著非常多人的真知灼見與才智。一如現代全球經濟體系裡的其他物品，若沒有來自世界各地眾人的貢獻，我們不可能完成這本書。

首先，馬修要感謝早在他進入新聞界前就教導他如何寫作與批判性思考的恩師們，尤其是Earl Bell、Ted Bromund、David Bromwich與Donald Kagan。他們的指導對他的職涯產生了無可言喻的寶貴影響力。馬修也要感謝他在橋水公司（Bridgewater）的前同事教導他經濟學與金融學，並介紹他閱讀麥可有關中國與國際收支的著作。

麥可則希望感謝在他的中央銀行研討課上，多次與他討論這些問題與其他許多議題的北京大學學生們，他們的提問促使他深入了解很多基礎知識。

馬修還要感謝瑪喬麗迪恩金融新聞工作者基金會（Marjorie Deane Financial Journalism Foundation）讓他獲得在《經濟學人》雜誌（*Economist*）實習的機會，並從此開啟了他的作家之路。多年來，他有幸獲得許多優秀的良師益友及編輯相助，包括Ryan Avent、Clive Crook、Cardiff Garcia、James Greiff、Brian Hershberg、Greg Ip、Izabella Kaminska、Zanny Minton-Beddoes，以及Robert Sabat。馬修要特別感謝賽巴斯坦・馬拉比（Sebastian Mallaby），他在近十年前雇用馬修擔任研究助理，協助他編寫亞倫・格林斯潘的傳記。賽巴斯坦鼓勵馬修追求志向，儘管當時看來，成為一名作家是世界上最糟糕的謀生管道。每次馬修面臨職涯相關的決定時都會向賽巴斯坦請益，而他也都適時提供非常寶貴的意見，尤其是撰寫本書的決定。

舉凡準備提案乃至搜尋的合適出版商等皆非易事。除了要感謝賽巴斯坦，我們還要謝謝Tim Harford、Anna Pitoniak、Reihan Salam、Amir Sufi以及馬汀・沃夫（Martin Wolf），他們都極度慷凱地提供很多建議，也為引介我們認識不少人。

與耶魯大學出版社之間的合作相當愉快。我們要感謝Seth Ditchik、Laura Jones Dooley、Dorothea Halliday、Kristy Leonard、Karen Olson和Margaret Otzel在這整個過程中的支持和指導。我們也要感謝不具名的審稿人，他提供了非常多有用的建議，讓我們的手稿更臻完善。謝謝Bill Nelson將馬修的Excel工作表轉化為精美的圖表。

書中很多概念是和其他人對話後的產物。很多人啟發了我們的思維，但在這之中我們要特別感謝羅伯特・艾利柏（Robert Aliber）、Kenneth Austin、Ed Conway在布列敦森林協議方面提供給我們的靈感，在德國的議題部分，我們要特別感謝Brad Delong、尼爾・弗格森（Niall Ferguson）、Jacob Feygin、伏拉茲謝（Marcel Fratzscher），而在中國的非正式銀行部分，則要特別謝謝Cardiff Garcia、Jorge Guajardo大使、史蒂芬妮・凱爾頓（Stephanie Kelton）、令人敬畏的華爾街老手羅伯・寇威特（Robert Kowit）、馬格納斯（George Magnus）、馬拉比、Atif Mian、Julio Mota、克里斯蒂安・奧登達爾（Christian Odendahl）、Zoltan Pozsar、丹尼・羅德里克（Dani Rodrik）、Reihan Salam、Martin Sandbu、Karthik Sankaran、布萊德・賽瑟、申鉉松（Hyun Song Shin）、Amir Sufi、Srinivas Thiruvadanthai、亞當・圖澤（Adam Tooze）、蔡欣怡（Kellee Tsai），更感謝Angel Ubide、Duncan Weldon、馬汀・沃夫與加布瑞爾・佐克曼（Gabriel Zucman）在各方面的啟發。

謝謝布萊德・賽瑟與伍曉鷹大方將他們的中國製造業貿易、全球外匯準備累積金額，以及中國生產力等數據提供給我們使用。我們到國際貨幣基金組織北京辦公室開過許多次會議，會議主持人Alfred Schipke以及Logan Wright、Rodney Jones和Chen Long經常不厭其煩地花上好幾個小時，就中國經濟體系的演進提出很多見解，不論和我們相同或有所差異，這些見解都啟發了麥可的許多卓越的想法。

奧登達爾與亞當·圖澤的建議與指教大大改善了有關德國和歐洲的章節。Cardiff Garcia與馬拉比則為引言、美元在全球金融體系所扮演角色的章節以及結論部分，提供了寶貴的建議。Ed Eyerman與一位不願具名的北京大學教授閱讀了整本書，並提供了非常棒的建議，而Shenglong Tian則在本書反覆修訂的過程中提供了極大的幫助。馬修的父母親安德魯與麗莎。以及馬修的太太法蘭西斯分別閱讀過全部的草稿，包括某些章節的各個不同版本。若沒有他們提出疑問和編輯，本書不可能完成。

本書的主題之一，是某地做出的選擇可能會對其他地方產生意想不到的影響。馬修決定在不辭去正職工作的情況下寫這本書，這個決定導致法蘭西斯必須承受丈夫在無數個夜晚、週末與清晨裡忙著寫作所造成的後果。因此，馬修要特別感謝法蘭西斯的理解與支持。

注釋

名詞縮寫

BEA 美國經濟分析局（Bureau of Economic Analysis）
BIS 國際清算銀行（Bank for International Settlements）
CFR 美國外交關係協會（Council on Foreign Relations）
ECB 歐洲中央銀行（European Central Bank）
FRB 美國聯邦準備理事會（Federal Reserve Board）
GGDC 荷蘭格羅寧根大學經濟系「成長與發展中心」（Groningen Growth and Development Centre）
IMF 國際貨幣基金（International Monetary Fund）

IRS	美國國家稅務局（Internal Revenue Service）
NBER	美國國家經濟研究局（National Bureau of Economic Research）
NSD	挪威研究資料中心（Norwegian Centre for Research Data）
OECD	經濟合作開發組織（Organisation for Economic Co-Operation and Development）
UNCTAD	聯合國貿易暨發展委員會（United Nations Conference on Trade and Development）

平裝版導言

1. OECD, "Quarterly National Accounts," https://stats.oecd.org/viewhtml.aspx?datasetcode=QNA&lang=en.
2. Matthew C. Klein, "China's Economy Did Well in 2020. The U.S. Economy Did Not, but It's Better Off. Here's Why," *Barron's,* January 20, 2021, https://www.barrons.com/articles/chinas-economy-did-well-in-2020-the-u-s-economy-did-not-but-its-better-off-heres-why-51611176401.
3. Julia Anderson, Enrico Bergamini, Sybrand Brekelmans, Aliénor Cameron,Zsolt Darvas, Marta Domínguez Jiménez, Klaas Lenaerts, and Catarina Midoes, "The Fiscal Response to the Economic Fallout from the Coronavirus," *Bruegel,* November 24,2020, https://www.bruegel.org/publications/datasets/covid-national-dataset/; Ernie Tedeschi,"Global Fiscal: US Dominates Core Fiscal Stimulus, Euro Area Relies More on Auto Stabilizers, Loans, and Deferrals,"*Evercore ISI,* May 5, 2020. 資料更新於二〇二一年一月二十九日。
4. Destatis, "Gross Domestic Product Down 5.0% in 2020," Press release No. 020 of January 14, 2021, https://www.destatis.de/EN/Press/2021/01/PE21_020_811.html and Istat, "Gross Domestic Product, Expenditure Components and Contribution to GDP Growth," http://dati.istat.it/?lang=en.

5. Krzysztof Bańkowski, Marien Ferdinandusse, Sebastian Hauptmeier, Pascal Jacquinot, and Vilém Valenta, "The Macroeconomic Impact of the Next Generation EU Instrument on the Euro Area," *European Central Bank Occasional Paper Series* No. 255 /January 2021, https://www.ecb.europa.eu//pub/pdf/scpops/ecb.op255~9391447a99.en.pdf.
6. Klaas Knot, "'Emerging from the Crisis Stronger Together': How We Can Make Europe More Resilient, Prosperous and Sustainable," HJ Schoo lecture given by Klaas Knot, Amsterdam, September 1, 2020, https://www.bis.org/review/r200922c.pdf; Ken Moak, "China's Demand-side Reforms Could Sustain Long-term Economic Growth"*China Daily,* December 24, 2020, http://www.chinadaily.com.cn/a/202012/24/WS5fe4346ba31024ad0ba9e1a4.html and "The Biden Plan to Ensure the Future Is 'Made in All of America' by All of America's Workers," https://joebiden.com/made-in-america/.

引言

1. David Autor et al., "Importing Political Polarization? The Electoral Consequences of Rising Trade Exposure," December 2017, NBER Working Paper No. 22637;Bob Davis and Jon Hilsenrath, "How the China Shock, Deep and Swift, Spurred the Rise of Trump," *Wall Street Journal,* August 11, 2016; David Autor et al., "A Note on the Effect of Rising Trade Exposure on the 2016 Presidential Election," MIT Working Paper, rev.March 2, 2017.
2. Senate Democrats, "Schumer Statement on New Tariffs on Chinese Imports,"Press Release, June 15, 2018, https://www.democrats.senate.gov/newsroom/press-releases/schumer-statement-on-new-tariffs-on-chinese-imports.(blog), July 18, 2019, https://www.cfr.org/blog/continuing-chinese-drag-global-economy.
3. Brad W. Setser, "The Continuing Chinese Drag on the Global Economy," CFR (blog), July 18, 2019, https://www.cfr.org/blog/continuing-chinese-drag-global-economy.
4. Eurostat, "GDP and Main Components (Output, Expenditure and Income),"https://appsso.eurostat.ec.europa.eu/nui/show.do?dataset=bop_c6_q&lang=en.
5. IMF, "World Economic Outlook Database," April 2019, https://www.imf.org/external/pubs/ft/weo/2019/01/weodata/index.aspx.

6. "Verkauft doch eure Inseln, ihr Pleite-Griechen . . . und die Akropolis gleich mit!," *Bild,* October 27, 2010; Stefan Wagstyl, "Greeks Find Support for German Reparations Claims — in Germany," *Financial Times,* March 17, 2015; Mehreen Khan and Paul McLean, "Dijsselbloem under Fire after Saying Eurozone Countries Wasted Money on 'Alcohol and Women,' " *Financial Times,* March 21, 2017.
7. John A. Hobson, *Imperialism: A Study* (New York: James Pott, 1902). See also Thomas Hauner, Branko Milanovic, and Suresh Naidu, "Inequality, Foreign Investment,and Imperialism," Stone Center Working Paper 2017, for a modern quantitative analysis of Hobson's thesis.
8. Kenneth Austin, "Communist China's Capitalism: The Highest Stage of Capitalist Imperialism," *World Economics,* January–March 2011, 79–94.

第一章　亞當・斯密到提姆・庫克：全球貿易的轉型

1. Adam Smith, *An Inquiry into the Nature and Causes of the Wealth of Nations,*2 vols., ed. Edwin Cannan (London: Methuen, 1904), vol. 1, bk. 1, chap. 1, available at https://oll.libertyfund.org/.
2. R. H. Coase, "The Nature of the Firm," *Economica* 4, no. 16 (November 1937): 386–405.
3. Smith, *Wealth of Nations,* vol. 1, bk. 4, chap. 2.
4. David Ricardo, *On the Principles of Political Economy and Taxation,* 3rd ed. (London: John Murray, 1821), chaps. 7, 27, available at https://oll.libertyfund.org/.
5. Ricardo, *Principles,* chap. 7.
6. Cameron Hewitt, "Brits on the Douro: A Brief History of Port," *Rick Steves' Europe,* https://www.ricksteves.com/watch-read-listen/read/articles/the-history-of-port.
7. Ricardo, *Principles,* chap. 7.
8. "President's Address to Both Houses of Congress," *Annals of Congress,* 1st Cong.,2d sess., January 8, 1790.
9. "Alexander Hamilton's Final Version of the Report on the Subject of Manufactures [5 December 1791]," Founders Online,

https://founders.archives.gov/documents/Hamilton/01-10-02-0001-0007.

10. Douglas A. Irwin, "The Aftermath of Hamilton's 'Report on Manufactures,' "NBER Working Paper No. 9943, August 2003; Act to Regulate the Duties on Imports and Tonnage, 14th Cong., 1st sess., Ch. 107, 3 Stat. 310 [Tariff of 1816 (Dallas Tariff)].

11. Friedrich List, *Outlines of American Political Economy, in a Series of Letters . . .to Charles J. Ingersoll . . .* (Philadelphia, Samuel Parker, 1827), available at https://oll.libertyfund.org/.

12. Friedrich List, The National System of Political Economy, trans. Sampson S.Lloyd (London: Longmans, Green, 1909), available at https://oll.libertyfund.org/.

13. Paul Bairoch and Richard Kozul-Wright, "Globalization Myths: Some Historical Reflections on Integration, Industrialization, and Growth in the World Economy,"UNCTAD Discussion Paper No. 113, March 1996.

14. Adam Tooze, *The Deluge: The Great War, America, and the Remaking of the Global Order, 1916–1931* (New York: Penguin, 2014); John H. Williams, "The Foreign Trade Balance of the United States since the Armistice," *American Economic Review* 11,no. 1, suppl. (March 1921): 22–39.

15. Harold James and Kevin O'Rourke, "Italy and the First Age of Globalization,1861–1940," paper presented at the conference "Italy and the World Economy, 1861–2011,"Rome, October 12–15, 2011; Barry Eichengreen and Douglas A. Irwin, "The Slide to Protectionism in the Great Depression: Who Succumbed and Why?," *Journal of Economic History* 70, no. 4 (December 2010): 871–97.

16. BIS, Annual Report, 2017, "Understanding Globalization," https://www.bis.org/publ/arpdf/ar2017e6.htm; BEA , "National Income and Product Accounts," table 4.1,https://apps.bea.gov/iTable/.

17. Benn Steil, *The Battle of Bretton Woods: John Maynard Keynes, Harry Dexter White, and the Making of a New World Order* (Princeton, N.J.: Princeton University Press, 2013); "Resolution VII: International Economic Problems" and "Closing Address by Henry Morgenthau, Jr. [July 22, 1944]," in *Proceedings and Documents of the United Nations Monetary and Financial Conference, Bretton Woods, New Hampshire, July 1–22,1944,* ed. U.S. State Department (Washington, D.C.: U.S.

Government Printing Office,1944), available at https://fraser.stlouisfed.org.

18. Benn Steil, *The Marshall Plan: Dawn of the Cold War* (New York: Simon and Schuster, 2018); Robert E. Baldwin, "The Changing Nature of U.S. Trade Policy since World War II," in *The Structure and Evolution of Recent U.S. Trade Policy,* ed. Robert E.Baldwin and Anne O. Krueger (Chicago: University of Chicago Press, 1984).

19. Marc Levinson, *The Box: How the Shipping Container Made the World Smaller and the World Economy Bigger,* 2nd ed. (Princeton, N.J.: Princeton University Press, 2016).

20. 根據Google地圖指示：加拿大邊境服務局（Canada Border Services Agency）, "Border Wait Times," http://www.cbsa-asfc.gc.ca/bwt-taf/menu-eng.html; U.S. Customs and Border Protection, "CPB Border Wait Times,"https://apps.cbp.gov/bwt/mobile.asp?action=n&pn=3800; and Statistics Canada, "Canada's Merchandise Trade with the U.S. by State,"June 19, 2017, https://www.statcan.gc.ca/pub/13-605-x/2017001/article/14841-eng.htm.

21. 根據世界銀行統計的各國製造業附加價值，https://data.worldbank.org/indicator/NV.IND.MANF.CD; Richard Baldwin, "Global Supply Chains: Why They Emerged, Why They Matter, and Where They Are Going," in *Global Value Chains in a Changing World,* ed. Deborah K. Elms and Patrick Low (Washington, D.C.: Brookings Institution Press for the World Trade Organization, 2013); Robert C. Johnson and Guillermo Noguera, "Accounting for Intermediates: Production Sharing and Trade in Value Added," *Journal of International Economics* 86, no. 2 (May 2011): 224–36; Marcel P. Timmer, Bart Los, Robert Stehrer, and Gaaitzen J. de Vries, "An Anatomy of the Global Trade Slowdown Based on the WIOD 2016 Release," GGDC Research Memorandum 162, December 2016.

22. 來自美國經濟分析局的國際貿易檔案資料, https://www.bea.gov; OECD, "Trade in Value Added: United States," December 2018, https://www.oecd.org/industry/ind/TIVA-2018-United-States.pdf; Jude Webber, Shawn Donnan, and John Paul Rathbone, "Nafta: First Shots in a Trade War," *Financial Times,* January 30, 2017; Kristin Dziczek et al., "NAFTA Briefing: Trade Benefits to the Automotive Industry and Potential Consequences of Withdrawal from the Agreement," Center for Automotive Research, 2017.

23. 根據歐洲統計局所統計的國際收支數據，https://appsso.eurostat.ec.europa.eu/nui/show.do?dataset=bop_c6_q&lang=en,

and IMF, European Department, "German-Central European Supply Chain-Cluster Report: Staff Report, First Background Note, Second Background Note, Third Background Note," Country Report No. 13/263, August 20, 2013.

24. See, e.g., Kenneth L. Kraemer, Greg Linden, and Jason Dedrick, "Capturing Value in Global Networks: Apple's iPad and iPhone," Working Paper, July 2011; UNCTAD statistics, http://unctadstat.unctad.org/CountryProfile/GeneralProfile/en-GB/156/index.html; OECD, "Trade in Value Added: China," December 2018, https://www.oecd.org/industry/ind/TIVA-2018-China.pdf; OECD, "Trade in Value Added: Korea," December 2018, https://www.oecd.org/industry/ind/TIVA-2018-Korea.pdf; Ruey-Wan Liou et al., "Unveiling the Value-Added of Cross-Strait Trade: The Global Value Chains Approach," Working Paper. https://www.gtap.agecon.purdue.edu/resources/download/7300.pdf

25. 最佳參考資料是經濟合作暨發展組織（ＯＥＣＤ）以附加價值表示的貿易數據表，https://stats.oecd.org/Index.aspx?DataSetCode=TIVA_2018_C1.

26. 根據美國經濟分析局資料，"International Transactions," table 1.3, https://www.bea.gov/iTable/index_ita.cfm.

27. 《一九六二年美國歲收修正法案》（*Revenue Act of 1962*），Pub. L. 87-834, October 16, 1962, 76 Stat. 960. See also Keith Engel, "Tax Neutrality to the Left, International Competitiveness to the Right, Stuck in the Middle with Subpart F," *Texas Law Review* 79, no. 6 (May 2001).

28. IRS, "26 CFR Parts 1, 301, and 602," https://www.irs.gov/pub/irs-regs/td8697.txt; Cynthia Ram Sweitzer, "Analyzing Subpart F in Light of Check-the-Box," *Akron Tax Journal* 20 (March 2005), article 1; IRS, Treasury Notice 98-11, https://www.irs.gov/pub/irs-drop/n-98-11.pdf; IRS, LB&I International Practice Service Concept Unit on Subpart F, https://www.irs.gov/pub/int_practice_units/DPLCUV_2_01.PDF; FactSet, data for companies in the S&P 500 stock index, http://www.factset.com.

29. Thomas R. Torslov, Ludvig S. Wier, and Gabriel Zucman, "The Missing Profits of Nations," NBER Working Paper No. 24701, June 2018.

30. David Barboza, "How China Built 'iPhone City' with Billions in Perks for Apple's Partner," *New York Times,* December 29, 2016; Brad W. Setser, "Apple's Exports Aren't Missing: They Are in Ireland," CFR (blog), October 30, 2017, https://

www.cfr.org/blog/apples-exports-arent-missing-they-are-ireland; BEA, "International Services," https://apps.bea.gov/iTable/index_ita.cfm; Central Statistics Office of Ireland, "International Trade in Services 2017," https://www.cso.ie/en/releasesandpublications/er/its/internationaltradeinservices2017/.

31. 根據蘋果公司的合併財務報表計算而來。https://www.apple.com/newsroom/pdfs/fy17-q4/Q4FY17ConsolidatedFinancialStatements.pdf.
32. 根據微軟公司二〇一七會計年度的盈餘計算而來。"Note 13–Income Taxes," https://www.microsoft.com/en-us/Investor/earnings/FY-2017-Q4/IRFinancialStatementsPopups?tag=us-gaap:IncomeTaxDisclosureTextBlock&title=Provision%20for%20income%20taxes; and Alphabet Inc.（Google的母公司）, Form 10-K, https://abc.xyz/investor/pdf/20171231_alphabet_10K.pdf.
33. Johnson & Johnson, "Annual Report," 2015, 2017, available at https://www.jnj.com/about-jnj/annual-reports.
34. Tom Bergin, "Special Report: How Starbucks Avoids UK Taxes," *Reuters,* October15, 2012.
35. Matthew C. Klein, "What the Foreign Direct Investment Data Tell Us about Corporate Tax Avoidance," *Financial Times,* November 23, 2017; Matthew C. Klein, "How Tax Avoidance Distorts U.S. Trade and Investment," *Barron's,* May 25, 2018.
36. Eurostat, "NUTS3 GDP per Capita (Euros per Inhabitant) for Southwestern Ireland," https://appsso.eurostat.ec.europa.eu/nui/show.do?dataset=reg_area3&lang=en; Charlie Taylor, "Apple's Secretive Cork Facility Opens Up–To an Extent," *Irish Times,* January 11, 2018.
37. Kari Jahnsen and Kyle Pomerleau, "Corporate Income Tax Rates around the World, 2017," *Tax Foundation,* Fiscal Fact No. 559, September 7, 2017; Robert W. Wood, "How Google Saved $3.6 Billion Taxes from Paper 'Dutch Sandwich,' " *Forbes,* December 22, 2016.
38. 根據美國經濟分析局計算出來的直接投資與跨國企業數據，https://www.bea.gov/iTable/index_MNC.cfm; see also Matthew C. Klein, "What the Foreign Direct Investment Data Tell Us about Corporate Tax Avoidance," *Financial Times,* November 23, 2017; and Gabriel Zucman, *The Hidden Wealth of Nations* (Chicago: University of Chicago Press, 2015).
39. Apple 2017 10-K, https://www.sec.gov/Archives/edgar/data/320193/000032019317000070/a10-k20179302017.htm#sCE31

BDFF50DA58B8962157DE8467840C; Microsoft, https://www.microsoft.com/investor/reports/ar17/index.html.

40. 美國財政部, "International Capital Flows" data, https://www.treasury.gov/resource-center/data-chart-center/tic/Pages/ticsec2.aspx; balance sheets from annual reports, https://www.sec.gov/Archives/edgar/data/320193/000119312512444068/d411355d10k.htm#tx411355_2; Microsoft Corporation, "2012 Annual Report: Balance Sheets," https://www.microsoft.com/investor/reports/ar12/financial-review/balance-sheets/index.html; Brad W. Setser, "Ireland Exports Its Leprechaun," Council on Foreign Relations (blog), May 11, 2018, https://www.cfr.org/blog/ireland-exports-its-leprechaun; Matthew C. Klein, "How Much Do Tax Havens Cost the Rest of Us?," *Barron's,* June 19, 2018; BEA , "International Data: Direct Investment & MNEs," https://apps.bea.gov/iTable/index_MNC.cfm.

第二章　全球金融的成長

1. BIS, "Annual Report," 2017, https://www.bis.org/statistics/ar2017stats.htm.
2. P. L. Cottrell and Lucy Newton, "Banking Liberalization in England and Wales, 1826–1844," in *The State, the Financial System, and Economic Modernization,* ed. Richard Sylla, Richard Tilly, and Gabriel Tortella (Cambridge: Cambridge University Press, 1999), 76–84.
3. Burke Adrian Parsons, *British Trade Cycles and American Bank Credit: Some Aspects of Economic Fluctuations in the United States, 1815–1840* (New York: Arno Press,1977), 109–14, 324–31.
4. Friedrich Engels, *Socialism: Utopian and Scientific,* in *Marx and Engels,* ed. Lewis F. Feuer (New York: Anchor Books, 1959), 100.
5. H. M. Hyndman, *Commercial Crises of the Nineteenth Century* (1892; reprinted., London: George Allen and Unwin, 1932), 29; Parsons, *British Trade Cycles,* 118.
6. David Hackett Fischer, *The Great Wave: Price Revolutions and the Rhythms of History* (Oxford: Oxford University Press, 1996), 158.
7. Hackett, *Great Wave,* 26–27.

8. J. Fred Rippy, "Latin America and the British Investment 'Boom' of the 1820s,"*Journal of Modern History* 19, no. 2 (June 1947): 122–29.
9. 引用自Frank Griffith Dawson, *The First Latin American Debt Crisis: The City of London。and the 1822–25 Bubble* (New Haven, Conn.: Yale University Press, 1990)，原文第二四六至二四九頁的統計表格。這裡與後續提到的貸款與投資還參考Dawson以外的兩個出處，包括Rippy, "Latin America and the British Investment 'Boom' "; and Carlos Marichal, *A Century of Debt Crises in Latin America, from Independence to the Great Depression, 1820–1930* (Princeton, N.J.: Princeton University Press, 1989), 12–41.
10. Parsons, *British Trade Cycles,* 209.
11. Parsons, *British Trade Cycles,* 118.
12. Walter Bagehot, *Lombard Street: A Description of the Money Market* (1873; reprinted., London: John Wiley and Sons, 1999), 39.
13. Hyndman, *Commercial Crises,* 42–43; Cottrell and Newton, "Banking Liberalization in England and Wales," 96–97.
14. 銀行數量沒有理想的紀錄可用；這些數字引用自Paul Studenski與Herman Krooss的估計。*Financial History of the United States: Fiscal, Monetary, Banking and Tariff, including Financial Administration and State and Local Finance* (New York: McGraw-Hill, 1952), 107.
15. Douglass C. North, "The United States Balance of Payments, 1790–1860," in Conference on Research in Income and Wealth, *Trends in the American Economy in the Nineteenth Century* (NBER, 1960), https://newworldeconomics.com/wp-content/uploads/2017/01/US-Balance-of-Payments-1790-1860.pdf.
16. Bray Hammond, *Banks and Politics in America from the Revolution to the Civil War* (1957; reprint ed., Princeton, N.J.: Princeton University Press, 1985), 455–58; Doug Norton, 1966), 199–203; Parsons, *British Trade Cycles,* 118.
17. Bagehot, *Lombard Street,* 179.
18. Studenski and Krooss, *Financial History of the United States,* 118. For an account of the reasons for the state defaults, see Richard Sylla and John J. Wallis, "The Anatomy of Sovereign Debt Crises: Lessons from the American State Defaults of the

1840s," *Japan and the World Economy* 10, no. 3 (July 1998): 290.

19. Christian Suter, *Debt Cycles in the World Economy: Foreign Loans, Financial Crises, and Debt Settlements, 1820–1990* (Boulder, Colo.: Westview, 1992), 69.
20. Niall Ferguson, *The House of Rothschild: Money's Prophets, 1798–1848* (New York: Penguin, 1999), 374.
21. Bray Hammond, *Sovereignty and an Empty Purse: Banks and Politics in the Civil War* (Princeton, N.J.: Princeton University Press, 1970); John Niven, *Salmon P. Chase: A Biography* (Oxford: Oxford University Press, 1995).
22. Reprinted in Bagehot, *Lombard Street,* 140.
23. Marichal, *Century of Debt Crises,* 97.
24. Charles Kindleberger, *A Financial History of Western Europe* (Oxford: Oxford University Press, 1993), 270; H. M. Hyndman, *Commercial Crises of the Nineteenth Century* (1892; reprint ed., London: George Allen and Unwin, 1932), 99–127.
25. Barry Eichengreen, "The Baring Crisis in a Mexican Mirror," *International Political Science Review* 20, no. 3 (July 1999): 252–54.
26. Eichengreen, "Baring Crisis," 257–58; Niall Ferguson, *The House of Rothschild: The World's Bankers, 1849–1999* (New York: Viking, 1999), 340.
27. "Business Conditions; How High the Rate?," *New York Times,* July 26, 1981.
28. Hyun Song Shin, "Global Banking Glut and Loan Risk Premium," *IMF Economic Review* 60, no. 2 (2012): 155–92; Robert McCauley, "The 2008 Crisis: Transpacific or Transatlantic?," *BIS Quarterly Review,* December 2018; BIS, "Consolidated Banking Statistics," https://stats.bis.org/statx/srs/tseries/CBS_PUB/Q.S.5A.4R.U.C.A.A.TO1.R.US?t=b4&c=US&m=S&p=20182&i=1.9; FRB, "Assets and Liabilities of Commercial Banks in the United States — H8," https://www.federalreserve.gov/datadownload/Download.aspx?rel=H8&series=b61c440afd7c4e471552632b71488023&filetype=csv&label=include&layout=seriescolumn&from=01/01/2005&to=12/31/2018.

第三章 儲蓄、投資與失衡

1. Robert C. Allen, “Engels’ Pause: Technical Change, Capital Accumulation, and Inequality in the British Industrial Revolution,” *Explorations in Economic History* 46, no. 4 (October 2009): 418–35; Robert C. Allen, “The High Wage Economy and the Industrial Revolution: A Restatement,” University of Oxford, Discussion Papers in Economic and Social History No. 115, June 2013; Elise Brezis, “Foreign Capital Flows in the Century of Britain’s Industrial Revolution: New Estimates, Controlled Conjectures,”*Economic History Review,* n.s., 48, no. 1 (February 1995): 46–67.
2. Alan L. Olmstead and Paul W. Rhode, “Cotton, Slavery, and the New History of Capitalism,” *Explorations in Economic History* 67 (January 2018): 1–17.
3. Robert E. Lipsey, “U.S. Foreign Trade and the Balance of Payments, 1800–1913,” NBER Working Paper No. 4710, April 1994; Robert E. Gallman, “Gross National Production the United States, 1834–1909,” in *Output, Employment, and Productivity in the United States after 1800,* ed. Dorothy S. Brady (New York: National Bureau of Economic Research, 1966); U.S. Census, table 4, “Population: 1790 to 1990,” https://www.census.gov/population/censusdata/table-4.pdf.
4. E. Peshine Smith, *A Manual of Political Economy* (New York: George P. Putnam, 1853); Michael Hudson, “E. Peshine Smith: A Study in Protectionist Growth Theory and American Sectionalism” (Ph.D. diss., New York University, 1968).
5. Kenichi Ohno, *The Economic Development of Japan: The Path Japan Traveled as a Developing Country,* trans. Azko Hayashida (Tokyo: GRIPS Development Forum, 2006).
6. Stephen Kotkin, *Stalin: Paradoxes of Power, 1878–1928* (New York: Penguin, 2014); Stephen Kotkin, *Stalin: Waiting for Hitler, 1929–1941* (New York: Penguin, 2017); “Notes from the Meeting between Comrade Stalin and Economists concerning Questions in Political Economy, January 29, 1941,” Wilson Center Digital Archives, https://digitalarchive.wilsoncenter.org/document/110984.
7. GGDC, Maddison Project Database 2018, https://www.rug.nl/ggdc/historicaldevelopment/maddison/releases/maddison-project-database-2018.

8. OECD, "Labor Force Statistics," https://stats.oecd.org/.
9. FRB, "Industrial Production and Capacity Utilization — G.17," https://www.federalreserve.gov/releases/g17/.
10. Peter Chen, Loukas Karabarbounis, and Brent Neiman, "The Global Rise of Corporate Saving," Federal Reserve Bank of Minneapolis Working Paper 736, March 2017.
11. 根據美國經濟分析局的計算，"National Income and Product Accounts,"tables 1.5.4, 1.5.5, 2.1, https://apps.bea.gov/iTable/index.cfm; Matthew C. Klein, "Least Productive Sectors Only Thing Keeping Inflation Going," *FT Alphaville,* September 12, 2016, https://ftalphaville.ft.com/2016/09/12/2174415/least-productive-sectors-only-thing-keeping-inflation-going/.
12. John M. Robertson, *The Fallacy of Saving: A Study in Economics* (London: Swan Sonnenschein, 1892).
13. Michael Kumhof, Romain Ranciere, and Pablo Winant, "Inequality, Leverage, and Crises," *American Economic Review* 105, no. 3 (2015): 1217–45.
14. Marriner S. Eccles, *Beckoning Frontiers: Public and Personal Recollections,* ed. Sidney Hyman (New York: Alfred A. Knopf, 1951). See also Robert J. Barro, "Double-Counting of Investment," Working Paper, April 2019, 這份報告主張國民所得遭到誇大，因為唯有能促進消費的投資，才是有價值的投資。
15. IMF, "World Economic Outlook Database," October 2018, https://www.imf.org/external/pubs/ft/weo/2018/02/weodata/weorept.aspx?pr.x=53&pr.y=7&sy=1980&ey=2018&scsm=1&ssd=1&sort=country&ds=.&br=1&c=001&s=NID_NGDP%2CNGSD_NGDP&grp=1&a=1.
16. IMF, "World Economic Outlook Database," October 2018, https://www.imf.org/external/pubs/ft/weo/2018/02/weodata/weorept.aspx?pr.x=55&pr.y=9&sy=1980&ey=2018&scsm=1&ssd=1&sort=country&ds=.&br=1&c=924%2C184%2C134%2C174%2C111&s=NID_NGDP%2CNGSD_NGDP&grp=0&a=.
17. IMF, *Balance of Payments and International Investment Position Manual,* 6thed., November 2013, https://www.imf.org/external/pubs/ft/bop/2007/pdf/bpm6.pdf.
18. Korea International Trade Association, "Balance of Trade," http://kita.org/kStat/overview_BalanceOfTrade.do; Martin

Sandbu, *Europe's Orphan: The Future of the Euro and the Politics of Debt* (Princeton, N.J.: Princeton University Press, 2015).

19. Franziska Hunnekes, Moritz Schularick, and Christoph Trebesch, "Exportweltmeister: The Low Returns on Germany's Capital Exports," Center for Economic Policy Research Discussion Paper 13863, July 2019; 作者的計算是以德意志聯邦銀行的國際收支與國際投資部門數據為基礎，https://www.bundesbank.de/en/statistics/external-sector.

20. BIS, "Effective Exchange Rate Indices," https://www.bis.org/statistics/eer.htm; Central Bank of the Republic of Turkey, "Weighted Average Interest Rates for Banks' Loans," https://www.tcmb.gov.tr/wps/wcm/connect/EN/TCMB+EN/Main+Menu/Statistics/Interest+Rate+Statistics/Weighted+Average+Interest+Rates+For+Banks+Loans/.

21. Matthew C. Klein, "If Spain Didn't Need Capital Controls, Why Would Anyone?," *FT Alphaville,* July 15, 2016, https://ftalphaville.ft.com/2016/07/15/2168347/if-spain-didnt-need-capital-controls-why-would-anyone/; Bank of Spain, "Spanish SecuritiesMarkets," https://www.bde.es/webbde/en/estadis/infoest/temas/sb_tiimerval.html; Bank of Spain, "Consumer Price Index (CPI) and Harmonised Index of Consumer Prices (HICP)," https://www.bde.es/webbde/en/estadis/infoest/temas/sb_ipc.html; Bank of Spain, "Economic Indicators," https://www.bde.es/webbde/en/estadis/infoest/indeco.html; Bank of Spain, "Interest Rates and Exchange Rates," https://www.bde.es/webbde/en/estadis/infoest/tipos/tipos.html; BIS, "Effective Exchange Rates," https://www.bis.org/statistics/eer.htm; BIS, "Residential Property Prices: Detailed Series (Nominal)," https://www.bis.org/statistics/pp_detailed.htm.

22. Geoffrey Wawro, *The Franco-Prussian War: The German Conquest of France in 1870–1871* (Cambridge: Cambridge University Press, 2003).

23. Charles P. Kindleberger, *Manias, Panics, and Crashes: A History of Financial Crises,* 5th ed. (New York: John Wiley and Sons, 2005).

24. Arthur E. Monroe, "The French Indemnity of 1871 and Its Effects," *Review of Economics and Statistics* 1, no. 4 (October 1919): 269–81; Asaf Zussman, "The Rise of German Protectionism in the 1870s: A Macroeconomic Perspective," Working Paper, July 2002.

25. Australian Government, Department of Foreign Affairs and Trade, "China Fact Sheet," http://dfat.gov.au/trade/resources/Documents/chin.pdf, and "United States Fact Sheet," http://dfat.gov.au/trade/resources/Documents/usa.pdf.

26. Nick Timiraos, "Trump Adviser Peter Navarro: Trade Deficits Endanger U.S.National Security," *Wall Street Journal*, March 6, 2017; Peter Navarro, "Why the White House Worries about Trade Deficits," *Wall Street Journal*, March 5, 2017.

27. BEA, "International Transactions Accounts," table 1.3, https://www.bea.gov/iTable/index_ita.cfm; Navarro, "Why the White House Worries."

28. OECD, "Trade in Value Added: Origin of Value Added in Gross Imports," https://stats.oecd.org/Index.aspx?datasetcode=TIVA_2018_C1; IMF, World Economic Outlook Database," April 2019, https://www.imf.org/external/pubs/ft/weo/2019/01/weodata/index.aspx.

第四章　從天安門到一帶一路：搞懂中國的順差

1. Consulate-General of the People's Republic of China in San Francisco, "Premier Wen Jiabao's Press Conference," March 17, 2007, http://www.chinaconsulatesf.org/eng/xw/t304313.htm.

2. 根據來自中華人民共和國國家統計局（National Bureau of Statistics of China，簡稱NBC）的資料，"Annual Data," http://data.stats.gov.cn/english/easyquery.htm?cn=C01; China, State Administration of Foreign Exchange, "Balance of Payments," https://www.safe.gov.cn/en/BalanceofPayments/index.html; and BIS, "Credit to the Non-Financial Sector," https://www.bis.org/statistics/totcredit.htm.

3. An Baije, "Reform Drive Will Smash Fences of Vested Interests, Li Pledges," *China Daily*, March 13, 2014.

4. United Nations Population Division, "World Population Prospects 2019," https://population.un.org/wpp/Download/Standard/Population/.

5. GGDC, Maddison Project Database 2018, https://www.rug.nl/ggdc/historicaldevelopment/maddison/releases/maddison-project-database-2018; IMF, "World Economic Outlook Database," April 2019, https://www.imf.org/external/pubs/ft/weo/2019/01/weodata/index.aspx.

6. Barry Naughton, *The Chinese Economy: Transitions and Growth* (Cambridge, Mass.: MIT University Press, 2007); Barry Naughton, "China: Economic Transformation before and after 1989," paper prepared for the conference "1989: Twenty Years After," UC Irvine, November 6–7, 2009.
7. Alexander Gerschenkron, *Economic Backwardness in Historical Perspective* (Cambridge, Mass.: Harvard University Press, 1962).
8. FRED Economic Data, "China/U.S. Foreign Exchange Rate," FRB, https://fred.stlouisfed.org/series/DEXCHUS; National Bureau of Statistics of China, "Annual Data"; IMF, "World Economic Outlook Database," April 2019, https://www.imf.org/external/pubs/ft/weo/2019/01/weodata/weorept.aspx?pr.x=47&pr.y=3&sy=1997&ey=2018&scsm=1&ssd=1&sort=country&ds=.&br=1&c=924&s=BCA_NGDPD&grp=0&a=.
9. China, State Administration of Foreign Exchange, "The Time-Series Data of Balance of Payments of China," https://www.safe.gov.cn/en/BalanceofPayments/index.html; BIS, "Effective Exchange Rate Indices," https://www.bis.org/statistics/eer.htm.
10. National Bureau of Statistics of China, "Annual Data."
11. Michael Pettis, *Avoiding the Fall: China's Economic Restructuring* (Washington, D.C.: Carnegie Endowment for International Peace, 2013).
12. Qin Hui, "Dilemmas of Twenty-First Century Globalization: Explanations and Solutions, with a Critique of Thomas Piketty's Twenty-First Century Capitalism," trans. David Ownby, orig. publ. in Chinese in 2015, https://www.readingthechinadream.com/qin-hui-dilemmas.html; Yuan Yang, "Foxconn Stops Illegal Overtime by School-Age Interns," *Financial Times,* November 22, 2017; Javier C. Hernandez, "China's Leaders Confront an Unlikely Foe: Ardent Young Communists," *New York Times,* September 28, 2018; Rossalyn A. Warren, "You Buy a Purse at Walmart. There's a Note Inside from a Chinese Prisoner.' Now What?," *Vox* October 10, 2018, https://www.vox.com/the-goods/2018/10/10/17953106/walmart-prison-note-china-factory; Emily Feng, "Forced Labour Being Used in China's 'Re-Education' Camps," *Financial Times,* December 15, 2018.

13. IMF, Fiscal Affairs Department, "People's Republic of China: Tax Policy and Employment Creation," March 28, 2018, https://www.imf.org/en/Publications/CR/Issues/2018/03/28/Peoples-Republic-of-China-Tax-Policy-and-Employment-Creation-45765; Philippe Wingender, "Intergovernmental Fiscal Reform in China," IMF Working Papers, April 13, 2018; Sonali Jain-Chandra et al., "Inequality in China — Trends, Drivers and Policy Remedies," IMF Working Papers, June 5, 2018; National Bureau of Statistics of China, "Annual Data."
14. GGDC, Maddison Project Database 2018; Qu Hongbin and Sun Junwei, "China Inside Out: What Over-Investment?," HSBC Global Research, February 14, 2012, https://www.research.hsbc.com/midas/Res/RDV?p=pdf&key=1xZsmfl7Yi&n=320939.PDF.
15. Wei Fan and Michelle J. White, "Personal Bankruptcy and the Level of Entrepreneurial Activity," *Journal of Law and Economics* 46, no. 2 (October 2003): 543–67; John Armour and Douglas Cumming, "Bankruptcy and Entrepreneurship," *American Law and Economics Review* 10, no. 2 (Fall 2008): 303–50; Christian Bjornskov, "Social Trust and Economic Growth," Working Paper, January 2017.
16. Harry X. Wu and David T. Liang, "China's Productivity Performance Revisited from the Perspective of ICTs," *VoxEU,* December 9, 2017, https://voxeu.org/article/china-s-productivity-performance-revisited; and Harry X. Wu, "China's Forty Years of Productivity Performance: Towards a Theory-Methodology-Measurement-Coherent Analysis," unpublished paper, December 6, 2018.
17. People's Bank of China, "Aggregate Financing to the Real Economy (Stock)," http://www.pbc.gov.cn/diaochatongjisi/resource/cms/2018/12/2018121716010887709.htm; National Bureau of Statistics of China, "Investment Actually Completed in Fixed Assets, Accumulated Growth Rate," http://data.stats.gov.cn/english/easyquery.htm?cn=A01.
18. Gabriel Wildau and Yizhen Jia, "China's Subway Building Binge Is Back on Track," *Financial Times,* December 18, 2018.
19. China, State Administration of Foreign Exchange, "The Time Series of the Balance of Payments of China"; National Bureau of Statistics of China, "Annual Data"; Brad W. Setser, "President Xi, Still the Deglobalizer in Chief . . . ," CFR (blog), June 25, 2019, https://www.cfr.org/blog/president-xi-still-deglobalizer-chief.

20. Mark Wu, "The 'China, Inc.' Challenge to Global Trade Governance," *Harvard International Law Journal* 57, no. 2 (Spring 2016): 261–324; Curtis J. Milhaupt and Wen ton Zheng, "Beyond Ownership: State Capitalism and the Chinese Firm," *Georgetown Law Journal* 103 (2015): 668; "The Communist Party's Influence Is Expanding — in China and Beyond," *Bloomberg,* March 11, 2018, https://www.bloomberg.com/news/articles/2018-03-11/it-s-all-xi-all-the-time-in-china-as-party-influence-expands; Matthew C. Klein, "The People's Republic of Protectionism," *Barron's,* May 4, 2018; Brad W. Setser, "China Should Import More," CFR (blog), November 7, 2018, https://www.cfr.org/blog/china-should-import-more.
21. China, State Administration of Foreign Exchange, "The Time-Series Data of Balance of Payments of China"; Anna Wong, "China's Current Account: External Rebalancing or Capital Flight?," International Finance Discussion Papers 1208 (2017); Peter Lorentzen and Xi Lu, "Personal Ties, Meritocracy, and China's Anti-Corruption Campaign," Working Paper, November 21, 2018; Matthew Higgins, Thomas Klitgaard, and Anna Wong, "Does a Data Quirk Inflate China's Travel Services Deficit?," *Liberty Street Economics,* August 7, 2019, https://libertystreeteconomics.newyorkfed.org/2019/08/does-a-data-quirk-inflate-chinas-travel-services-deficit.html.
22. Laurie Chen, Zhou Xin, and Raphael Blet, "HNA Group Chairman Wang Jian Dies in 15-Metre Fall onto Rocks while Posing for a Photo in France," *South China Morning Post,* July 4, 2018.
23. Matt Ferchen and Anarkalee Perera, "Why Unsustainable Chinese Infrastructure Deals Are a Two-Way Street," Carnegie-Tsinghua Center for Global Policy, July 23, 2019, https://carnegietsinghua.org/2019/07/24/why-unsustainable-chinese-infrastructure-deals-are-two-way-street-pub-79548.
24. Brad W. Setser, "The Continuing Chinese Drag on the Global Economy," July 18, 2019, CFR (blog), https://www.cfr.org/blog/continuing-chinese-drag-global-economy; People's Bank of China, "Aggregate Financing to the Real Economy (Stock)"; Matthew C. Klein, "China's Household Debt Problem," *FT Alphaville,* March 6, 2018, https://ftalphaville.ft.com/2018/03/06/2199125/chinas-household-debt-problem/.
25. Wei Chen et al., "A Forensic Examination of China's National Accounts," *Brookings Papers on Economic Activity,* March 2019; Matthew C. Klein, "China's Slowdown Is Worse Than You Thought," *Barron's,* March 15, 2019.

26. Xinhua, "Third Plenary Session of 18th CPC Central Committee," http://www.xinhuanet.com/english/special/cpcplenum2013/topnews.htm.
27. BEA , "National Income and Product Accounts," table 1.1.3, https://apps.bea.gov/iTable/index_nipa.cfm; Matthew C. Klein, "Did Japan Actually Lose Any Decades?," *FT Alphaville,* December 4, 2014, https://ftalphaville.ft.com/2014/12/04/2059371/did-japan-actually-lose-any-decades/.

第五章　柏林圍牆的倒塌與「黑零政策」：了解德國的順差

1. Henry Kamm, "Solidarity Takes Its Elected Place in the Parliament," *New York Times,* July 5, 1989; Lawrence Weschler, "A Grand Experiment," *New Yorker,* November 13, 1989; John Borrell, "Poland Living with Shock Therapy," *Time,* June 11, 1990.
2. Walter Mayr, "Hungary's Peaceful Revolution: Cutting the Fence and Changing History," *Der Spiegel,* May 29, 2009; Joseph Rothschild and Nancy M. Wingfield, *Return to Diversity: A Political History of East Central Europe since World War II,* 3rd ed. (New York: Oxford University Press, 2000); Adam Roberts, "Civil Resistance in the East European and Soviet Revolutions," Albert Einstein Institution Monograph Series No. 4, 1991.
3. Mark Kramer, ed. and trans., "Soviet Deliberations during the Polish Crisis, 1980–1981," Cold War International History Project, Special Working Paper No. 1, April 1999; "Spot Oil Price," *Wall Street Journal,* via FRED Economic Data, https://fred.stlouisfed.org/series/OILPRICE; U.S. Department of Agriculture, Economic Research Service, "Wheat Data," https://www.ers.usda.gov/data-products/wheat-data/; Dan Morgan and Bradley Graham, "Money Is Often Bottom Line in East-West Ties," *Washington Post,* May 11, 1982.
4. "No. 1383: Protocol of the Proceedings of the Berlin Conference," August 1, 1945, in *Foreign Relations of the United States: Diplomatic Papers, The Conference of Berlin (The Potsdam Conference), 1945,* ed. Richardson Dougall, vol. 2 (Washington, D.C.: U.S. Government Printing Office, 1960).
5. "Helmut Kohl's Ten-Point Plan for German Unity," November 28, 1989, German History in Documents and Images, http://

germanhistorydocs.ghi-dc.org/pdf/eng/Chapter1_Doc10English.pdf.

6. Serge Schmemann, "Upheaval in the East; East Germans Form 'Grand Coalition,'" *New York Times,* April 10, 1990; "De Maziere Accused of Ties to East's Secret Police," AP, December 9, 1990.
7. Peter Bofinger, "The German Monetary Unification (Gmu): Converting Marks to D-Marks," Federal Reserve Bank of St. Louis, *Review,* July–August 1990, 17–36.
8. George A. Akerlof et al., "East Germany in from the Cold: The Economic Aftermath of Currency Union," Brookings Papers on Economic Activity, 1991, No. 1; Destatis, "Population, Persons in Employment, Unemployed Persons, Economically Active Population, Economically Inactive Population: Lander, Years," https://www-genesis.destatis.de/genesis/online/link/tabelleErgebnis/12211-0005&language=en.
9. Rupert Wiederwald, "Treuhand Took the Heat for Privatization of East German Economy," *Deutsche Welle,* September 20, 2010; Wendy Carlin and Colin Mayer, "The Treuhandanstalt: Privatization by State and Market," in *Transition in Eastern Europe,* vol. 2, ed. Olivier Blanchard, Kenneth Froot, and Jeffrey Sachs (Chicago: University of Chicago Press, 1994), 189–207.
10. Katrin Bennhold, "One Legacy of Merkel? Angry East German Men Fueling the Far Right," *New York Times,* November 5, 2018; Alberto Abadie, Alexis Diamond, and Jens Hainmueller, "Comparative Politics and the Synthetic Control Method," *American Journal of Political Science* 59, no. 2 (2015): 495–510.
11. Karl Brenke, "Eastern Germany Still Playing Economic Catch-Up," *DIW Economic Bulletin* 4, no. 11 (2014); Alexander Eickelpasch, "Manufacturing in East Germany since Reunification," DIW Berlin, November 25, 2015, https://www.diw.de/documents/vortragsdokumente/220/diw_01.c.525594.de/v_2015_eickelpasch_manufacturing_kistep.pdf.
12. Destatis, "Gross Domestic Product, Quarterly Data," https://www.destatis.de/EN/FactsFigures/NationalEconomyEnvironment/NationalAccounts/DomesticProduct/Tables/GDPQuarterly1970_xls.html; FRED Economic Data, "Consumer Price Index, All Items Non-Food and Non-Energy for Germany," https://fred.stlouisfed.org/series/CPGRLE01DEM659N; Deutsche Bundesbank, "Discount and Lombard Rates of the Bundesbank," https://www.bundesbank.

de/Redaktion/EN/Downloads/Statistics/Money_Capital_Markets/Interest_Rates_Yields/S510TTDISCOUNT.pdf?__blob=publicationFile; Deutsche Bundesbank, "Public Finances in Germany," https://www.bundesbank.de/Navigation/EN/Statistics/Time_series_databases/Public_Finances_in_Germany/public_finances_in_germany_list_node.html?listId=www_v27_web012_11a; Deutsche Bundesbank, "National Accounts," https://www.bundesbank.de/Navigation/EN/Statistics/Macroeconomic_accounting_systems/National_Accounts/Tables/table.html; "Treaty on European Union" (1992), https://eur-lex.europa.eu/legal-content/EN/TXT/?uri=celex:11992M/TXT.

13. European Commission, "Europeans and Their Languages," Special Eurobarometer 243, February 2006; EU decision to launch accession process from minutes of European Council meeting in Luxembourg, December 12–13, 1997, http://www.consilium.europa.eu/media/21114/luxembourg-european-council.pdf; Eurostat, "Labour Cost Levels by NACE Rev. 2 Activity," https://appsso.eurostat.ec.europa.eu/nui/show.do?dataset=lc_lci_lev&lang=en.

14. IMF, European Department, "German-Central European Supply Chain-Cluster Report: Staff Report, First Background Note, Second Background Note, Third Background Note," Country Report No. 13/263, August 20, 2013; Verband der Automobilindustrie, "Automobile Production," https://www.vda.de/en/services/facts-and-figures/annual-figures/automobile-production.html; International Organization of Motor Vehicle Manufacturers, "1999 Production Statistics," http://www.oica.net/category/production-statistics/1999-statistics/; European Automobile Manufacturers Association, "EU Production, 2017," https://www.acea.be/statistics/tag/category/eu-production; OECD, "Trade in Value Added," https://stats.oecd.org/index.aspx?queryid=75537; Augustin Carstens, "Global Market Structures and the High Price of Protectionism," speech at the Federal Reserve Bank of Kansas City's 42nd Economic Policy Symposium, Jackson Hole, Wyo., August 25, 2018.

15. Christian Odendahl, "The Hartz Myth: A Closer Look at Germany's Labor Market Reforms," Centre for European Reform, July 2017; Harald Blau et al., "Labor Market Studies: Germany," ifo Institute for Economic Research, May 1997; FRED Economic Data, "Harmonized Unemployment Rate: All Persons for Germany" https://fred.stlouisfed.org/series/LRHUTTTTDEM156S; Eurostat, "Part-Time Employment as a Percentage of the Total Employment, by Sex and Age," https://appsso.eurostat.ec.europa.eu/nui/show.do?dataset=lfsq_eppga&lang=en; Eurostat, "Temporary Employees

as a Percentage of the Total Number of Employees, by Sex and Age," https://appsso.eurostat.ec.europa.eu/nui/show.do?dataset=lfsq_etpga&lang=en; Destatis, "Persons in Paid Employment: Germany, Years, Extent of Employment, Sex," https://www-genesis.destatis.de/genesis/online/link/tabelleErgebnis/12211-0011&language=en; Christian Dustmannet al., "From Sick Man of Europe to Economic Superstar: Germany's Resurgent Economy," *Journal of Economic Perspectives* 28, no. 1 (2014): 167–88; Wolfgang Dauth, Sebastian Findeisen, and Jens Sudekum, "Sectoral Employment Trends in Germany: The Effect of Globalisation on Their Micro Anatomy," *VoxEU,* January 26, 2017, https://voxeu.org/article/globalisation-and-sectoral-employment-trends-germany; Deutsche Bundesbank, "National Accounts Statistics," https://www.bundesbank.de/Navigation/EN/Statistics/Macroeconomic_accounting_systems/National_Accounts/Tables/table_zeitreihenliste.html?id=24928.

16. "Berlin Speech by Federal President Roman Herzog at the Reopening of the Hotel Adlon on April 26, 1997," German History in Documents and Images, http://germanhistorydocs.ghi-dc.org/pdf/eng/Ch12Doc04.pdf.
17. Germany, Federal Returning Officer, "Election to the 14th German Bundestag on 27 September 1998," https://www.bundeswahlleiter.de/en/bundestagswahlen/1998.html.
18. Deutsche Bundesbank, "National Accounts," https://www.bundesbank.de/Navigation/EN/Statistics/Macroeconomic_accounting_systems/National_Accounts/Tables/table.html.
19. Neal E. Boudette, "New Scandal Emerges to Roil a Rehabilitating Neuer Markt," *Wall Street Journal,* April 11, 2002; "After Greed, Fear: No End to the Troubles of the Neuer Markt," *Economist,* May 23, 2002; "Germany's Neuer Markt to Close," *BBC,* September 26, 2002, http://news.bbc.co.uk/2/hi/business/2283068.stm; Hans-Peter Burghof and Adrian Hunger, "Access to Stock Markets for Small and Medium Sized Growth Firms: The Temporary Success and Ultimate Failure of Germany's Neuer Markt," Working Paper, October 2003.
20. Deutsche Bundesbank, "Liabilities Consolidated," https://www.bundesbank.de/Navigation/EN/Statistics/Time_series_databases/Macroeconomic_accounting_systems/macroeconomic_accounting_systems_list_node.html?listId=www_v39_nuverb.

21. Deutsche Bundesbank, "National Accounts."
22. Deutsche Bundesbank, "Expected Real Interest Rates Germany of German Government Bonds with 10 Years Maturity," https://www.bundesbank.de/Navigation/EN/Statistics/Time_series_databases/Money_and_capital_markets/money_and_capital_markets_list_node.html?listId=www_skms_realzinsen; Edmund L. Andrews, "Hard Money for a Softer Europe; Leftist Politics Complicates the Job of the Euro's Banker," *New York Times,* November 5, 1998; ECB, "Introductory Statement Willem F. Duisenberg, President of the European Central Bank, Christian Noyer, Vice-President of the European Central Bank, Frankfurt am Main, 11 April 2001," https://www.ecb.europa.eu/press/pressconf/2001/html/is010411.en.html.
23. IMF, "World Economic Outlook Database: General Government Structural Balance," https://www.imf.org/external/pubs/ft/weo/2018/01/weodata/weorept.aspx?pr.x=79&pr.y=12&sy=1991&ey=2018&scsm=1&ssd=1&sort=country&ds=.&br=1&c=134&s=GGSB_NPGDP%2CGGXONLB_NGDP&grp=0&a=.
24. Stephan Danninger and Fred Joutz, "What Explains Germany's Rebounding Export Market Share?," IMF Working Paper No. 07/24, February 2007; Eurostat, "Intraand Extra-EU Trade by Member State and by Product Group," https://appsso.eurostat.ec.europa.eu/nui/show.do?dataset=ext_lt_intratrd&lang=en; Destatis, "Sector Accounts — Annual Results 1991 Onwards," https://www.destatis.de/EN/Themes/Economy/National-Accounts-Domestic-Product/_node.html.
25. Peter Haan and Viktor Steiner, "Distributional and Fiscal Effects of the German Tax Reform 2000: A Behavioral Microsimulation Analysis," Discussion Papers of DIW Berlin 419, 2004; Stefan Homburg, "German Tax Reform 2000: Description and Appraisal," *FinanzArchiv/Public Finance Analysis* 57, no. 4 (2000): 504–13; Michael Keen, "The German Tax Reform of 2000," *International Tax and Public Finance* 9 (2002): 603–21; Destatis, "Labour Market: Unemployed," https://www.destatis.de/EN/FactsFigures/NationalEconomyEnvironment/LabourMarket/Unemployment/Tables_/lrarb003.html.
26. "A Plan to Put Germans Back into Jobs," *Economist,* August 22, 2002; Mark Landler, "The Heart of the Hartz Commission," *New York Times,* November 26, 2004; Lena Jacobi and Jochen Kluve, "Before and after the Hartz Reforms: The Performance of Active Labour Market Policy in Germany," IZA Discussion Paper No. 2100, October 2006.

27. Robert Rohrschneider and Michael R. Wolf, "The Federal Election of 2002," *German Politics and Society* 21, no. 1 (2003): 1–14; Peter James, "The 2002 German Federal Election: The 'Fotofinish,' " *Representation* 39, no. 2 (2003): 129–36; Germany, Federal Returning Officer, "Election to the 15th German Bundestag on 22 September 2002,"https://www.bundeswahlleiter.de/en/bundestagswahlen/2002.html.
28. Gerhard Schroder, "Courage for Peace and Courage for Change," speech to the Bundestag, March 14, 2003, http://gerhard-schroeder.de/en/2003/03/14/speech-agenda-2010/.
29. John Hooper, "Schroder Faces Day of Reckoning," *Guardian,* May 29, 2003; Georg Bonisch et al., "The Unsettled People," *Der Spiegel,* August 16, 2004.
30. Daryl Lindsey, "Bundestag Clears Way for New Elections," *Der Spiegel,* July 1, 2005; Uwe Hessler, "SPD Presents Election Manifesto," *Deutsche Welle,* July 5, 2005; Kyle James, "Social Justice or Economic Folly?," *Deutsche Welle,* August 2, 2005; Dietmar Hawranek, Padma Rao, and Sven Robel, "With Prostitutes and Shady Executives, There's No Love Left in This Bug," *Der Spiegel,* August 29, 2005.
31. Germany, Federal Returning Officer, "Party Seats to the 16th German Bundestag 2005," https://www.bundeswahlleiter.de/en/bundestagswahlen/2005.html; NSD, European Election Database, http://www.nsd.uib.no/european_election_database/about/about_data.html.（部分）使用於這份出版品分析中的資料，使用歐洲選舉資料庫（European Election Database）。NSD僅從原出處蒐集，彙整且提供這些資料，但對此處的資料分析與詮釋並不負任何文責。
32. Odendahl, "Hartz Myth."
33. Eurostat, "People at Risk of Poverty or Social Exclusion by Most Frequent Activity Status (Population Aged 18 and Over)," https://appsso.eurostat.ec.europa.eu/nui/show.do?dataset=ilc_peps02&lang=en; Eurostat, "Employment and Activity by Sex and Age — Quarterly Data," https://appsso.eurostat.ec.europa.eu/nui/show.do?dataset=lfsi_emp_q&lang=en ; Destatis, "Persons in Paid Employment: Germany, Years, Extent of Employment, Sex," https://www-genesis.destatis.de/genesis/online/link/tabelleErgebnis/12211-0011&language=en.
34. Marcel Fratzscher, *The Germany Illusion: Between Economic Euphoria and Despair* (Oxford: Oxford University Press,

2018); Schroder, "Courage for Peace and Courage for Change."

35. Deutsche Bundesbank, "National Accounts"; Bundesregierung, "Government Report on Wellbeing in Germany," 2016, available at https://www.gut-leben-in-deutschland.de/static/LB/about.

36. Destatis, "Sector Accounts," https://www.destatis.de/EN/Themes/Economy/National-Accounts-Domestic-Product/_node.html; Deutsche Bundesbank, "National Income," https://www.bundesbank.de/Navigation/EN/Statistics/Macroeconomic_accounting_systems/National_Accounts/Tables/table_zeitreihenliste.html?id=24920; "Investment Activity in Germany under the Influence of Technological Change and Competition among Production Locations," *Bundesbank Monthly Report* 59, no. 1 (January 2007): 17–31.

37. ECB, "Household Finance and Consumption Survey Wave 2 Statistical Tables," https://www.ecb.europa.eu/home/pdf/research/hfcn/HFCS_Statistical_Tables_Wave2.pdf?58cf15114aab934bcd06995c4e91505b; "Household Wealth and Finances in Germany: Results of the 2014 Survey," *Bundesbank Monthly Report,* March 2016; Paul De Grauwe and Yuemi Ji, "Are Germans Really Poorer Than Spaniards, Italians and Greeks?," *VoxEU,* April 16, 2013, https://voxeu.org/article/are-germans-really-poorer-spaniards-italians-and-greeks.

38. Special issue, "Inheritance Tax and Wealth Tax in Germany," *DIW Economic Bulletin* 6, January 27, 2016; James Shotter, "Germany Changes Inheritance Tax to Protect Family Business," *Financial Times,* September 22, 2016; Matthew C. Klein, "Marcel Fratzscher on the Dark Side of the German Economy — Now with Transcript!!," *FT Alphaville,* March 28, 2018, https://ftalphaville.ft.com/2018/03/29/2199403/marcel-fratzscher-on-the-dark-side-of-the-german-economy-now-with-transcript/; Cathrin Schaer, "Germany's Convoluted Property Tax Could Be Illegal," *Handelsblatt,* January 16, 2018; Alena Bachleitner, "Abolishing the Wealth Tax — A Case Study of Germany" (M.Sc. thesis, University of Vienna, 2017); Dan Andrews and Aida Caldera Sanchez, "The Evolution of Homeownership Rates in Selected OECD Countries: Demographic and Public Policy Influences," *OECD Journal: Economic Studies* 2011, no. 1 (2011): 8; Christian Dustmann, Bernd Fitzenberger, and Markus Zimmerman, "Housing Expenditures and Income Inequality: Shifts in Housing Costs Exacerbated the Rise in Income Inequality," *VoxEU,* October 22, 2018, https://voxeu.org/article/housing-expenditures-and-income-inequality.

39. Odendahl, "Hartz Myth"; Destatis, "Collective Bargaining Coverage," https://www.destatis.de/EN/FactsFigures/NationalEconomyEnvironment/EarningsLabourCosts/AgreedEarnings/Tables_CollectiveBargainingCoverage/CollectiveBargainingCoverage.html; Christian Dustmann et al., "From Sick Man of Europe to Economic Superstar: Germany's Resurgent Economy," *Journal of Economic Perspectives* 28, no. 1 (Winter 2014): 167–88; Charlotte Bartels, "Top Incomes in Germany, 1871–2013," World Income Database Working Paper Series, December 2017.
40. "Private Consumption in Germany since Reunification," *Bundesbank Monthly Report* 59, no. 9 (September 2007): 41–55.
41. Eurostat, "Intra and Extra-EU Trade by Member State and by Product Group," https://appsso.eurostat.ec.europa.eu/nui/show.do?dataset=ext_lt_intratrd&lang=en; OECD, "Trade in Value Added 2018," https://stats.oecd.org/Index.aspx?datasetcode=TIVA_2018_C1; IMF, European Department, "Germany: Selected Issues," Country Report No. 19/214, July 10, 2019.
42. Deutsche Bundesbank, "External Sector Statistics (Monthly)," https://www.bundesbank.de/en/statistics/external-sector.
43. Deutsche Bundesbank, "Lending to Foreign Nonbanks, Total," https://www.bundesbank.de/Navigation/EN/Statistics/Time_series_databases/Banks_and_other_financial_institutions/banks_and_other_financial_institutions_list_node.html?listId=www_s100_mb3031_08_01; Deutsche Bundesbank, "Lending to Foreign Banks (MFIs), Total," https://www.bundesbank.de/Navigation/EN/Statistics/Time_series_databases/Banks_and_other_financial_institutions/banks_and_other_financial_institutions_list_node.html?listId=www_s100_bh16_3_01; Matej Senkarcin, "German Landesbanksin the Post-Guarantee Reality," (Ph.D. diss., Wharton School, University of Pennsylvania, 2015).
44. BIS, "Locational Banking Statistics," table A7, https://stats.bis.org/statx/srs/table/a7?c=DE&p=20181; BIS, "Consolidated Banking Statistics," table B3, https://stats.bis.org/statx/srs/table/B3?c=&m=S&p=20181&i=10.1; BIS, "Consolidated Banking Statistics," table B4, https://stats.bis.org/statx/srs/table/b4.
45. Bank of Spain, "Monetary Financial Institutions," https://www.bde.es/webbde/en/estadis/infoest/bolest6.html; Bank of Spain, "Balance of Payments and International Investment Position," https://www.bde.es/webbde/en/estadis/infoest/temas/sb_extbppii.html; Bank of Spain, "Gross External Debt by Institutional Sector, Financial Instrument, and Term," https://

www.bde.es/webbde/en/estadis/infoest/temas/sb_extdeu.html.

46. Eurostat, "GDP and Main Components." https://appsso.eurostat.ec.europa.eu/nui/show.do?dataset=namq_10_gdp&lang=en.
47. Eurostat, "International Investment Position — Quarterly and Annual Data," https://appsso.eurostat.ec.europa.eu/nui/show.do?dataset=bop_iip6_q&lang=en; Eurostat, "Balance of Payments by Country," https://appsso.eurostat.ec.europa.eu/nui/show.do?dataset=bop_c6_q&lang=en; Eurostat, "GDP and Main Components."
48. Tobias Buck, "Spanish Ghost Airport Costing €1bn Attracts Offer of Just €10,000," *Financial Times,* July 17, 2015; Philip Reid, "Out of Bounds: The Death of an Irish Golf Course," *Irish Times,* February 1, 2017.
49. Philippe Martin and Thomas Philippon, "Inspecting the Mechanism: Leverage and the Great Recession in the Eurozone," *American Economic Review* 107, no. 7 (2017): 1904–37.
50. Deutsche Bundesbank, "Lending to Foreign Nonbanks, Total"; Deutsche Bundesbank, "Lending to Foreign Banks (MFIs), Total"; Deutsche Bundesbank, "Balance of Payments," https://www.bundesbank.de/en/statistics/external-sector/balance-of-payments.
51. Konstantin von Hammerstein and Rene Pfister, "Merkel's Dispassionate Approach to the Euro Crisis," *Der Spiegel,* December 12, 2012.
52. Wolfgang Streeck, "Endgame? The Fiscal Crisis of the German State," Max Planck Institute for the Study of Societies, MPIfG Discussion Paper 07/7.
53. Federal Ministry of Finance, Economics Department, "Reforming the Constitutional Budget Rules in Germany," September 2009, http://www.kas.de/wf/doc/kas_21127-1522-4-30.pdf?101116013053; Federal Ministry of Finance, "Germany's Federal Debt Brake," March 2015, https://www.bundesfinanzministerium.de/Content/EN/Standardartikel/Topics/Fiscal_policy/Articles/2015-12-09-german-federal-debt-brake.pdf?__blob=publicationFile&v=6; IMF, "World Economic Outlook Database: General Government Structural Balance," April 2018 vintage, https://www.imf.org/external/pubs/ft/weo/2018/01/weodata/weorept.aspx?pr.x=44&pr.y=8&sy=1991&ey=2018&scsm=1&ssd=1&sort=country&ds=.&br=1&c=134&s=GGSB_NPGDP&grp=0&a=#cs1.

54. Eurostat, "Quarterly Nonfinancial Accounts for General Government," https://appsso.eurostat.ec.europa.eu/nui/show.do?dataset=gov_10q_ggnfa&lang=en.
55. Fratzscher, *Germany Illusion,* chaps. 5, 6.
56. Stephan Brand and Johannes Steinbrecher, "Municipal Investment: Growing Needs, Limited Capacities," KfW Research, KfW Municipal Panel 2018 — Executive Summay, June 2018; Gabriel Borrud, "A Long, Strange Trip for German Truckers near Duisburg," *Deutsche Welle,* July 3, 2015; Guy Chazan, "Cracks Appear in Germany's Cash-Starved Infrastructure," *Financial Times,* August 3, 2017.
57. OECD, "Broadband and Telecom Statistics," http://www.oecd.org/sti/broadband/broadband-statistics/.
58. Germany, Federal Ministry of Finance, "2014 Federal Budget: No New Borrowing Was Required," Press Release, January 13, 2015, https://www.bundesfinanzministerium.de/Content/EN/Pressemitteilungen/2015/2015-01-13-2014-federal-budget.html; Eurostat, "Quarterly Nonfinancial Accounts for General Government"; Germany, Federal Ministry of Finance, "Schuldenbremse 2015: Struktureller Uberschuss — das zweite Jahr in Folge," September 22, 2016, https://www.bundesfinanzministerium.de/Content/DE/Monatsberichte/2016/09/Inhalte/Kapitel-3-Analysen/3-3-Schuldenbremse-2015.html.
59. Deutsche Bundesbank, "Daily Term Structure of Interest Rates in the Debt Securities Market — Estimated Values," https://www.bundesbank.de/en/statistics/money-and-capital-markets/interest-rates-and-yields/term-structure-of-interest-rates.
60. Ben Knight, "Schauble Clings to 'Black Zero' Fetish in German Budget," *Deutsche Welle,* July 6, 2016; Cat Rutter Pooley, "Schauble Sent Off with a 'Black Zero,' "*Financial Times,* October 24, 2017.
61. European Commission, "Communication from the Commission to the European Parliament, the European Council, the Council, the European Central Bank, the Economic and Social Committee, and the Committee of the Regions: Reinforcing Economic Policy Coordination," May 12, 2010, http://ec.europa.eu/economy_finance/articles/euro/documents/2010-05-12-com(2010)250_final.pdf; Treaty on Stability, Coordination, and Governance in the Economic and Monetary Union, March 2, 2012, https://www.consilium.europa.eu/media/20399/st00tscg26_en12.pdf.
62. Eurostat, "Government Deficit/Surplus, Debt, and Associated Data," https://appsso.eurostat.ec.europa.eu/nui/show.

do?dataset=gov_10dd_edpt1&lang=en; Matthew C. Klein, "The Euro Area's Fiscal Position Makes No Sense," *FT Alphaville,* March 14, 2018, https://ftalphaville.ft.com/2018/03/14/2199197/the-euro-areas-fiscal-position-makes-no-sense/.

63. Matthew C. Klein, "What the U.S. Should Demand from Europe," *Barron's,* July 27, 2018.
64. Eurostat, "GDP and Main Components."
65. European Commission, "VAT Rates Applied in the Member States of the European Union: Situation at 1st January 2018," https://ec.europa.eu/taxation_customs/sites/taxation/files/resources/documents/taxation/vat/how_vat_works/rates/vat_rates_en.pdf; Zsolt Darvas, "EU Income Inequality Decline: Views from an Income Shares Perspective," *Bruegel,* July 5, 2018, http://bruegel.org/2018/07/eu-income-inequality-decline-views-from-an-income-shares-perspective/.
66. Matthew C. Klein, "European Leaders Seem Determined to Remake the 'Global Savings Glut' on a Massive Scale," *FT Alphaville,* November 8, 2017, https://ftalphaville.ft.com/2017/11/08/2195596/european-leaders-seem-to-determined-to-remake-the-global-savings-glut-on-a-massive-scale/.

第六章　美國例外：過分沉重的負擔與長久以來的逆差

1. 根據美國經濟分析局，"International Transaction Accounts," tables 1.1, 9.1, https://apps.bea.gov/iTable/index_ita.cfm; Tamim Bayoumi, Joseph Gagnon, and Christian Saborowski, "Official Financial Flows, Capital Mobility, and Global Imbalances," Peterson Institute for International Economics Working Paper No. 14-8, October 23, 2014; and Brad W. Setser, "Mapping Capital Flows into the U.S. over the Last Thirty Years," CFR (blog), February 16, 2018, https://www.cfr.org/blog/mapping-capital-flows-us-over-last-thirty-years.
2. Thomas Piketty, Emmanuel Saez, and Gabriel Zucman, "Distributional National Accounts: Methods and Estimates for the United States," *Quarterly Journal of Economics* 133, no. 2 (May 2018): 553–609; Emmanuel Saez and Gabriel Zucman, "Wealth Inequality in the United States since 1913: Evidence from Capitalized Income Tax Data," *Quarterly Journal of Economics* 131, no. 2 (May 2016): 519–78; Tax Policy Center, "Historical Capital Gains and Taxes," https://www.taxpolicycenter.org/statistics/historical-capital-gains-and-taxes; Matthew C. Klein, "How Should a 'Workers' Party' Cut

Taxes?," *FT Alphaville,* May 5, 2017, https://ftalphaville.ft.com/2017/05/04/2188305/how-should-a-workers-party-cut-taxes/; Peter B. Edelman, "Poverty and Welfare: Does Compassionate Conservatism Have a Heart?," 2001 Edward C. Sobota Memorial Lecture, Albany Law School, Albany, N.Y.

3. FRB, "Industrial Production and Capacity Utilization — G.17," https://www.federalreserve.gov/releases/g17/; Robert Shiller, stock market data used in *Irrational Exuberance,* http://www.econ.yale.edu/~shiller/data.htm.
4. 根據美國經濟分析局，"National Income and Product Accounts," tables 1.1.5, 1.14, 5.1, 5.2.6, https://apps.bea.gov/iTable/index_nipa.cfm.
5. Robert Skidelsky, "Winning Back Europe's Heart; Rogue Dollar," *New York Times,* February 20, 2005; George P. Shultz and Martin Feldstein, "Everything You Need to Know about Trade Economics, in 70 Words," *Washington Post,* May 5, 2017; Jason Furman, "Worry about the Trade Deficit — a Bit," *Wall Street Journal,* May 1, 2018; Joseph E. Stiglitz, "The US Is at Risk of Losing a Trade War with China," *Project Syndicate,* July30, 2018, https://www.project-syndicate.org/commentary/trump-loses-trade-war-with-china-by-joseph-e-stiglitz-2018-07.
6. Joseph W. Gruber and Steven B. Kamin, "The Corporate Saving Glut in the Aftermath of the Global Financial Crisis," International Finance Discussion Papers 1150, June 2015; Matthew C. Klein, "Aging, Real Rates, and Labour Bargaining Power: The Case of Japan," *FT Alphaville,* December 8, 2015, https://ftalphaville.ft.com/2015/12/08/2147125/aging-real-rates-and-labour-bargaining-power-the-case-of-japan/.
7. 根據美國經濟分析局，"National Income and Product Accounts," tables 1.1.5, 5.1, 5.2.6, https://www.bea.gov/iTable/index_nipa.cfm.
8. Perry Mehrling, "A Money View of Credit and Debt," paper prepared for the INET/CIGI "False Dichotomies" conference, Waterloo, Ont., November 18, 2012, https://www.cigionline.org/sites/default/files/inet2012mehrling_amoneyviewofcreditanddebt.pdf.
9. Gary Gorton, *Misunderstanding Financial Crises: Why We Don't See Them Coming* (Oxford: Oxford University Press, 2012).
10. Michael D. Bordo and Robert N. McCauley, "Triffin: Dilemma or Myth?," BIS Working Papers No. 684, December 2017; P. H.

Lindert, *Key Currencies and Gold, 1900–1913* (Princeton, N.J.: Princeton University Press, Department of Economics, 1969).

11. Liaquat Ahamed, *Lords of Finance: The Bankers Who Broke the World* (New York: Penguin, 2009); Adam Tooze, *The Deluge: The Great War, America, and the Remaking of the Global Order, 1916–1931* (New York: Penguin, 2014); Douglas A. Irwin, "The French Gold Sink and the Great Deflation of 1929–1932," Cato Papers on Public Policy, vol. 2, 2012; Barry Eichengreen and Douglas A. Irwin, "The Slide to Protectionism in the Great Depression: Who Succumbed and Why?," *Journal of Economic History* 70, no. 4 (December 2010): 871–97; Robert L. Hetzel, "German Monetary History in the First Half of the Twentieth Century," *FRB Richmond Economic Quarterly* 88, no. 1 (Winter 2002): 1–35; Adam Tooze, *The Wages of Destruction: The Making and Breaking of the Nazi Economy* (London: Allen Lane, 2006); Stephen Kotkin, *Stalin: Waiting for Hitler, 1929–1941* (New York: Penguin, 2017); "Foreign Trade in German Economy," *Editorial Research Reports, 1939,* vol. 1 (Washington, D.C.: CQ Press, 1939).

12. Benn Steil, *The Battle of Bretton Woods: John Maynard Keynes, Harry Dexter White, and the Making of a New World Order* (Princeton, N.J.: Princeton University Press, 2013); Barry Eichengreen, *Exorbitant Privilege: The Rise and Fall of the Dollar* (Oxford: Oxford University Press, 2011); Nicholas Crafts, "Walking Wounded: The British Economy in the Aftermath of World War I," *VoxEU,* August 27, 2014, https://voxeu.org/article/walking-wounded-british-economy-aftermath-world-war-i.

13. Sylvia Nasar, "Robert Triffin, an Economist Who Backed Monetary Stability," *New York Times,* February 27, 1993.

14. Testimony of Robert Triffin, U.S. Congress, Joint Economic Committee, *Employment, Growth, and Price Levels: Hearings before the Joint Economic Committee,* 86th Cong., 1st sess., October 28, 1959, 2905–14; BEA , "National Income and Product Accounts," tables 1.1.5, 4.1, https://www.bea.gov/iTable/index_nipa.cfm.

15. Federal Reserve System, Board of Governors, *Banking and Monetary Statistics, 1941–1970* (Washington, D.C.: FRS, 1976), tables 14.1, 14.2, available at https://fraser.stlouisfed.org/files/docs/publications/bms/1941-1970/BMS41-70_complete.pdf.

16. Bordo and McCauley, "Triffin: Dilemma or Myth?"

17. Robert Triffin, "Gold and the Dollar Crisis: Yesterday and Tomorrow," Essays in International Finance No. 132, Princeton University, Department of Economics, December 1978.

18. Gold Fixing Price in London Bullion Market, FRED Economic Data, https://fred.stlouisfed.org/series/GOLDAMGBD228NLBM; Robert L. Hetzel, "German Monetary History in the Second Half of the Twentieth Century: From the Deutsche Mark to the Euro," *FRB Richmond Economic Quarterly* 88, no. 2 (Spring 2002): 29–64; Michael Bordo, Eric Monnet, and Alain Naef, "The Gold Pool (1961–1968) and the Fall of the Bretton Woods System: Lessons for Central Bank Cooperation," NBER Working Paper No. 24016, November 2017.
19. Bureau of Labor Statistics, Consumer Price Index, all items, https://www.bls.gov/cpi/.
20. Bordo and McCauley, "Triffin: Dilemma or Myth?"; Ashoka Mody, *Eurotragedy: A Drama in Nine Acts* (Oxford: Oxford University Press, 2018).
21. Michael P. Dooley, David Folkerts-Landau, and Peter Garber, "An Essay on the Revived Bretton Woods System," NBER Working Paper No. 9971, September 2003; Gita Gopinath, "The International Price System," NBER Working Paper No. 21646, November 2015.
22. George Soros, "General Theory of Reflexivity," *Financial Times,* October 26, 2009; George Soros, "Financial Markets," *Financial Times,* October 27, 2009.
23. Central Bank of the Republic of China (Taiwan), "Monthly Releases: Foreign Exchange Reserves," https://www.cbc.gov.tw/ct.asp?xItem=1866&ctNode=511&mp=2; IMF, "IMF Country Information," https://www.imf.org/en/Countries.
24. Timothy Lane, "The Asian Financial Crisis: What Have We Learned?," *Finance and Development* (IMF) 36, no. 3 (September 1999): 44–47.
25. Michael Pettis, *The Volatility Machine: Emerging Economies and the Threat of Financial Collapse* (Oxford: Oxford University Press, 2001), esp. chaps. 4–6.
26. Seth Mydans, "Indonesia Agrees to I.M.F.'s Tough Medicine," *New York Times,* January 16, 1998.
27. Timothy Lane et al., "IMF-Supported Programs in Indonesia, Korea, and Thailand: A Preliminary Assessment," IMF Occasional Paper No. 178, 1999; IMF Staff, "Recovery from the Asian Crisis and the Role of the IMF," June 2000, https://www.imf.org/external/np/exr/ib/2000/062300.htm; IMF, "World Economic Outlook Database," October 2018, https://www.

imf.org/external/pubs/ft/weo/2018/02/weodata/weoselgr.aspx.

28. 根據IMF, "Composition of Foreign Exchange Reserves" database; and Setser, "Mapping Capital Flows."
29. 請參見，例如C. Fred Bergsten and Joseph E. Gagnon, *Currency Conflict and Trade Policy: A New Strategy for the United States* (Washington, D.C.: Peterson Institute for International Economics, 2017).
30. 中國國家外匯管理局（State Administration of Foreign Exchange），"The Time-Series Data of China's Foreign Exchange Reserves," https://www.safe.gov.cn/en/2018/0408/1426.html.
31. IMF, "World Economic Outlook Database," October 2018; FRED Economic Data, "Crude Oil Prices: Brent–Europe," https://fred.stlouisfed.org/series/DCOILBRENTEU.
32. 根據結合了預期通膨的美國抗通膨債券（U.S. Treasury Inflation-Protected Securities），https://fred.stlouisfed.org/series/DTP30A28; and inflation-adjusted Broad Dollar Index, FRB, H.10 release, https://www.federalreserve.gov/releases/h10/summary/indexbc_m.htm.
33. FRED Economic Data, "Federal Debt Held by the Public," https://fred.stlouisfed.org/series/FYGFDPUN; FRED Economic Data, "Federal Debt Held by Foreign and International Investors," https://fred.stlouisfed.org/series/FDHBFIN; Treasury Department Fiscal Service, Monthly Bulletin; FRB, "Financial Accounts of the United States,"https://www.federalreserve.gov/releases/z1/current/default.htm; FRB, "Mortgage Debt Outstanding," https://www.federalreserve.gov/data/mortoutstand/current.htm; SIFMA statistics, "US Mortgage-Related Issuance and Outstanding," https://www.sifma.org/resources/research/us-mortgage-related-issuance-and-outstanding/; SIFMA statistics, "US ABS Issuance and Outstanding," https://www.sifma.org/resources/research/us-abs-issuance-and-outstanding/.
34. Atif Mian and Amir Sufi, *House of Debt: How They (and You) Caused the Great Recession and How We Can Prevent It from Happening Again* (Chicago: University of Chicago Press, 2014); John Geanakoplos, "What's Missing from Macroeconomics: Endogenous Leverage and Default," Cowles Foundation Paper No. 1332, 2011; Alan Greenspan and James Kennedy, "Estimates of Home Mortgage Originations, Repayments, and Debt on One-to-Four-Family Residences," FEDS Working Paper No. 2005-41; Alan Greenspan and James Kennedy, "Sources and Uses of Equity Extracted from

Homes," FEDS Working Paper No. 2007-20; updated estimates of mortgage equity withdrawal provided by James Kennedy via Bill McBride, "Equity Extraction Data," March 24, 2009, https://www.calculatedriskblog.com/2009/03/equity-extraction-data.html; "Mortgage Equity Withdrawal Positive," December 13, 2016, CalculatedRISK (blog), https://www.calculatedriskblog.com/2016/12/mortgage-equity-withdrawal-positive-in.html; FRB, "Financial Accounts of the United States, table B.101," https://www.federalreserve.gov/apps/fof/DisplayTable.aspx?t=b.101.

35. 根據美國經濟分析局，"National Income and Product Accounts," tables 1.4.3, 5.2.3U, 7.1, https://apps.bea.gov/iTable/index_nipa.cfm; FRB, "Industrial Production and Capacity Utilization—G17," https://www.federalreserve.gov/releases/g17/download.htm; OECD, "Trade in Value Added" database, https://stats.oecd.org/index.aspx?queryid=75537; and David Autor et al., "Foreign Competition and Domestic Innovation: Evidence from US Patents," *American Economic Review: Insights* (forthcoming).

36. Bureau of Labor Statistics, Establishment Survey, https://fred.stlouisfed.org/series/MANEMP and https://fred.stlouisfed.org/series/USPRIV, and Household Survey, https://fred.stlouisfed.org/series/LNS12300060.

37. Kerwin Kofi Charles, Erik Hurst, and Matthew J. Notowidigdo, "Housing Booms, Manufacturing Decline, and Labor Market Outcomes," Working Paper, July 2017; Michael Spence and Sandile Hlatshwayo, "The Evolving Structure of the American Economy and the Employment Challenge," Council on Foreign Relations Working Paper, March 2011.

38. David Autor, David Dorn, and Gordon Hanson, "The China Shock: Learning from Labor-Market Adjustment to Large Changes in Trade," *Annual Review of Economics* 8 (2016): 205–40; David Autor, David Dorn, and Gordon Hanson, "When Work Disappears: Manufacturing Decline and the Falling Marriage Market Value of Young Men," *American Economic Review: Insights* 1, no. 2 (September 2019): 161–78; Justin R. Pierce and Peter K. Schott, "Trade Liberalization and Mortality: Evidence from U.S. Counties," FEDS Working Paper No. 2016-094, November 2016; Leo Feler and Mine Z. Senses, "Trade Shocks and the Provision of Local Public Goods," IZA Discussion Paper No. 10231, 2015.

39. FRB, "Summary Measures of the Foreign Exchange Value of the Dollar," https://www.federalreserve.gov/releases/h10/summary/default.htm.

40. Jean-Noel Barrot et al., "Import Competition and Household Debt," Federal Reserve Bank of New York Staff Reports No. 821, August 2017.
41. 根據美國經濟分析局，"National Income and Product Accounts," tables 1.1.5, 1.5.3, 4.1, 4.2.3, 4.2.5, 5.2.3U, 7.1, https://apps.bea.gov/iTable/index_nipa.cfm; Bureau of Labor Statistics, Household Survey; FRB, "Industrial Production and Capacity Utilization—G.17."
42. Setser, "Mapping Capital Flows"; China, State Administration of Foreign Exchange, "The Time-Series Data of Balance of Payments of China," https://www.safe.gov.cn/en/2018/0928/1457.html; China, State Administration of Foreign Exchange, "The Time-Series Data of China's Foreign Exchange Reserves."
43. Benoit Coeure, "The Persistence and Signalling Power of Central Bank Asset Purchase Programmes," speech presented at the 2018 U.S. Monetary Policy Forum, New York, February 23, 2018, ECB; BEA , "National Income and Product Accounts," table 4.2.3, https://apps.bea.gov/iTable/index_nipa.cfm; BEA , "International Transaction Accounts," table 1.3, https://apps.bea.gov/iTable/index_ita.cfm; ECB, "Statistical Data Warehouse," http://sdw.ecb.europa.eu/quickview.do?SERIES_KEY=338.BP6.Q.N.I8.W1.S1.S1.T.A.FA.P.F3.T.EUR._T.M.N and http://sdw.ecb.europa.eu/quickview.do?SERIES_KEY=338.BP6.Q.N.I8.US.S1.S1.T.A.FA.P.F3.T.EUR._T.M.N.
44. Adam Tooze, *The Deluge: The Great War, America and the Remaking of the Global Order, 1916–1931* (New York: Penguin, 2014); Nicholas Crafts, "Walking Wounded: The British Economy in the Aftermath of World War I," *VoxEU,* August 27, 2014, https:// voxeu.org/article/walking-wounded-british-economy-aftermath-world-war-i; Barry Eichengreen, "The British Economy between the Wars," in *The Cambridge History of Modern Britain,* ed. Roderick Floud and Paul Johnson (Cambridge: Cambridge University Press, 2004), 314–43.

結論

1. Bernie Sanders, "Sanders: Party Platform Still Needs Work," *Philadelphia Inquirer,* July 3, 2016; "Hillary Clinton Says She Does Not Support Trans-Pacific Partnership," *PBS News Hour,* October 7, 2015, https://www.pbs.org/newshour/politics/

hillary-clinton-says-she-does-not-support-trans-pacific-partnership; Larry Summers, "A Setback to American Leadership on Trade," *Financial Times,* June 14, 2015.

2. "Presidential Memorandum Regarding Withdrawal of the United States from the Trans-Pacific Partnership Negotiations and Agreement," January 23, 2017, https:// www.whitehouse.gov/presidential-actions/presidential-memorandum-regarding-withdrawal-united-states-trans-pacific-partnership-negotiations-agreement/; Chad P. Brown and Melina Kolb, "Trump's Trade War Timeline: An Up-to-Date Guide," Peterson Institute for International Economics, https://www.piie.com/blogs/trade-investment-policy-watch/trump-trade-war-china-date-guide; BEA, "National Income and Product Accounts,"table 3.2, https://apps.bea.gov/iTable/index_nipa.cfm; Jeff Stein, "Democrats Struggle to Present a United Front on Trump's Trade War," *Washington Post,* August 7, 2019.
3. New Zealand Immigration, "Buying or Building a House in New Zealand," https://www.newzealandnow.govt.nz/living-in-nz/housing/buying-building; Jamie Smyth, "Australia Targets Foreign Homebuyers with Property Tax Rise," *Financial Times,* May 31, 2017; Paul Vieira, Rachel Pannett, and Dominique Fong, "Western Cities Want to Slow Flood of Chinese Home Buying. Nothing Works," *Wall Street Journal,* June 6, 2018; U.S. Congress, S.2357 (116th), "Competitive Dollar for Jobs and Prosperity Act," https://www.baldwin.senate.gov/imo/media/doc/Competitive%20Dollar%20for%20Jobs%20and%20Prosperity%20Act%20FINAL.pdf.
4. Mary Childs, "Former Fed Chairman Blasts McKinsey and Hedge Fund Billionaires," *Barron's,* December 12, 2018.
5. FRB, "Credit Liquidity Programs and the Balance Sheet: Central Bank Liquidity Swaps," https://www.federalreserve.gov/monetarypolicy/bst_liquidityswaps.htm.
6. Matthew C. Klein, "Why Is the Netherlands Doing So Badly?," *FT Alphaville,* June 16, 2016, https://ftalphaville.ft.com/2016/06/16/2166258/why-is-the-netherlands-doing-so-badly/.

國家圖書館出版品預行編目資料

貿易戰就是階級戰：日益惡化的階級不平等，如何導致全球經濟失衡、引發國際衝突／馬修．克蘭恩（Matthew C. Klein）、麥可．佩提斯（Michael Pettis）作；陳儀譯. -- 初版. -- 臺北市：麥田出版：英屬蓋曼群島商家庭傳媒股份有限公司城邦分公司發行, 2022.01
面；　公分. --（麥田叢書；109）
譯自：Trade wars are class wars : how rising inequality distorts the global economy and threatens international peace.
ISBN 978-626-310-143-2（平裝）

1.國際經濟關係　2.國際貿易　3.國際競爭
4.社會階層

552.1　　110018676

麥田叢書109

貿易戰就是階級戰

日益惡化的階級不平等，如何導致全球經濟失衡、引發國際衝突

Trade Wars Are Class Wars: How Rising Inequality Distorts the Global Economy and Threatens International Peace

作　　者／馬修．克蘭恩（Matthew C. Klein）、麥可．佩提斯（Michael Pettis）
譯　　者／陳儀
責任編輯／許月苓
主　　編／林怡君

國際版權／吳玲緯
行　　銷／巫維珍　何維民　吳宇軒　陳欣岑　林欣平
業　　務／李再星　陳紫晴　陳美燕　葉晉源
編輯總監／劉麗真
總 經 理／陳逸瑛
發 行 人／涂玉雲
出　　版／麥田出版
10483臺北市民生東路二段141號5樓
電話：(886)2-2500-7696　傳真：(886)2-2500-1967
發　　行／英屬蓋曼群島商家庭傳媒股份有限公司城邦分公司
10483臺北市民生東路二段141號11樓
客服服務專線：(886) 2-2500-7718、2500-7719
24小時傳真服務：(886) 2-2500-1990、2500-1991
服務時間：週一至週五09:30-12:00．13:30-17:00
郵撥帳號：19863813　戶名：書虫股份有限公司
讀者服務信箱E-mail：service@readingclub.com.tw
麥田網址／https://www.facebook.com/RyeField.Cite/
香港發行所／城邦（香港）出版集團有限公司
香港灣仔駱克道193號東超商業中心1/F
電話：(852)2508-6231　傳真：(852)2578-9337
馬新發行所／城邦（馬新）出版集團Cite (M) Sdn Bhd.
41-3, Jalan Radin Anum, Bandar Baru Sri Petaling, 57000 Kuala Lumpur, Malaysia.
電話：(603)9056-3833　傳真：(603)9057-6622
讀者服務信箱：services@cite.my

封面設計／盧卡斯工作室
印　　刷／前進彩藝有限公司

■2022年1月　初版一刷
■2022年11月　初版二刷

定價：499元
ISBN 978-626-310-143-2
其他版本ISBN 978-626-310-146-3 (EPUB)